终身教育的理论与实践

THEORY AND PRACTICE OF LIFELONG EDUCATION

何齐宗 / 著

科学出版社

北　京

内 容 简 介

终身教育理论在现代诸多教育理论中占有突出的地位,并成为世界各国教育改革的重要指导思想。

本书分为上下两篇。上篇为"终身教育的理论",主要阐述古典终身教育理论、现代终身教育理论产生的背景、现代终身教育理论的发展、终身教育的基本理论问题、现代终身教育理论的评价等。下篇为"终身教育的实践",主要分析联合国教科文组织、经合组织、欧盟、国际劳工组织等对终身教育的关注和推动;美国、英国、法国、德国、日本、韩国和中国对终身教育的政策与法规支持及实施成人教育的情况;世界扫盲运动的发展历史、扫盲运动取得的进展与存在的问题,以及印度、泰国、坦桑尼亚、巴西、中国扫盲教育的基本情况。

本书对各级各类教育工作者、研究者和管理者有重要的参考价值,同时适合对终身教育和成人教育感兴趣的读者阅读。

图书在版编目(CIP)数据

终身教育的理论与实践/何齐宗著. —北京:科学出版社,2020.6
ISBN 978-7-03-064842-6

Ⅰ. ①终… Ⅱ. ①何… Ⅲ. ①终生教育-研究-世界 Ⅳ. ①G729.1

中国版本图书馆 CIP 数据核字(2020)第 064260 号

责任编辑:朱丽娜 卢 森 李秉乾/责任校对:王晓茜
责任印制:李 彤/封面设计:润一文化

科 学 出 版 社 出版
北京东黄城根北街 16 号
邮政编码:100717
http://www.sciencep.com
北京建宏印刷有限公司 印刷
科学出版社发行 各地新华书店经销
*
2020 年 6 月第 一 版 开本:720×1000 1/16
2020 年 6 月第一次印刷 印张:16 3/4
字数:280 000
定价:99.00 元
(如有印装质量问题,我社负责调换)

前　　言

本书曾以《教育的新时代——终身教育的理论与实践》为书名于 2008 年由人民出版社出版。该书出版后具有较好的社会反响，于 2009 年获江西省社会科学优秀成果奖、2010 年获江西省高等学校优秀教材奖。

尽管如此，毕竟该书出版已十年有余，国内外终身教育的理论与实践都有新的变化。为了更好地体现终身教育的时代特点，反映终身教育理论与实践的最新进展，有必要对该书进行适当的修订。这次修订在体系框架上未做大的调整，主要是对内容进行了修改和完善。一是订正了原书中存在的错漏之处。二是增加了部分内容。在修订中尽可能地吸收了近年来国内外关于终身教育理论与实践的新成果和新材料。新增的内容主要包括埃特里·捷尔比的终身教育思想、国际组织推动终身教育的新动向、国内外终身教育的法规与政策、成人教育及扫盲教育方面取得的新进展等。三是对部分内容的编排顺序做了合理的调整。四是删去了部分与主题关系不够密切或过时的内容。另外，为了简明起见，这次出版的修订版书名改为《终身教育的理论与实践》。

在撰写和修订本书的过程中，笔者广泛参阅了国内外的相关成果和资料，在引注中尽量予以标明，但仍有可能挂一漏万，在此特别加以说明并向各位作者致以衷心的谢意！

本书虽经修订，但难免存在不足之处。敬请读者提出宝贵的意见！

何齐宗

2020 年 1 月于凯美怡和寓所

目　　录

下篇　终身教育的实践

上　篇
终身教育的理论

20世纪以来，在教育领域出现了许多新的理论和学派，终身教育理论在其中占有非常重要的地位。终身教育的观念早已深入人心，成为现代最基本的教育理念之一。与此同时，世界上很多国家都将终身教育理论作为教育改革的基本原则和重要指导思想。终身教育作为一种具有世界影响力的教育思潮和教育改革运动，是从20世纪60年代开始的。但终身教育的思想观点并非始于现代，早在古代的教育思想中就已经有所体现。现在人们一般都倾向于将曾经散见于历史典籍或流传于民间的关于终身教育的思想观点，定义为古典终身教育理论；而把1965年以后由联合国教育、科学及文化组织（United Nations Educational, Scientific and Cultural Organization，UNESCO，以下简称教科文组织）为代表的世界性教育组织或行政机构所积极倡导并大力推行的终身教育理论，称为现代终身教育理论。①

本篇探讨的是终身教育的理论问题，具体内容包括古典终身教育理论、现代终身教育理论产生的背景、现代终身教育理论的发展、终身教育的基本理论问题、现代终身教育理论的评价等。关于古典终身教育理论，本篇简要回顾了中外历史上有代表性的关于终身教育的思想观点。关于现代终身教育理论产生的背景，主要分析了社会条件的变化、自我认识的深化及传统教育的弊端等几个方面。在现代终身教育理论的发展过程中，保罗·朗格朗（Paul Lengrand，又译为保罗·朗格让）、查尔斯·赫梅尔（Charles Hummel）、埃特里·捷尔比（Ettore Gelpi）等和《学会生存——教育世界的今天和明天》（Learning to Be: The World of Education Today and Tomorrow）、《教育——财富蕴藏其中》（Learning: The Treasure Within）等著作及《成人教育的汉堡宣言和未来议程》（Adult education: The Hamburg Declaration-The Agenda for the Future，即《成人学习汉堡宣言》和《成人学习未来议程》的合称）等文件具有十分重要的意义，因此本篇对上述人物、著作和文件的终身教育思想做了系统的阐述。终身教育涉及的理论问题很多，为了避免与其他章节内容的重复，本篇的论述主要限于终身教育的内涵、特点和目的等几个问题。关于终身教育理论的评价，主要分析了终身教育理论的基本特征、人们对它的不同意见及它对现代教育理论与实践的影响。

---

① 吴遵民. 1999. 现代国际终身教育论. 上海：上海教育出版社：3.

第一章
古典终身教育理论

　　"终身教育"的概念直到20世纪初才出现。然而，教育应该贯穿于人的一生这一观念却早在古代就已经存在。拉塞克和维迪努在《从现在到2000年教育内容发展的全球展望》一书中曾经指出："终身教育这一指导思想在古希腊罗马、伊斯兰思想中以及在中国、印度的古老哲学中早已经出现了。"[①]事实的确如此。中国自古相传至今的"活到老，学到老"的人生格言，便是这种思想的体现。在长期的社会发展和教育实践活动中，人们逐渐认识到人的一生都应该不间断地接受教育。当然，古代关于终身教育的认识还处于朦胧状态，近代对于终身教育的认识也还不够系统和科学，它们与现代终身教育理论还有相当的距离。但是，我们应当承认，现代终身教育理论乃是发端于人类古代的终身教育思想与实践。

---

① 拉塞克，维迪努.1996.从现在到2000年教育内容发展的全球展望.马胜利，等，译.北京：教育科学出版社：135.

第一节　外国古典终身教育理论

在古代，曾经对教育产生过巨大影响的宗教，在其教义或宗教教育中，都提出过终身修炼、终身接受教育的思想。虽然宗教的教义同现代终身教育的思想并无直接的联系，两者的出发点和最终归宿也不一样，但是，它们对于教育与人的关系、教育与社会关系的思考，却有惊人的相似。此外，古希腊思想家柏拉图、捷克教育家夸美纽斯、英国思想家欧文、英国学者耶克斯利等都曾关注过终身教育问题，并就终身教育发表过自己的观点。他们的终身教育思想虽然大多离现在已相当久远，但并没有丧失其意义。

一、佛教的终身修行思想

佛教的教义认为，人如果想要寂灭所有的烦恼，具备一切"清净功德"，必须坚持不懈地终身修炼，才能达到佛教所指的最高境界，这就是所谓的涅槃。在佛教看来，人要从现世的生、老、病、死之苦中获得超脱的唯一途径就是终身修行。

二、伊斯兰教的终身学习思想

伊斯兰国家在早期时代就认为学习是终身的事情。在伊斯兰文化中全面地代表"知识"这个词的最有效且最确定的概念是"训诲"。学习的概念是围绕"训诲"这个词而创立的，它在伊斯兰的观念中处于中心的地位，并受到与宗教崇拜相当的尊重。先知穆罕默德在《古兰经》第一章中就强调了学习的重要性："你当奉主的名阅读，是神创造了阅读，并用血块创造了人。你当攻读，你的主是最尊严的，他曾教人用笔写字；他曾教人以人所未知。"穆罕默德引述最多的格言是"从生到死不断地探求训诲"。由于穆罕默德的直接目标是传播伊斯兰信仰，因而他要求所有识字的教徒去教育不识字的人，且唯有具有读写能力的领导人才能被委派去新的信奉伊斯兰教的社区。他以后的几位继任者（哈里发）都继续执行这一相同的政策。伊斯兰教深信全部来自安拉的及通过口头和书面形式的《古兰经》所反映的知识与穆罕默德的知识都是统一的，深信知识的学习和传播是对安拉的尊崇，同时也表明一个人终身的信仰及升入天堂的诚意，这些都提供了终身学习的动因。追求知识既是一种义务又是一件乐事，它是没有止境的，因为知识就像安拉一样是广袤无边的。[①]伊斯兰教把求学看作男女伊斯兰的天职，强调每个人从摇篮开始直至进坟墓止，都要持续不断地学习。

三、柏拉图培养"哲学王"的思想

古希腊著名的思想家和哲学家柏拉图关于国家上层统治者哲学王的培养和教育的思想，充分体现了从幼儿至成人长期进行训练和教育的必要性。

柏拉图认为，理想国的实现需要有理想国的最高统治者，即他所谓的"哲学王"。哲学王除了要有超群的先天禀赋外，还需要通过教育来进行严格的培养训练。教育的最高理想就是培养理想国的最高统治者——哲学王。然而，哲学王的培养是一个长期的、十分艰巨的事业。柏拉图在其代表作《理想国》（Republic，又译为《共和国》或《国家篇》）一书中具体描绘了这一过程。柏拉图不仅最早提出了要重视胎教，而且他还是西方教育史上第一个建立从幼儿到成人的完整的教育体系的人。

柏拉图认为，教育应该从幼儿开始。孩子是属于国家的，儿童从 3 岁开始就要被送到村庄的神庙里，在国家指定的专人的监护下接受教育。从 7 岁开始，儿童要进入国家办的学校接受初等教育，这个过程一直要持续到 17 岁。受完普通教育之后，经过挑选的 18～20 岁的青年需要接受军事训练。柏拉图称之为意志教育，目的在于培养青年勇敢的美德，使他们能够坚守岗位，保卫国家。如果要使他们中一部分对抽象思维有特殊兴趣并且具有思辨能力的人将来能肩负

---

① 托斯顿·胡森，波斯尔思韦特. 1990. 国际教育百科全书（第 5 卷）. 中央教育科学研究所比较教育研究室，编译. 贵阳：贵州教育出版社：360.

起管理国家的重任，则在 20～30 岁时需要接受进一步的教育，以发展智慧。为了培养能够担任更重要的国家领导人的职务，在 30 岁时还要做进一步的挑选。通过选择的人需专攻哲学，直至 35 岁。在此期间，学习者要有志于哲学的学习和研究，他们要排除一切利欲的诱惑，潜心于理念世界。到了 35 岁结束专攻哲学的阶段后，仍不能独立治理国家。从 35 岁开始，他们要在诸如战争或其他实际的公务活动中经受锻炼，只有在实际考察中最后经受住考验的优秀人物，才能成为哲学王，即国家的最高统治者。这一过程大约要持续 15 年，直到 50 岁。

虽然柏拉图描绘的只是为"理想国"培养最高统治者的理想的教育过程，但从中我们可以看到，他理想的教育几乎是贯穿人的一生的。显然，理想社会中理想的人的培养，需要接受长期乃至终身的教育。

四、夸美纽斯的终身教育思想

17 世纪，捷克教育家夸美纽斯提出了著名的"泛智论"，即让一切人通过接受不断的教育获得广泛全面的知识。他主张学习的程序应从婴儿期开始，一直持续到成年。在他所写的《泛教论》手稿中，提出了与现代终身教育思想非常类似的主张。他认为教育应当从摇篮甚至更早的时候开始，直至进入坟墓方告结束。他说："我们首要的愿望是让所有人都能获得充分的教育，成为真正的人；不能只让某一个人或者某一些人，甚至大多数人接受教育，而必须是所有的人；只要他有幸成为人类的一分子，无论男女老少、高低贵贱，他就应当接受教育；这样，整个人类不分年龄、性别、贫富和国籍都可以成为受过教育的人。就像整个世界从亘古至今都是人类的课堂一样，人生从摇篮到坟墓也是课堂。人生在任何阶段都要学习，人生除了学习之外再无其他目的。"[1]

夸美纽斯把人的生命的整个过程分为七个阶段，由低到高分别是胎儿期、婴儿期、童年期、少年期、青年期、成年期和老年期。根据这七个阶段，他把第一、第二两个阶段（胎儿期和婴儿期）划分为"私人学校"，这类学校教育主要在家庭进行，由父母来负责；中间的三个阶段（童年期、少年期和青年期）

---

① 转引自联合国教科文组织. 2001. 世界教育报告·2000——教育的权利：走向全民终身教育. 联合国教科文组织中文科，译. 北京：中国对外翻译出版公司：53.

为"社会学校"，由教会和学校来组织进行；而成年学校和老年学校（成年期和老年期）则为"个人学校"。这两个时期的教育主要以自我学习为主，因此称为"个人学校"。夸美纽斯还形象地用一年的十二个月来比喻人生的各个阶段，成年学校阶段即人生的七至十一这五个月；而老年学校则是十二月，意味着一年的结束，代表着人生即将凋零的冬季。从时间的跨度来说，成年学校占据人生中将近一半的时间，因此这一阶段的教育至关重要。根据夸美纽斯的"今生是对永生的准备"的思想，老年阶段是今生和来生的衔接点，愉快地度过晚年是人在这个阶段的最终追求，因此老年阶段的教育也不可或缺。

五、孔多塞的终身教育思想

法国大革命时期著名的教育思想家孔多塞对终身教育问题也有深刻的认识。孔多塞是 18 世纪法国著名的思想家、科学家和政治家，是启蒙运动最杰出的代表之一，曾有法国大革命的"擎炬人"之称。他不仅在数学、物理、经济学等方面颇有建树，而且在教育（包括终身教育）方面也发表过有价值的观点。1791 年 9 月，孔多塞作为巴黎的代表被选入立法机构并成为负责学校改革的公共教育委员会的委员。他在《公共图书馆》杂志上发表了四篇关于教育问题的论文，即《国家教育的性质和目的》《儿童普及教育》《成人普及教育》《职业教育》。他提出了人类普遍性的思想，这种思想的基础是人人都应有知识和受到教育，否则就不可能有智力的进步和独立的公民身份。他坚持认为，教育有基本的内容（说它是基本的，因为它对人们十分重要），必须教给所有的人，不仅是为了民族统一这种政治原因，而首先应作为一种单纯的人道主义义务。所有的人都必须接受教育，而没有教育就不可能有自由。他于 1792 年提交的一份题为《关于普通公共教育机构的报告和法令草案》中明确要求，教育必须是义务的和免费的。这样，人人都能上学，包括穷人和富人、天资聪明的人和迟钝的人、男人和女人。"教学必须是普及的，换言之，它必须扩展到包括所有公民。它必须尽可能平等地使人人共享，还取决于是否有必要的经费、人口的地理分布以及儿童总共能用多少时间去学习。各个层次的教学必须包括人类知识的整个体系并使人们可以在一生中随时积累学到的知识或获得新的知识。"①

孔多塞还根据教育对象的不同而将教育分成两部分：第一部分当然是学校教育，其任务是向儿童传授作为其个人指南和为充分地享有其权利所需的全部知识和准备从事的职业的知识。但是，一个人从学校毕业并不意味着他受教育的结束，教育对于任何年龄的人都是有益的和可能的。因此，第二部分教育是在正规教育结束之后所进行的必须延伸到整个人的一生的教育，旨在使每个公民在完成自己应该承担的社会职责方面成为一个很有能力的人，同时养成优良的精神及全面发展人的天赋才能。这种教育"能继续人生的整个过程，避免在学校学到的知识很快被遗忘，要让这些知识在人们头脑中始终保持一种有益的活动状态；同时，还要对人民传授他们应该知道的法律、农业研究、经济方法"②。正规教育以外的教育是正规的学校教育所不能取代的，正规的学校教育甚至需要汲取这种教育的营养。为此，孔多塞在总体计划中还具体提出了有关学校教育与校外教育相互协调的方案，包括开设成人学校等。

六、欧文的终身教育思想

英国思想家欧文也以终身教育的观点看待教育问题。他认为："人从出生到成年，都应当通过当时的最好方式受到教育和培养。"③他在《新道德世界书》中要求对社会居民按年龄进行分组，使每一年龄的人受到适合他们的教育。他把 30 岁以内的人按每五年为一个阶段，分为六个年龄组，规定不同的教育目标和内容。他还分别规定 30～40 岁、40～60 岁、60 岁以上各年龄段的具体教育职责，强调未来社会的新人从出生到成年都应接受不同内容的教育。

七、耶克斯利的终身教育思想

根据现有资料，英国成人教育家耶克斯利是最早明确提出终身教育概念的

---

① 扎古尔·摩西.1994. 世界著名教育思想家（第一卷）. 梅祖培，龙治芳，等，译. 北京：中国对外翻译出版公司：169.

② 转引自顾明远，梁忠义.2000. 世界教育大系·法国教育. 长春：吉林教育出版社：338.

③ 转引自谢国东，赖立.1997. 构建学习社会. 成都：四川教育出版社：3.

人。他曾参与了1919年英国复兴部所属的成人教育委员会发布的《1919年成人教育报告》的撰写。该报告指出："综合观察，我们可以得出一个结论，即成人教育不能被看作一件奢侈品，专为几个聪明失学的少数人物而设，但又不应看作一种寻常事情，只为继续青春期的短期教育而设。反之，成人教育是永远的民众需要，又是公民不可分割的部分，所以具有普遍性和终身性。"①该报告得出结论说："成人教育乃是国家永远不可缺少的培养公民品性的必要条件。因而不仅人人应当受教，而且人人应当终身受教。"②当然，限于当时的条件，终身教育并未真正付诸实施。

另外，耶克斯利在1926年问世的世界上第一部专述终身教育的著作——《终身教育》（Lifelong Education）中提出，学校教育仅仅是教育过程的开始，应该将各种教育（包括初等教育、中等教育、职业教育、大学教育）统一起来，将教育看成是真正贯穿于人一生的活动。耶克斯利指出："当我们在取得进步的时候，我们发现我们越来越需要成人教育。除非在青少年时期做好了充分的准备，否则成人教育不会有很好的机会。另一方面，除非社区中的成人通过持续不断的教育意识到，胡乱地处置面向儿童的学校教育是一件多么有害的事，否则，我们不可能完成一种完全合理而又完备的初等和中等教育体系。但是，更确切地说，成人教育就像食物和身体锻炼一样是日常生活中不可缺少的一部分。"③作者的这段话虽然主要是强调成人教育的重要性，但却同时指出了成人教育与学校教育及社区教育的密切联系。

在耶克斯利看来，人只有一生不断地受教育，才能发展智力，获得精神自由，了解自己和他人，最后才可寻到皈依上帝的道路。他指出："如果我们问，一个人什么时候可以完成教育？唯一的正确答案是：其生命终止时才会完成。"④他认为："教育包括知识、经验和伙伴关系。正是因为如此，它永远不会结束，同时也不仅仅是开始于儿童和青少年时期。"⑤这就是说，教育应当贯

---

① 转引自顾明远，孟繁华.2003. 国际教育新理念（修订版）.海口：海南出版社：3-4.
② 转引自筑波大学教育学研究会.2003. 现代教育学基础.2版. 钟启泉，译. 上海：上海教育出版社：180-181.
③ 转引自顾明远，孟繁华.2003. 国际教育新理念（修订版）.海口：海南出版社：4.
④ 转引自吴式颖，任钟印.2002. 外国教育思想通史（第十卷）.长沙：湖南教育出版社：406.
⑤ 转引自吴式颖，任钟印.2002. 外国教育思想通史（第十卷）.长沙：湖南教育出版社：406-407.

穿于人的一生。不过需要指出的是，耶克斯利阐述终身教育的出发点和最终的落脚点是出于宗教的需要。正因为他的终身教育思想具有这种局限性，所以传播受到很大的限制，没有引起人们的注意。

第二节　中国古典终身教育理论

在中国教育发展的历程中，有着丰富的终身教育思想。孔子既是终身教育的提倡者，也是终身教育的身体力行者；中国古代的胎教思想也从一个侧面反映了古人对终身教育的理解；蔡元培也曾关注和系统地论述过胎教问题；现代著名教育家陶行知更是明确地提出并论述过终身教育问题。

一、孔子的终身修养思想

孔子主张"有教无类"，说的是教育对象不分类别，自然也包括不同年龄的人。从《史记》中的《仲尼弟子列传》可以看出，他的学生有不少是成年人。孔子还结合自身的体会阐述了他关于终身修养的认识。他说："吾十有五而志于学，三十而立，四十而不惑，五十而知天命，六十而耳顺，七十而从心所欲，不逾矩。"[①]少年有志，经过十余年的努力才得到真正确立。确立志向后，又经过长期不懈的学习、修养，使自己的思想、感情和行为达到高度自觉，最终达到不逾矩的境界，表明了道德修养的长期性和终身性。这既是孔子一生"学而不厌"的写照，又是他终身教育思想的体现。在他看来，教育绝不只是学龄阶段的事，它应当贯穿于人的整个一生之中。他自己直到晚年仍然勤奋学习，《论语·述而》中提到"加我数年，五十以学《易》，可以无大过矣"，"发愤忘食，乐以忘忧，不知老之将至"。孔子提倡终身学习和修养的主要原因在于，教育的目的是学习为人。生命一天不终止，学习为人的任务就一天不会完成。孔子因

---

① 顾树森.1983.中国古代教育家语录类编.上册.上海：上海教育出版社：39.

此而被誉为"发现和论述终身教育必要性的先驱者"①。

二、中国古代的胎教思想

中国古代十分重视儿童的早期教育，提倡尽早对儿童进行教育，早至生命的胚胎时期即实行胎教。中国是世界上最早提出并实施胎教的国家。无可否认，由于时代的原因，古代胎教理论中的某些内容具有封建意识和迷信色彩，但也积累了不少为当代科学所证实的合理的经验。②

胎教是妇女怀孕期间所采取的一系列自我的和外部的措施，用以对胎儿施加特定的影响，这是一种重要的早期教育措施。中国胎教始于距今 3600 多年前的周文王之母太任。据汉代刘向《烈女传》记载，周文王的母亲太任怀孕后，就"目不视恶色，耳不听淫声，口不出敖（傲）言，能以胎教"。意思是说，太任怀孕时，不看邪恶的东西，不听淫乱的声音，不说狂傲的话，这就是实行的胎教。

汉代另一位学者贾谊所著《新书·胎教》也说道："周妃后妊成王于身，立而不跛，坐而不差，笑而不喧，独处不倨，虽怒不骂，胎教之谓也。"意思是说，周成王（周文王之孙）的母亲怀周成王时，站立时不将重心倚在一条腿上，坐时不歪斜，笑时不放声喧哗，独居一处时也不懈怠放任，发怒时也不骂人。由此看来，实施胎教是西周王室的传统。

儒家的圣人之一——孟子在胎儿期也接受过胎教。据《韩诗外传》记载，孟子的母亲在怀他时，"席不正不坐，割不正不食，胎教之谓也"。意思是说，坐席摆放不正就不能坐，肉块切得不正就不能吃，这也是胎教的项目。

以上三篇谈到的胎教内容都是孕妇对自身的严格要求。在饮食方面，要做到不食邪味，"割不正不食"。在视听方面，要做到"目不视恶色，耳不听淫声"。在举止行为方面，要做到"立而不跛，坐而不差"和"独处不倨"。在情绪涵养方面，要做到"笑而不喧"和"虽怒不骂"。总之，孕妇在各个方面都要严加控

---

① 持田荣一，森隆夫，诸冈和房.1987. 终身教育大全. 龚同，林瀛，邢齐一，等，译. 北京：中国妇女出版社：16.

② 何晓夏. 1990. 简明中国学前教育史. 北京：北京师范大学出版社：9-16.

制，不能随心所欲。

胎教为什么有必要呢？唐代名医孙思邈在他的医学名著《千金方》中提出了关于胎教作用的一个基本理论，即"外象内感"。"外象"是指外界客观事物的表象，"内感"是指母体内的胎儿对外部客观事物的感应。"外象内感"，就是说，胎儿虽在母体内，但能感应到外部客观事物，从而发生相应的变化。与前人以禁忌为主的胎教之论相比，孙思邈更注重积极的保养，调和心神，接触外界各类有益于母子身心健康的良好事物。例如，他在《千金方·养胎》中提到，见贤人君子、观礼乐、读诗书、居简静、和情性、节嗜欲，如果能这样的话，则生子皆良，长寿、忠孝、仁义、聪慧、无疾。

古代胎教经验有以下几点值得我们重视和借鉴：一是高度重视外界环境对胎儿的影响。在"外象内感"的理论指导下，古人强调要为怀孕的母亲创造尽可能良好的环境，避免各种不良事物对胎儿的影响。二是高度注重母体的精神因素对胎儿的影响。古人要求母亲在怀孕期一定要保持良好的、稳定的情绪，节制喜、怒、哀、乐等情感及各种欲念的过度发作。三是高度注重母亲良好的生活习惯的培养。例如，强调坐、卧、立均应有正确的姿态，饮食也要有所选择，虽然"席不正不坐，割不正不食"的要求有些过分，也没有科学依据，但母亲保持良好的生活习惯对胎儿的发育无疑大有益处。四是胎教实际上也是母教。胎教的内容要求对胎儿来说是隐性的、间接的，对母教来说则是显性的、直接的。母亲在怀孕期间处于良好的环境的影响下，注意生活常规，陶冶性情，重视知识的学习和道德的培养，这些措施必然能促进母亲品德和智能的发展，从而为子女出生之后的教育打下一个良好的基础。

当然，古代限于科学认识水平的低下，特别是对胎儿生理和心理发育缺乏科学的研究，因此胎教理论中也有一些不科学的东西。"外象内感"理论强调客观环境对胎儿的决定性影响，应该说是属于唯物主义。但过于绝对化，忽视了胎儿的遗传因素及自身发展的固有规律，无限度地夸大了"外象"的作用，以致认为胎儿不仅品德、才能可因胎教而定型，甚至相貌、性别也可由胎教来决定，这显然是错误的。相貌在相当大的程度上取决于遗传因子，而性别则是在胚胎形成之始就已经确定了。至于那些稀奇古怪的忌讳，如食兔肉则子缺唇、食鳖肉则子短颈、食骡肉则难产、看神怪戏及猴戏则子貌酷肖之等，都是将所接触事物的某些特征与胎儿、孕妇的某些疾患硬联在一起，这些当然是迷信。

三、蔡元培的胎教思想

现代著名教育家蔡元培对胎教也很重视，并发表了系统的观点。他说："我们要作彻底的教育，就要着眼最早的一步。虽不能溢出范围，推到优生学；但至少也要从胎教起点……照我的理想，要从公立的胎教院与育婴院着手。"①他认为，妇女怀孕后应入公立胎教院。胎教院要设在风景优美的地方，不为都市中混浊的空气和纷扰的习惯所沾染；建筑的形式要匀称，要建成庭院式，便于散步和运动；园中栽种雅丽悦目的花木，并将羽毛秀丽、鸣声谐雅的动物散布在花木中间而不束缚之；园中应引水成泉、汇水成池，畜养美观活泼的鱼；室内陈列要轻便雅致，自成系统而不混乱；雕刻、图画陈列应取优美风格之品，应有健全体格的裸体像与裸体画，而去掉粗犷、猥亵、怪诞等品，避免刺激性色彩；供阅读的文字应乐观平和；每天应欣赏优美沉静的音乐。总之，胎教院应使"孕妇完全在平和活泼的空气里面，才没有不好的影响传到胎儿"。②

四、陶行知的终身教育思想

现代著名教育家陶行知早在 20 世纪三四十年代就阐述过终身教育问题。1945 年 9 月，陶行知发表了题为《全民教育》的英文论文。在该文中他提出办好"全民教育"的十八条原则，其中第四条就是"终身教育"（英文表述为 education for the whole life，意即"整个人生过程的教育"）。他说："只要活着就要学习。一旦养成学习习惯，个人就能终生进步不断。"③这是陶行知开始正式使用"终身教育"这个概念，实际上其终身教育的思想观点出现得更早。1934 年 2 月，他在《生活教育》一文中指出："生活教育与生俱来，与生同去。出世便是破蒙，进棺材才算毕业。"为什么提倡终身教育呢？他认为，理由有两条：一是"学问没有止境，社会的进步没有止境，一个人的进步也没有止境"；二是在现代社会，人只有"活到老，学到老"，才能"保证川流不息的现代化"，才能做一个"与

---

① 高平叔.1980. 蔡元培教育文选. 北京：人民教育出版社：154.

② 高平叔.1980. 蔡元培教育文选. 北京：人民教育出版社：154-155.

③ 陶行知. 2016. 生活教育——陶行知英文著作精选（英汉双语）. 周洪宇，杜小双，周文鼎，编译. 武汉：湖北教育出版社：360.

时代俱进"的"长久的现代人",不至于被时代的洪流所淘汰。

由上可知,中外历史上都有丰富的终身教育思想。这些思想虽然不够系统,也不很完整,但却有着重要的意义。它们对于现代终身教育理论的产生具有重要的影响,是现代终身教育理论的源泉。现代终身教育理论正是以往终身教育思想的继承与发展。

第二章
现代终身教育理论产生的背景

　　终身教育的思想和观点虽然很早就已经存在，但是它成为有着相对明确内涵的概念并成为一种影响广泛而深远的世界性教育思潮，则无疑是20世纪60年代才出现的。为什么终身教育理论会在这个时候产生？其中的原因到底是什么？本章的任务正在于对现代终身教育理论产生的背景进行系统的探讨。

第一节   社会条件的变化

一、科学技术的发展

20 世纪五六十年代以来，世界科学技术的发展呈现出许多新的特点。这些特点主要表现在以下几个方面。

（一）知识总量快速增加

科学技术的发展使得人类积累的知识总量快速增加。据美国科学家詹姆斯·马丁推测，知识在 19 世纪大约每隔 50 年翻一番，到 20 世纪初每隔 30 年翻一番，到 20 世纪 50 年代每隔 10 年翻一番，到 20 世纪 70 年代每隔 5 年翻一番。美国未来学家阿尔温·托夫勒在《未来的震荡》中说：就知识增长的速率来说，从现在一个小孩出生到他大学毕业，全世界的知识量将增加 4 倍。当这个孩子 50 岁时，全世界的知识总量将增加 32 倍，而且，全世界 97%的知识都是在他出生以后才研究出来的。[①]1982 年美国《科学》杂志曾对计算机技术的发展速度做了形象的说明：如果飞机制造业也得到像计算机工业那样壮观的进展的话，那么，波音 767 在今天的成本只需 500 美元，绕地球一圈只需耗费 5 加仑汽油、花 20 分钟时间便可以了。[②]《光明日报》1998 年 6 月 3 日发表的一篇文章也介绍了当代科学知识增长的情况：如果说，工业革命初期就有知识量猛增的现象，那么，第二次世界大战之后这种现象则更为显著。80 年代每年全世界发表的科学论文大约 500 万篇，平均每天发表包含新知识的论文已达 1.3 万～1.4 万篇；登记的发明创造专利每年超过 30 万件，平均每天有 800～900 件专利问世……70 年代以来，全世界每年出版新书 50 万种，每一分钟就有一种新

---

① 阿尔温·托夫勒. 1985. 未来的震荡. 任小明，译. 成都：四川人民出版社：173.
② 瞿葆奎. 1993. 教育学文集·国际教育展望. 北京：人民教育出版社：381.

书出版。[①]随着人类知识总量的增加，一个人即使花费毕生精力也不可能掌握人类全部的科学技术知识，即使是对某个领域的知识掌握，全靠学校教育这段时间也远远不够。

（二）科学技术的物化时间日益缩短

不仅科学技术知识更新的速度在不断加快，而且从科学技术到实际应用的时间也在日益缩短。科学技术大量应用于实际生产与生活中，不仅促进了经济的发展，而且为了适应生产、生活发展的需要，职业变换更加频繁。现在每年都有许多职业在消失，同时又有很多新的职业在不断涌现。据统计，各种重大发明与发现，16 世纪 26 项，17 世纪 106 项，18 世纪 156 项，19 世纪 540 项，到了 20 世纪 50 年代就有 961 项，在 20 世纪 60～70 年代的 10 年中，新的发明与发现比过去 2000 年的总和还多。这就使一次性学校"充电"已成为明日黄花。为了适应职业的变动，人们需要不断地接受教育，不断地充实自己。"我们再也不能刻苦地一劳永逸地获取知识了，而需要终生学习如何去建立一个不断演进的知识体系——'学会生存'。"[②]

（三）电子技术迅猛发展

20 世纪五六十年代，晶体管的发明及集成电路的出现，使计算机、电视、录音机、广播设备的造价大大降低，这些大众传播媒体也开始进入了人们的日常生活。每个家庭可通过这些大众媒体经常得到大量的信息，同时也使课堂教学走出了四面围墙的教室，走向更为广阔的世界。互联网的出现更使信息的传播发生了革命性的变化，也使教育手段进一步走向现代化。"大众传播媒介的存在也促进着不同教育部门的结合，以及各种教育方法的结合。换言之，这些传播媒介不仅提供了实现终身教育制度的技术手段，而且，一旦它们参与这种进程，它们就加快了这种制度的实现。"[③]"由于这些传播媒介，教育正在从时间

① 冯之浚. 2013. 决策研究与软科学. 杭州：浙江教育出版社：186.

② 联合国教科文组织国际教育发展委员会. 1996. 学会生存——教育世界的今天和明天. 华东师范大学比较教育研究所，译. 北京：教育科学出版社：2.

③ 查尔斯·赫梅尔. 1983. 今日的教育为了明日的世界——为国际教育局写的研究报告. 王静，赵穗生，译. 北京：中国对外翻译出版公司：53.

和空间的束缚下解放出来。它不再局限在学校里，也不再在某些固定的时间内教学了。学校以外的活动已经开始了。"①大众传播媒体的广泛运用使终身教育成为可能，因为它打破了各种教育和教学之间的壁垒，并且尽力根据个人特点安排不同的学习形式。

总之，当今时代是一个知识日益膨胀和更新不断加速的时代，在这样一个时代，终身教育更显示出客观必要性和紧迫性。"这个伴随着技术不断增长而富于信息的社会，将使这种学习（即终身学习——笔者注）成为一种新的生活方式。"②

二、政治格局的变化

第二次世界大战结束后，世界的政治格局发生了巨大的变化，许多殖民地国家纷纷走上了独立的民族国家的道路。在新的国际局势面前，第一世界国家考虑的是如何促进科学技术的发展并通过文化教育继续掌握控制权。第三世界国家则试图通过发展科学技术和文化教育以摆脱经济落后地位，缩小与第一世界国家的差距。因此，20世纪五六十年代各国政府都对教育表现出了前所未有的关注。也就是在这个时候，在人力资本理论的鼓励下，许多国家都倾其所能进行教育投资。但是后来人们发现，教育投资根本满足不了教育的实际需求。于是，不少国家都开始调整战略，转而对现有的教育体制进行改革。第三世界国家对旧的教育制度进行了改造，试图通过教育的改革来促进民主的发展和国家的繁荣富强。这些国家特别注重通过扫盲运动及成人培训来提高民族的素质。同时，在各发达国家争取人权的民主运动高涨，人民大众要求在教育上实现真正的机会均等，迫使这些国家对教育制度进行重新审视，扩大了教育的对象，采取了更加多样化的教育形式，使正规教育与非正规教育、正式教育与非正式教育（又称不正规教育）得到了更好的结合。各国面临的教育挑战及为适应这些挑战所做的教育改革尝试，为终身教育思想的提出创造了必要的条件。

---

① 查尔斯·赫梅尔. 1983. 今日的教育为了明日的世界——为国际教育局写的研究报告. 王静, 赵穗生, 译. 北京: 中国对外翻译出版公司: 53.
② 瞿葆奎. 1993. 教育学文集·国际教育展望. 北京: 人民教育出版社: 464.

三、人口结构的变化

20 世纪以来，世界人口结构发生了许多变化，人口剧增和人寿命的延长是其中两个主要的方面。人口结构的这些变化直接影响着教育结构的调整和变化。

世界人口的增长速度越来越快，这是 20 世纪人口结构变化的一个非常明显的趋势。世界总人口达到 10 亿（1830 年左右）用了几千年，而达到 20 亿却仅用了不到 100 年的时间（1925 年）。在此之后，人口增长速度持续加快：达到 30 亿人口用了 37 年，达到 40 亿人口则只用了 13 年（1975 年）。1980 年世界人口已经增长到 45 亿。[①]人口的剧增对教育提出了严峻的挑战，要求教育快速发展，但正规的学校教育远远无法满足需要。在这种情况下，各个国家都在尝试采取一些新的补充措施，发展非正规教育。另外，与人口增长相一致，在 20 世纪 60 年代末，出现了大量青年失业人口，成为国家极不稳定的因素。于是各国纷纷扩充高中后教育，如英国开放大学（The Open University）、美国的社区学院（community college）、日本的短期大学等，以减少失业人口。

随着医疗条件的不断改善和生活水平的不断提高，人类的平均寿命在不断地延长。按照世界卫生组织的最新定义：65 岁以前算中年人，65～75 岁算青年老年人，75～90 岁才算正式老年人，90～120 岁算高龄老年人。表 2-1 清楚地表明了人均寿命的演变历程及其发展前景。

表 2-1　人均寿命的演变历程　　　　　单位：岁

地区	1950～1955 年	1975～1980 年	1995～2000 年
全世界	47.0	57.5	63.9
较发达地区	65.2	71.9	73.7
较不发达地区	42.4	55.1	62.5

资料来源：转引自拉塞克，维迪努. 1996. 从现在到 2000 年教育内容发展的全球展望. 马胜利，等，译. 北京：教育科学出版社：21.

德国和英国两位科学家的最新分析显示，人类的预期寿命还会不断延长，至少在可预见的未来没有极限，百岁以上的寿星将越来越多。德国马克斯—普朗克人口研究所的沃佩尔和英国剑桥大学的奥彭介绍说，他们对日本、美国、

[①] 拉塞克，维迪努. 1996. 从现在到 2000 年教育内容发展的全球展望. 马胜利，等，译. 北京：教育科学出版社：13.

澳大利亚、挪威、瑞典、瑞士和荷兰等发达国家的人口数据进行了分析。结果发现，在过去 160 年中，以国家为单位，各国女性的预期寿命一直在稳步上升。1860 年，发达国家中最长寿的是瑞典妇女，预期寿命是 45 岁。如今，日本妇女是各国妇女中的长寿冠军，预期寿命约 85 岁。两位科学家在美国《科学》杂志上发表的文章中指出，过去 160 年，各国妇女的最高预期寿命不仅以平均每年 3 个多月的速率增长，而且根据他们的分析，这种增长呈现高度的线性上升态势。同期各国男子最高预期寿命的上升虽然幅度相对较小，但也属于线性上升。20 世纪，有不少学者预言说人类预期寿命将很快达到极限，但这些预言都先后被事实打破。沃佩尔和奥彭指出，如果过去一个多世纪来的增长势头得以持续，那么未来 60 年中，世界各国女性的预期寿命有可能会突破 100 岁大关。对今天在地球上生活的年轻人来说，在其有生之年百岁寿星也许会成为平常事。[①]

随着人们寿命的延长，高龄者所占比例增大，他们的继续学习问题也日益引起社会的关注。

四、闲暇时间的增加

什么是闲暇时间？闲暇，源于拉丁语，泛指在劳动之余获得许可进行的活动时间。美国经济学家凡勃伦在 1899 年著的《有闲阶级论》中指出，闲暇时间指人们除劳动外用于消费产品和自由活动的时间。现在一般认为，闲暇时间是人们每天除工作时间和睡眠、用餐及家务劳动等生活必要时间以外，用于个人发展、文化娱乐、消遣、社会交往等自由支配的时间。

人们工作时间的减少和闲暇时间的增加，是现代社会的一个重要特征，这与科学技术的进步和劳动生产率的提高有着密切的关系。中国自 1995 年 5 月起，开始了每周 5 天工作制，1999 年开始又推行五一、十一、春节三个长假，现在每年已有法定假日约 114 天（不包括日常生活中 8 小时以外的闲暇时间），这意味着人的三分之一的时间是在闲暇之中度过的。有调查显示，2001 年，北京市居民人均每天的闲暇时间为 5 小时 45 分，日均闲暇时间比 1996 年增加了 42 分

---

① 人类预期寿命将继续延长 百岁寿星成为平常事. http://www.china.com.cn/chinese/health/146397. htm. 2002-05-16.

钟，日均工作（学习）和通勤时间比 1996 年减少了 89 分钟。[1]以上事实说明，闲暇已成为现代生活中的一个很重要的方面。

早在古希腊，亚里士多德就论述过闲暇对人生的意义。他说："人的本性谋求的不仅是能够胜任劳作，而且是能够安然享有闲暇，这里我们需要再次强调，闲暇是全部人生的唯一本原。"[2]爱因斯坦也认为："人的差异产生在业余时间。"这是因为，业余时间为人们发展个人的多种兴趣、爱好和特长，不断充实和丰富自己提供了客观基础和现实可能性。马克思把闲暇时间称为自由时间。他说，自由时间就是"可以自由支配的时间……这种时间不被直接生产劳动所吸收，而是用于娱乐和休息，从而为自由活动和发展开辟广阔天地"[3]。"自由时间，可以支配的时间，就是财富本身：一部分用于消费产品，一部分用于从事自由活动，这种自由活动不象劳动那样是在必须实现的外在目的的压力下决定的，而这种外在目的的实现是自然的必然性，或者说社会义务——怎么说都行。"[4]纵观马克思的观点，可以看出它主要包括以下几层内涵：第一，自由时间是主体可以自己支配和随意使用的时间，在自由时间所从事的活动不是来自任何外在压力、目的和义务，而完全是出于自我之目的；第二，自由时间所从事的活动内容主要是娱乐、休息和消费；第三，自由时间的使用是为自由活动和发展开辟广阔天地。自由时间现在一般也叫闲暇时间或业余时间，是指个人没有必须做的事情因而可以随意支配和使用的时间。正由于自由时间具有这种特点，所以它对于人的发展具有重要的意义。

全面地看，闲暇并不只是纯粹的休息。人们既可以利用闲暇来充实、提高和完善自己，也可以用来从事不健康的活动，还可以无所事事而将闲暇白白浪费掉。这正如《学会生存——教育世界的今天和明天》所指出的："休闲本身已经变成了一种复杂的现象，它既提供了新的机会，也产生了新问题。"[5]这说明，

---

① 雷弢，孙龙. 首都社会发展与居民生活质量. 新视野，2004（2）：33-35.

② 亚里士多德. 1994. 亚里士多德全集（第 9 卷）. 苗力田主编. 北京：中国人民大学出版社：273.

③ 转引自马克思，恩格斯. 1974. 马克思恩格斯全集（第 26 卷·第三册）. 中共中央马克思恩格斯列宁斯大林著作编译局，编译. 北京：人民出版社：281.

④ 马克思，恩格斯. 1974. 马克思恩格斯全集（第 26 卷·第三册）. 中共中央马克思恩格斯列宁斯大林著作编译局，编译. 北京：人民出版社：282.

⑤ 联合国教科文组织国际教育发展委员会. 1996. 学会生存——教育世界的今天和明天. 华东师范大学比较教育研究所，译. 北京：教育科学出版社：135-136.

在闲暇时间日益增多的情况下，如何利用闲暇就成了一个迫切需要研究和解决的问题。利用闲暇时间对人们进行相应的教育，以便不断充实和丰富生活、提高生活的质量，自然也就成了当代教育的重要使命。

第二节　人类自我认识的深化

终身教育理论主张教育过程贯穿于从婴儿期到老年期的整个人生的各个阶段，以对人类自身认识的深化为基础，尤其是关于早期儿童和成人的智力与学习能力的研究成果，对终身教育的推动发挥了重要的作用。

一、早期儿童学习潜能的研究

人们对早期儿童学习的潜力有了新的认识。加拿大终身教育专家克罗普利在其《终身教育——心理学的分析》一书中指出，有充分证据证明学龄前儿童已进行了大量的学习活动。可是，由于学龄前的大部分学习是获取那些在成年人和儿童看来是理所当然的技能，所以也就没有引起人们的注意。因此，孩子在这一时期所进行的大量卓有成效的学习活动并没有受到应有的重视。试验证明，婴幼儿有着惊人的学习潜在能力，正常足月的新生儿已具备一定的学习能力，出生不到两分钟的婴儿已能感知某些事物，听到声音就能抬头追逐声源，有听觉、视觉、动作的空间定向的协同活动；在出生两三天后，能在 30 分钟内学会对某种声音的反应，这就表明新生儿已有相当良好的听觉辨别能力，已具有知识和动作协调的学习能力。已有实验证明，胎儿在母腹中就已开始了学习活动，这是通过研究胎儿心跳对外部刺激，如门铃响声的反应来加以验证的。婴幼儿时期人脑处于旺盛的发展时期，因此具有接受早期教育的学习能力。[①]美国心理学家本杰明·布卢姆认为，5 岁以前是智力发展最迅速的时

---

① 乔冰，张德祥.1992.终身教育论.沈阳：辽宁教育出版社：31.

期，4 岁起就约有 50%的智力，其余 30%是在 4～8 岁获得的，最后的 20%是在 8～17 岁获得的。①

贝利于 1968 年进行的研究及其他一些专家的研究成果表明，在初生婴儿阶段中，婴儿已经进行了今后整个生命赖以存在和发展的基础学习。因此，不能因为在婴儿阶段能够轻易学得那些后来在童年和成人阶段也能学到的技能而忽视该阶段学习的重要意义。初生数月的婴儿和年仅几岁的幼儿所学到的东西对他们整个生命进程都会产生影响。这种影响作用正如克罗普利所说的："一方面，在幼儿时期，儿童的智力和认知能力的发展为以后在学习态度和动机方面提供了重要基础；另一方面，学龄前所学到的学习动机和态度又为他们在未来生活中如何运用智力和认知技能提供了一个完整的框架。"②

人类的许多重要的行为和反应，在人的早期发展阶段存在着最为有效的发展期，即关键期。如果错过了关键期，某些素质的发展就会非常困难，甚至成为不可能。1969 年，勒斯特进行的一项实验表明：在个体生活的早期，如果缺乏感觉刺激，将对其一生产生不良影响。

加拿大学者沃斯在 1972 年发表的一份报告认为，6 岁以下的儿童不应被拒绝在教育之外。他建议实行早期正规教育。他把早期教育目标概括为三个方面：给予刺激，培养个性意识，提供适当的社会化经验。沃斯竭力反对早期教育是现存教育体系向下延伸的观点。他认为早期教育的主要作用不应是提供学习训练，而应作为终身教育体系的第一个阶段。它应包括以下一些目标：培养处理信息和符号的能力、学会评价自我表现的各种形式、培养好奇心和思维能力、帮助每个孩子对自己的学习能力树立信心、培养自我价值的意识及提高与人相处的能力。由此看来，沃斯已把早期教育看作一个包含有认知、动机、社会——情感因素的综合体。他认为，如果进行适当的早期教育，就可以为一生的自我发展奠定基础。这说明，沃斯已认识到把正规学校教育之前的教育作为终身教育一个阶段的重要性。③

---

① 转引自乔冰，张德祥. 1992. 终身教育论. 沈阳：辽宁教育出版社：31.
② 阿瑟·克罗普利. 1990. 终身教育——心理学的分析. 沈金荣，徐云，虞绍荣，译. 北京：职工教育出版社：69-70.
③ 阿瑟·克罗普利. 1990. 终身教育——心理学的分析. 沈金荣，徐云，虞绍荣，译. 北京：职工教育出版社：21-22.

二、成人学习能力的研究

传统观点认为，成人已丧失了可教性，对于成人来说教与学都是徒劳无益的。但是，20 世纪 20 年代以后的研究否定了这种观点。

克罗普利指出："在成年前期、中年甚至老年期内，人的智力功能仍然非常活跃……终身教育的心理依据是非常充分可靠的。"[①]他的观点是有根据的。美国心理学家桑代克的《成人的学习》一书中以实验研究为依托，提出了与传统观念相悖的结论。他确认人的学习能力在 22 岁达到顶点，从 25 岁起开始下降，但速度极为缓慢。在 22~45 岁的 20 余年内，其学习能力总量约降低 15%，平均每年降低 1%。这说明，成人在 25 岁之后仍然可以继续学习。[②]

20 世纪 40 年代时，美国一些心理学家以工作性质不同的成人为对象，按照多项内容进行实验，结果均证实，25 岁之后人的学习能力随着年龄增长而下降并不具有普遍性。在数字计算能力方面，成人的测定成绩稍差，而在言语能力方面，成人则较青年人有明显的优势。

20 世纪 50~60 年代，美国心理学家卡特尔等对成人智力的不同成分进行了测试，发现不同智力成分随年龄增长呈现不同的发展态势，某方面的智力持续提高，某方面的智力则日趋下降。而消长的结果，成人智商总值仍呈相对稳定状态。

许多研究证明，人的能力的变化趋势具有差异性，有些能力会随着年龄的增长而下降，而另一些能力则不会出现这种情况。克罗普利在《终身教育——心理学的分析》一书中引用了不少这方面的研究成果，这里择其要者作一介绍。泰勒和阿纳斯塔西分别于 1965 年和 1958 年就人的智力和年龄之间的关系进行了归纳和总结。他们认为，经过数序、类比、推理等项目方面对人的各种智力能力测验后发现，随着人的年龄的增大，这些项目方面的智力随之下降；而在运用词汇和算术的测验中，很少或根本没有智力衰退的记录。沙艾和拉布维-维夫于 1974 年经研究发现，个体在算术和词汇方面的技能至少在 55 岁之前不会退化。哈维格斯特于 1969 年得出的研究结论说，在需要速度和高度敏感性的项

---

① 阿瑟·克罗普利. 1990. 终身教育——心理学的分析. 沈金荣，徐云，虞绍荣，译. 北京：职工教育出版社：76-77.

② 转引自毕淑芝，司荫贞. 1994. 比较成人教育. 北京：北京师范大学出版社：209.

目中，智力随年龄增大而衰退；但在需要经验和专门技能的项目中以及词汇等方面，并不存在类似的衰退现象。[①]

苏联学者的实验研究证明，人成年后其智力仍处于发展之中，其发展遵循"异时性"规律。作为智力的主要成分，记忆力、注意力、思维能力的发展交替有序地进行，它们并不是同时出现发展高潮或低潮，也并非匀速前进。在整个成年期（18～40 岁），各种心理机能不是按照"高峰—下降"的曲线运行，而是按一定节奏发展，即出现数次高潮与低落，如思维发展在 20 岁、26 岁、32 岁、39 岁几度出现高潮，记忆在 19 岁、24 岁、30 岁均出现高潮。

加拿大成人教育家基德、瑞典成人教育家胡别尔曼等研究证实，随着年龄的增长，成人学习能力并未下降，下降的假象是学习速度下降造成的。他们认为，成人的各种器官乃至整个机体随年龄增长而日渐衰老，这种自然衰变过程尽管发展很慢，但对成人智力活动有一定的影响，如成人活动的速度渐慢，尤其在 40 岁以后，这种现象更为突出，表现在血液流动速度减慢、神经系统中信息传导速度放慢、疲劳恢复时间加长等方面。此外，成人感觉器官的功能也随年龄增长而下降，如视力衰退、听力迟钝、对外界刺激的反应速度减慢。作为智力活动的物质基础——大脑随年龄增长也会出现某种程度的萎缩，脑容量逐渐变小，重量减轻。这些生理变化会对成人的学习造成一定的障碍，如信息记忆保持时间短，学习速度减慢，思维的敏捷性和视力、听力的准确性明显降低。学习过程中出现的这些障碍，往往使人误认为是成人丧失了学习能力的表现，并将学习效率与学习能力混淆起来。也就是说，成人的学习能力并未丧失，只是他们的学习速度会不如以前而已。[②]

斯查伊和斯特罗斯赫的研究结果表明，在一般情况下，以前归因于随年龄增长的能力减退，主要是两代人之间文化差异造成的，他们所受教育的数量和质量是他们之间差异的主要原因，真正的减退在 60 岁以前是不可能发生的。[③]

成人教育理论家休伯曼证明，进行智力练习能延缓衰老。[④]智力的训练及持

① 阿瑟·克罗普利.1990. 终身教育——心理学的分析. 沈金荣, 徐云, 虞绍荣, 译. 北京: 职工教育出版社: 50.

② 毕淑芝, 司荫贞.1994. 比较成人教育. 北京: 北京师范大学出版社: 221-222.

③ 吴杰.1989. 外国现代主要教育流派. 长春: 吉林教育出版社: 209-210.

④ 王铁军. 2000. 现代教育思潮. 南京: 南京大学出版社: 129.

续不断的学习是学习能力得以巩固、发展及保持长久的重要因素，也是延缓智力衰退的有效手段。有关研究认为，40 岁以后，人的理解记忆会不断增强，批判性思考能力会不断提高，逻辑思维能力及分析问题和解决问题的能力日臻成熟。因此，成人的智力是可以不断发展的，这主要取决于他是否不断地学习；反过来说，智力的发展又是他继续学习取得成就的必要条件。可见，智力与学习是互相影响、互相促进的。

对早期儿童和成人智力与学习能力认识的深化，为将人的一生都纳入教育范畴奠定了理论基础。

第三节　传统教育的弊端

不可否认，传统的学校教育在整个社会的发展中发挥过并将继续发挥重要作用。但是，现在看来，传统的教育制度已日益显示出各种弊端。具体表现在以下几个方面。

一、传统教育仅限于学校教育阶段

这种教育将人的一生人为地分割成孤立的两个部分，前半生用于受教育，后半生用于工作，学校教育的结束也就意味着人整个一生受教育的结束。克罗普利对此进行过深入的分析。他说，有关学校教育的三个假设在传统上是至关重要的。其中第一个假设是：学校教育应是一个强化过程，它在相对短的一个时期中完成。第二个假设是：在这一学习强化阶段中，至少应让儿童学到长大成人后必须具备的基本知识。随之而来的第三个假设是：学校是儿童期和青少年早期进行学习的主要场所。结果是，学习不再被当作日常生活的一部分，而被认为要在游离于生活主流的特殊场所才能进行。同样，既然学校教育的主要目的是为学生的将来作准备，因而学习被认为与学习者的现实生活相关不大。今天的学习只是在于明天会有更多的收获。不仅如此，教育还被认为只有在学校里，在教师的指导下才能进行。①这种把教育与生活相割裂的情况，既不利于人的发展和完善，也不利于人们适应快速变化的社会。

二、传统教育具有保守性

传统的学校教育内容基本上是已有的知识，并且认为青少年掌握以后即可享用一辈子。随着社会文化机构的普及与现代通信和传播技术的发展，学校不再是传授知识的唯一途径，图书馆、博物馆、文化宫、少年宫及电视、电影、广播、网络等大众传播媒体对人们的影响作用日益增大。因此，如何控制各种传播途径与工具，使之与学校一道发挥最佳教育功能，是当今教育面临的一个重大课题。

三、传统教育不能满足人的多方面的需求

传统教育的功能主要局限于知识的传授。随着科学技术的进步和经济的发展，人们的物质生活水平得到了极大的提高，再加上闲暇时间的日益增多，人们希望不断充实和改善个人的生活，丰富自己的精神世界。以传授知识为己任的传统学校教育显然不能满足人们的这些多样化的要求。

四、传统教育脱离了社会需要

20世纪60年代，出现了一种新的令人关注的现象：社会拒绝使用学校的毕业生。这是教育成果与社会需要之间的矛盾的直接反映。正如《学会生存——教育世界的今天和明天》中提到的，在过去，社会的进展是缓慢的，因而也容易自动地吸收教育成果，至少也可以设法去适应教育的成果，但是今天的情况就不总是这样的了。"当知识变化很慢，而人们……又能在几年之内'学会'一切足以满足理智上和科学上需要的东西时，这种为少数人建立的教育体系是有效

---

① 阿瑟·克罗普利. 1990. 终身教育——心理学的分析. 沈金荣，徐云，虞绍荣，译. 北京：职工教育出版社：24-25.

的。但是如果我们把这种教育体系运用于急剧变化时代的大众教育，而知识数量又正以前所未有的速度激增时，那末这种教育体系很快就变得过时了。"①传统的教育体系难以适应日益发展的社会的需要，当它给学生授予的资格和技术不能满足社会的要求时，社会便拒绝接受这些毕业生。在这种情况下，教育的出路在于全面而系统的改革，通过改革建立起一种更加灵活、更能适应社会需要的教育体系。

在反思和批判传统教育的过程中，人们提出了不少教育改革的主张并进行了各种教育改革的实验。这些教育改革的主张和实验为终身教育思想的产生和发展提供了丰富的养料。现代终身教育理论的奠基者保罗·朗格朗在其代表作《终身教育导论》中对此有明确的论述："毋庸讳言，终身教育的全部目标基本上只是一个理想中的东西，但某些力量无疑已经在起作用。在适应环境和人类发展变化的教育形式形成之前，世界并未坐等理论家们阐明其观点，也不等待某些协会提出什么建议，那些推动新教育理论框架形成的基本因素，是在个体和群体日复一日、年复一年用于解决新问题的办法中形成的。由于种种新途径的开拓，终身教育已经不仅仅是可以期望的，并且也是可能的了。例如，倘若我们没有得益于成人教育，以及更一般地说通过正规教育以外的训练途径所作的贡献，倘若没有通过广播和电视建立起庞大的信息传播网络，倘若人类通用的教学仪器还没掌握在手，那么与终身教育有关的思想毫无疑问就不可能产生。"②

总之，传统教育本身存在不能与现代社会的政治、经济、科技发展及人的新的需要相适应等诸多弊端，社会需要一种新的、能更有效地为其服务的教育。这样，以根本改变各级教育的结构、职能、方法和内容为宗旨的终身教育便应运而生了。

综上所述，现代终身教育理论在 20 世纪 60 年代出现并不是偶然的，是教育在与社会的互动过程中为适应社会的变化和时代的要求而做出的回答。

---

① 联合国教科文组织国际教育发展委员会. 1996. 学会生存——教育世界的今天和明天. 华东师范大学比较教育研究所，译. 北京：教育科学出版社：37.

② 保罗·朗格让. 1988. 终身教育导论. 滕星，滕复，王箭，译. 北京：华夏出版社：83-84.

第三章
现代终身教育理论的发展

　　现代终身教育理论迄今已经历了一个较长的发展过程，这个过程开始于20世纪60年代中期，至今走过了50余年的历程。终身教育理论经过半个多世纪的发展，已取得了一系列具有重要影响的成果。回顾终身教育理论的发展历程，总结终身教育研究的成果，对于进一步推动终身教育理论与实践的发展无疑具有重要的意义。

第一节　保罗·朗格朗的终身教育思想

一、生平与教育活动

在现代终身教育理论的发展过程中，法国教育家保罗·朗格朗无疑占有非常重要的地位，他是现代终身教育理论的奠基者和终身教育运动的积极推动者。保罗·朗格朗 1910 年 12 月 21 日出生于法国加来的康普兰，他从巴黎大学毕业后，先后从事中小学和大学的教学工作及成人教育工作，创立了法国民众教育运动团体"民众与文化协会"并担任会长。1948 年以后在联合国教科文组织中任职，20 世纪 60 年代后期曾在联合国教科文组织总部秘书处担任终身教育科科长。他在亲身参加各级教育工作中积累了丰富的经验，形成了改革传统教育和建构新教育的思想。

1965 年 12 月，保罗·朗格朗在联合国教科文组织于巴黎召开的"第三届促进成人教育国际委员会"上提交了一份名为《关于终身教育》的提案。①这次大会第一次讨论了"终身教育"问题，它标志着终身教育国际思潮的确立，在世界各国引起了巨大的反响，"终身教育"从此成了脍炙人口的术语。

保罗·朗格朗在这提案中提出了"终身教育"发展的五项目标：（1）（社会）要为人的一生（从生至死）提供教育（学习）的机会。（2）各级各类教育的实施必须协调与统合。（3）小学、中学、大学及其地区性社会学校，地区性文化中心所发挥的教育功能，（政府或社会）应予以鼓励。（4）（政府或社会）应对本国公民有关劳动日的调整、教育休假、文化休假等制度或措施的实施起促进作用。（5）为了对以往的教育观念作根本的改变，应使此理念（终身教育）渗

---

① 该提案的标题原文为法语 Éducation Permanente，意为永久教育或恒久教育，后被联合国教科文组织改为英译的 Lifelong Education，即终身教育。

透到教育的各个领域。①

正是在这个提案的基础上，保罗·朗格朗于 1970 年写成《终身教育导论》（An Introduction to Lifelong Education）。该书出版后被译成 20 多种文字，在世界上产生了重要而广泛的影响，被公认为终身教育理论的代表作。保罗·朗格朗关于终身教育的著作还有《关于终身教育》（On Lifelong Education，1969 年）、《成人教育与终身教育》（Adult Education and Lifelong Education，1969 年）、《终身教育的前景》（Prospects of Lifelong Education，1979 年）、《以终身教育为基础的学习领域》（Areas of Learning Basic to Lifelong Education，1986 年）、《终身教育：概念的发展》（Lifelong Education：Growth of the Concept，1989 年）等。保罗·朗格朗因其对终身教育的杰出贡献而被誉为"终身教育之父"。②

二、论终身教育产生的历史背景

保罗·朗格朗指出，数百年来人们将人的一生分为两个阶段，即生活准备阶段（幼年期和青春期）和实际活动阶段，在前一个阶段所获得的知识和能力可以在后一个阶段一劳永逸地享用，他提出这种观点是毫无根据的。在现代社会，人凭借某种固定的知识和技能就能度过一生，这种观念正在迅速地消失。他认为，当今世界面临着许多新的挑战，它们在很大程度上改变了决定个人和社会命运的条件。这些新的挑战主要包括以下几个方面。

（一）变革的加速

在现代社会，事物的变化速度越来越快。"从前，需要几代人不懈努力的革新，现在，只靠一代人就完成了。每隔十年，人们就面临着一场在物质、精神和道德领域内如此广泛的转变，以至于昨天的解释已经不再符合今天的需要。"③此外，人们的思想观念总是落后于社会结构的变更。在变化速度不断加快的今天，为了保持现实生活和生活观念的平衡，也为了更好地理解这个世

---

① 吴遵民. 1999. 现代国际终身教育论. 上海：上海教育出版社：4-5.
② 转引自赵祥麟. 2002. 外国教育家评传. 上海：上海教育出版社：339.
③ 保罗·朗格让. 1988. 终身教育导论. 滕星，滕复，王箭，译. 北京：华夏出版社：22.

界的变化，传统教育已经不能满足需要，使得教育愈来愈被迫寻找新的途径。

（二）人口的增长

人口的迅速增长是目前大多数国家面临的问题。人口增长的后果之一就是对教育的要求不断增长。人口在增长的同时，寿命也在不断延长，这对教育的数量和质量都提出了挑战，不仅要求教育在数量上有所发展，而且要求教育在职能和性质上也需要改变。教育工作不能仅局限于正规的学校教育，同时还要借助于各种广泛的现代传播媒介。

（三）科学技术的发展

科学的进步和技术的改进正以空前的速度在社会生活的各个领域展开，"许多科研成果和工艺流程，在 10 年、20 年前还能引导着科学的进步，但是，在目前许多情况下，它们已经变得无用了"[①]。这就迫使各行各业的各类人员要不断地更新自身的知识和技能，否则就会变成落伍者而被淘汰。

（四）政治的挑战

在世界的社会、经济和技术结构发生变革的同时，国家的政治结构也频繁地发生着变化。"年复一年，有时是日复一日，当今人们每每发现他们已生活在变更了的新社会中：这个社会的政治、法律、社会伦理道德以及阶级结构都发生了深远的变化，出现了新的统治阶级并产生了公民与统治者的新型关系。"[②]政治基础和结构的变化要求公民不断接受训练才能承担新的责任和义务。同样，各级领导人只有不懈地学习，才能在行使职权的过程中完成他们的历史使命。

（五）信息的增长

大众传播媒介的迅速发展使整个社会迈入信息化时代。信息传播的迅捷及多样化可以促进文明世界的发展，但只有辅之以认真、持续的培训，信息才能起到建设性的作用。这就是说，在众多传媒带来的纷繁信息中，人们必须不断

[①] 保罗·朗格让. 1988. 终身教育导论. 滕星，滕复，王箭，译. 北京：华夏出版社：23.
[②] 保罗·朗格让. 1988. 终身教育导论. 滕星，滕复，王箭，译. 北京：华夏出版社：24.

接受训练以培养吸收和利用信息的能力，特别是提高批判意识和选择能力。

（六）闲暇时间的增多

保罗·朗格朗指出，闲暇时间的增多是这个时代的突出事实。随着工业社会的进步，人们的闲暇时间会越来越多。无论从个人利益，还是从整个社会的利益来说，人们都应合理地利用闲暇时间。教育的任务在于提高人们利用闲暇时间的认识、思维方法及表达思想和情感的方式，使生活更充实、更有意义。

（七）生活模式和相互联系的危机

现代社会中各种因素的变化发展极大地冲击着传统观念与行为模式。人们必须用新的观念来对待今天出现的代际差异、贫富差异、性别差异等变化。与此相适应，教育模式也必须加以调整和改革，只沿用以往的教育模式不会获得预期的效果。

（八）人对身体的认识

在许多国家，特别是西方国家，人们对自己的认识存在着片面性，将肉体与灵魂割裂开来——先是束缚身体和限制生理本性，后是过分表现肉体的真实性。教育的基本责任在于使人们科学地认识自身，从多方面发现身体的美和价值，从而使生活更和谐、更充实。

（九）意识形态的危机

由于社会的发展，传统的价值观念、行为准则和信念都受到极大的冲击，每个人都面临各种抉择。单一模式的信仰越来越少，人们不再盲从，而是批判地接受各种思潮和意识形态模式。

保罗·朗格朗认为上述所有这些挑战都涉及教育，都对教育提出了新的要求。新的教育要求的广泛性和复杂性将动摇世代相传的传统教育观念、结构和模式，迫使教育寻找新的发展道路，以使现代人通过新的教育在智力、体力、情感等各个方面做好迎接挑战的准备。

三、论终身教育的内涵与特征

（一）终身教育的内涵

"终身教育"是一个复杂的概念，人们对其内涵的理解意见纷呈。作为终身教育理论的奠基者，保罗·朗格朗在 1989 年发表的《终身教育：概念的发展》一文中仍然承认："在思考与实践的现阶段，终身教育是一个还不能给出明确定义的非常复杂的概念，或许应该作出努力，使它的各种要素系统化，并说明它们之间的互相关系。"[①]保罗·朗格朗在其代表作《终身教育导论》中是这样解释终身教育的："我们所使用的终身教育意指一系列非常具体的思想，实验和成就……包括了教育的各个方面、各种范围，包括从生命运动的一开始到最后结束这段时间的不断发展，也包括了在教育发展过程中的各个点与连续的各个阶段之间的紧密而有机的内在联系。"[②] "教育并非终止于儿童期和青年期，它应当伴随人的一生而持续地进行。教育应当借助这种方式，满足个人及社会的永恒的要求。"[③]他认为，接受教育应当是一个人从生到死一直持续的事情，教育应当在每个人需要的时刻以最好的方式提供必需的知识和技能。

对于终身教育的理解，还需要弄清它与成人教育的关系。保罗·朗格朗非常重视成人教育的价值，他把成人教育放在具有决定意义的位置上，将它看作终身教育体制的"火车头"。但他明确指出，成人教育不能等同于终身教育，"我们绝不会把终身教育和成人教育混为一谈，遗憾的是，一般人是经常这样认为的"[④]。在他看来，成人教育只是终身教育的一个组成部分，只是终身教育的一个阶段，而终身教育是指个体从出生到死亡所接受的各级各类教育的总和。无论是在时间上、空间上，还是内容上，终身教育都远远超出了成人教育的范围。

（二）终身教育的特征

1972 年，保罗·朗格朗在联合国教科文组织总部召开的有关终身教育的专

---

① 转引自赵祥麟. 2002. 外国教育家评传. 上海：上海教育出版社：355.
② 保罗·朗格让. 1988. 终身教育导论. 滕星，滕复，王箭，译. 北京：华夏出版社：16.
③ 筑波大学教育学研究会. 2003. 现代教育学基础. 2 版 钟启泉，译. 上海：上海教育出版社：180.
④ 保罗·朗格让. 1988. 终身教育导论. 滕星，滕复，王箭，译. 北京：华夏出版社：16.

题讨论会上，通过与当时的教育体系进行比较，系统地阐述了终身教育的基本特征。这些特征①包括：

现在的教育体制把教育限制在人生的某一时期（青少年时期）；终身教育是通过全部生涯进行的。

现在的教育体制注重学习抽象的知识；终身教育进行智力、情绪、审美、职业、政治、身体等多面性的教育，并从整体上寻求其具体的联系。

现在的教育体制将职业教育与一般教育、正规教育与非正规教育、学校教育与校外教育、文化与教育等各种教育活动分隔开来；终身教育考虑人格的全部及其有机的发展，谋求各种教育之间的联系和综合统一。

现在的教育体制立足于将积累起来的已知信息启示给下一代，以此为教育目的；终身教育立足于形成知识、理性、人格的辩证法观点，认为人是在不断探索中展开教育活动的时间性的存在。

现在的教育体制通过教育性的规章制度及外部强制手段，使学生以学习已有文化为重点；终身教育尊重每个人的个性、独立性和特殊风格，重视让学生自发、自主、不断地发展。

现在的教育体制把教育视为传授文化遗产的手段；终身教育认为自我不断的发展过程就是教育，将教育视为成长的手段。

现在的教育体制使教育成为筛选人的工具；终身教育认为学生未成熟时期只限于一次的挑选是无益的和有害的，希望他们在一生中的各个阶段都能充分发挥自己的才能。

现在的教育体制将教育限定在中学、大学、专门学校等故意分离开的领域中；终身教育把教育扩大到朋友、家族、工作岗位、教会、政党、工会、俱乐部等与人们实际生活有关的各种环境中。

现在的教育体制在教育媒体和训练上都设置一定的阶梯；终身教育选择教育机会时，只是看现有环境中是否有可能利用的媒体，以及是否适合个人和社会能力等，认为这是唯一的决定因素。

现在的教育体制认为教育只能由社会中的一部分人——教师来进

① 这部分内容摘编自持田荣一，森隆夫，诸冈和房.1987.终身教育大全.龚同，林瀛，邢齐一，等，译.北京：中国妇女出版社：20-21.

行；终身教育认为，根据时间和情况的不同，可由社会的不同部门提供教育机会。

综上所述，保罗·朗格朗对终身教育的理解，主要包括三层意思：一是从时间上看，它突破了传统教育将人生割裂开来，前半生受教育、后半生劳动的观念，认为教育应当贯穿人的一生的整个过程。人在不同阶段应当接受不同类型和特点的教育，而这些不同的教育又相互联系、相互作用，某一阶段的教育要受先前所受教育的影响，并决定后一阶段的教育，使教育形成时间上的整合。二是从空间上看，教育应当渗透到人的一生的各个方面。终身教育强调教育与生活的联系，它要求将学校教育、社会教育和家庭教育协调起来，将这些教育视为一个有机联系的整体，使教育形成空间上的整合。三是从教育目的上看，终身教育尊重人的个性、独立性和主动性，重视人的全面而协调的发展和培养自我学习的能力。

四、论终身教育的意义

保罗·朗格朗认为，教育的真正意义不在于获得一堆死的知识，而在于促进个人的发展。教育的意义主要体现在两个方面：第一，通过组织适当的教育结构和方法，帮助人们在一生中不断学习；第二，通过多种形式的自我教育，在真正的意义上和充分的程度上促进自我的发展。具体而言，终身教育的意义体现在以下几个方面。

（一）打破了将教育限定在某个特定年龄阶段的传统认识

保罗·朗格朗认为，在教育的时间问题上，教育过程必须持续地贯穿在人的一生之中，而不存在某个专门用于教育的年龄阶段。尽管人的一生中的某个时期比其他时期对学习更为有利，但只是表现在某些能力或技巧性较强的学科和体育运动中。他坚信，"在人生旅途的各个阶段通向各种体力和智力的现有知识形式的大门，都广为敞开着"[①]。这就是说，在人生的各个阶段都可以进行学

---

① 保罗·朗格让.1988. 终身教育导论.滕星，滕复，王箭，译.北京：华夏出版社：46.

习。保罗·朗格朗还认为，人生的每个阶段都有其长处和短处、优势和劣势，在教育上毫无例外地都需要付出特别的努力。

（二）赋予成人教育以新的意义

成人教育不只是学校教育的简单延伸和补充，而是立足于成人的特点和成人的需要，是非强制的、自由的教育。保罗·朗格朗将成人教育与传统教育进行了对比。他认为，成人教育不像传统教育那样讲究分数、名次、惩罚、奖赏，没有严酷而费时的遴选，也没有妨碍人正常发展的考试和文凭。与传统教育相比，成人教育出现了新的教育关系。在成人教育中，参加培训和学习的成人不再像小学生那样需要屈从于外部的约束，不再是被动地受教育。成人在与教师的关系上不再处于从属的下级地位，而是一个集体中的伙伴与合作者，在共同的工作中处于既接受又给予的地位：一方面接受学习内容；另一方面又在交流中把自己独特的经验财富给予别人。保罗·朗格朗还将成人教育与青少年时期的教育进行了比较。他认为，青少年由于听命于成人，要受法律和父母的压力被迫接受他们不感兴趣的东西，不能选择最适合自己的学习内容或手段。青少年时期的教育原则、内容和方法带有浓厚的强制色彩。而成人由于本身的独立性和自主性，可以摒弃这些积弊，获得更大的主动权，从而能产生许多崭新的思想。与此同时，成人教育还有助于解决当代社会严重的代沟问题。成人不断地学习，是重新建立两代人之间（年轻一代和年老一代）良好的交往与交流关系的基础。

（三）对学校教育提出了新的要求

在终身教育的框架下，学校教育的重点不再放在传授固定的内容上，这方面可以交给技术媒介去完成，而是应着眼于提高学生分析问题和解决问题的能力。教师应当成为一个组织者，应当营造有助于交流和交往的环境。作为教师，应当全面了解和研究学生，应当具备观察和理解学生的能力，在教育过程中要重在引导而不是裁决，从每个人的身上找出长处，而不是惩罚他们身上的缺点。教师要认识到，"一个儿童不单纯是一张表格上的一个数字，一个好的或坏的学生；或在数学上，或在语法上缺少天赋；最重要的他是一个人，一个有个性的人。他有他自己的灵魂，自己的社会意义，有他自己在一系列社会交往中的位置，自己的强烈愿望和习惯；一些路对他是敞开的，而另一些路则是封闭的"①。

（四）有助于实现教育机会均等

终身教育摒弃了教育上传统的选拔和淘汰制度，拓宽了人们在学习、资历、训练和职业改进等方面的空间，使民主原则能在教育上得到有效的落实，从而实现教育上的机会均等。

（五）有助于教育过程协调化

终身教育可以消除个体差异性与教育多样性之间的对立，使影响个体发展的各种因素能够相互交流和调和，使人们各个阶段中的训练协调起来，这有利于培养统一而完整的个性。保罗·朗格朗指出："从今以后，教育将被看作一个密切相关的统一结构，这个结构中的每一个部分都依靠另一部分，也只有与其它部分有联系时才有意义。如果一部分消失，结构的其余部分将失去平衡。"②

五、论终身教育的目标与内容

（一）终身教育的目标

保罗·朗格朗认为，终身教育的最终目标是使人们过上美好的生活，度过富有意义的人生，同时创建一个更美好的世界。用他自己的话来说，终身教育的"最终目标是一个更加有效和更加开放的社会，在这一社会中，人的各种尺度和志向都将受到进一步的尊重"③。另外，他还阐述了终身教育的具体目标，包括以下几点。

1. 促进个性的平衡发展

保罗·朗格朗指出，传统教育过分强调人的智力的发展，而其他方面则被

---

① 保罗·朗格让. 1988. 终身教育导论. 滕星，滕复，王箭，译. 北京：华夏出版社：77.
② 保罗·朗格让. 1988. 终身教育导论. 滕星，滕复，王箭，译. 北京：华夏出版社：53.
③ 保罗·朗格让. 1988. 终身教育导论. 滕星，滕复，王箭，译. 北京：华夏出版社：76.

忘记或忽视了，从而威胁到个性的平衡。在他看来，教育应当重视人的各个方面的平衡发展。"教育的目的是为了适合作为肉体的、智力的、情感的、性别的、社会的以及精神存在的个人的各个方面和各种范围的需要。这些成分中没有一个能够或者应该被孤立，每一个成分都互相依赖。"[①]

2. 增强人的适应性

当今世界正在发生急剧的变化，现代人命中注定必须面对持续多样的变革，否则将被这个世界所抛弃。为了提高人们适应变化的能力，在教育中重要的不是吸取现成的知识，而是要培养人们不断适应变化的精神、态度和能力。

3. 培养人的自控力

教育的重要目的是促使人追求幸福，而幸福主要是作为一种生存方式和度过人的一生的方式。幸福同能力的训练联系在一起，这种能力是自我控制的能力。保罗·朗格朗认为，这种幸福对任何人来说都是可以理解的，而且如果具备某些条件的话，每个人都能够得到它。人人都能够在他存在的每时每刻努力表明他是"可控制"的。"在清醒必须战胜错觉，知识必须战胜愚昧，希望必须战胜绝望和沮丧，对他人的信任必须战胜不信任和怀疑，热爱和理解必须战胜憎恨和愤世疾俗，以及求实和坦率必须战胜务虚和暧昧的情况下，每个人都能够做出努力去控制自己……那些做法都是'幸福'的成分和要素。"[②]

4. 改善生活质量

教育在影响生活质量的各种因素中扮演着重要的角色。高水平的生活质量与个人的素质、集体的氛围、自然环境及社会环境等密切相关。终身教育应使人们在与其他人在平等和交换的基础上建立令人满意的关系，消除悲观厌世的情绪，学会尊重别人，在社会生活中与别人和睦相处。

5. 促进世界和平

世界的隔离和战争阻碍了人类社会的文明发展。终身教育应当有助于缓和人们之间的紧张关系，"使每个人都热爱和平是任何一种形式的教育的基本目的"[③]。

---

① 保罗·朗格让. 1988. 终身教育导论. 滕星，滕复，王箭，译. 北京：华夏出版社：88.
② 保罗·朗格让. 1988. 终身教育导论. 滕星，滕复，王箭，译. 北京：华夏出版社：93-94.
③ 保罗·朗格让. 1988. 终身教育导论. 滕星，滕复，王箭，译. 北京：华夏出版社：97-98.

（二）终身教育的内容

保罗·朗格朗指出，在传统观念中，教育就意味着学校，意味着一种特殊性质的，体现在课程、方法和教师之中的活动。他认为，如果教育要在人的整个一生中和在个人生活的各个方面发挥作用，就要使它突破学校的框框，使它渗透到人类活动的各个方面中去。具体而言，保罗·朗格朗认为，终身教育应包含以下一些内容。

1. 生命教育

人生从一个年龄阶段向另一个年龄阶段过渡，往往会伴随着危机和波动，并随之形成一种新的生活方式。为了不使人虚度年华，不断丰富和充实自己，不断向前探索和收获，需要进行相应的教育和训练。

2. 情爱教育

在男女关系方面，需要爱与情感的教育。在保罗·朗格朗看来，爱的艺术是艺术生活中一个基本的、特别不稳定的部分，像艺术生活的其他方面一样需要训练。

3. 家长与子女关系的教育

在处理家长与子女的关系方面，情感教育可以促进家庭内部的交流和理解，帮助年轻人的成长。

4. 职业教育

教育和职业需求之间也具有密切的联系，它能够培养人们从事职业的能力，是提高人们职业水平的重要手段。

5. 闲暇教育

在现代社会闲暇时间日益增多的情况下，人们必须有准备、有训练地去利用这一空闲时间做有价值的事。闲暇教育可以帮助人们有效地利用闲暇时间充实生活和促进个性的发展。

6. 艺术教育

在艺术修养方面，艺术教育可以帮助人们通过各种形式的艺术活动愉快而有益地利用闲暇时间，更有意义地表现个体生存的基本需要。

7. 体育运动教育

体育运动教育是终身教育的重要组成部分。体育运动"既没有地理界限，也没有社会阶层之分。它吸引了各行各业的人们，给一切年龄的人们的健康锻炼提供了机会，并且打破了只有专业人员才从事运动的界线，从而成为世界性文化的一个重要方面"①。关于体育运动教育在终身教育中的地位，保罗·朗格朗认为应从双重的意义上来理解：首先，必须抛弃那种认为体育运动训练只在一生的一个短时期内进行的观点；其次，应将体育运动教育和整体的终身教育结合起来，把它从纯肌肉作用、从它与文化隔绝的状况中解脱出来，把它与智力的、道德的、艺术的、社交的和公民的活动等紧密地结合起来。

8. 信息选择教育

保罗·朗格朗承认大众传播媒介的确具有其独特的优点，但同时也应当认识到"正象标志着文明历史的多数重要发明一样，它们带来的骚乱与带来的益处一样多……传播媒介的内容和信息被故意弄得含糊不清，并以各种伪装面目出现，经常矛盾的新形象和价值观念，对于传统文化的冲击，可能而且常常带来爆炸性的后果。此外，尽管大众媒介可以传递文化信息，但平庸低劣的信息常常鱼目混珠，而且与好的信息相比，在数量上常常占有优势。甚至存在一种已经引起人们注意的更危险的威胁，即正是大众媒介的强大力量及对公众的吸引，往往使广播特别是电视占据全部闲暇时间，从而排斥了参与利用自由时间的其他积极形式，诸如阅读、社会交往等更有意义的活动"②。教育有责任使这些文化商品的消费者形成良好的判断能力、鉴赏能力和选择能力。

9. 公民教育

在任何终身教育的计划中都应该给予公民教育足够的重视。公民教育使人们关心国家的命运，能在国家生活的不同层次和不同结构中承担责任，支持公众事业，促进社会民主。

---

① 保罗·朗格让. 1988. 终身教育导论. 滕星，滕复，王箭，译. 北京：华夏出版社：61.
② 保罗·朗格让. 1988. 终身教育导论. 滕星，滕复，王箭，译. 北京：华夏出版社：62-63.

六、关于实施终身教育的建议

（一）终身教育的实施原则

保罗·朗格朗认为，我们不能为终身教育确定一个固定不变的模式。因为各国的具体情况不同，即使是同一个国家或同一个地区，在不同的历史时期也面临不同的问题。但他认为可以为实行终身教育提出一般性的原则。这些原则是：①确保教育的连续性以防止知识的老化；②使教学计划和方法适应每个社会的具体要求和创新目标；③在各个教育阶段努力培养能适应现代生活的新人；④大规模调动和利用各种训练手段和信息；⑤把教育的目标与技术的、政治的、工业的和商业的等多种形式的行动联系起来。

保罗·朗格朗认为，在上述原则的基础上，各个国家可以根据自己的条件建立适合自己国情的终身教育模式，但建立终身教育的模式必须遵循这样一个的原则是：使教育成为生活的工具，成为使人成功履行职责的工具。

（二）实施终身教育的具体建议

从以上原则出发，保罗·朗格朗提出以下几点关于改进教育的具体建议。

1. 加强成人教育

成人教育在个体人生和整个社会发展中具有客观必要性，但是在大部分国家成人教育发展并不理想，主要原因是经费拮据。"每个宣布成人教育具有价值、意义、紧迫性的政府公告，年复一年地由于财政预算的结果而不能兑现。"[①]保罗·朗格朗承认，由政府承担大众教育的全部费用是不可能的，但是个人和团体所能提供的资金不可能满足教育的需要。因此，政府应当对成人教育提供财政上的支持。此外，还要制定必要的法令和管理措施，以保证成人教育的顺利实施，尤其是要为成人提供各种教育服务机构，如图书馆、博物馆、文化中心、职业训练学校等。同时，还要鼓励和促使中小学和高等教育机构及传播媒介等为成人教育所利用。

---

① 保罗·朗格让.1988.终身教育导论.滕星，滕复，王箭，译.北京：华夏出版社：67.

在保罗·朗格朗看来，终身教育固然要建立在童年的良好的教育基础之上，但成人教育在其中也发挥着非常重要的作用。"只有当人们在童年时就接受了一个好的、合理的教育（这种教育建立在生活需要的基础上，并且为社会学、心理学、身体和大脑卫生的发现所证明），终身教育才能名符其实；但是，除非成人教育本身已在人们头脑中深深地打下烙印，并在生活方式中站住脚，以及除非它有一个牢固的制度基础，否则就不能够实现这样一种教育。"①他认为，成人教育对作为整体的教育所做的贡献具有决定性意义，是不可代替的。

2. 改革学校教育

保罗·朗格朗从终身教育的立场出发，对学校教育的重要性及学校教育与成人教育的关系给予了充分的肯定。他指出，与整个教育过程相比，学校教育虽然只占据一个比较短的时期，但它将构成教育的全过程中的一个非常重要的、决定性的序幕。然而，保罗·朗格朗又对当时的教育提出了批评，认为它扼杀了人的创造性，它把获得知识的能力放在情感、社会、艺术、生理各方面的发展之上，不考虑个性差异。此外他还认为，儿童和青少年时期的教育经历和感受，对他后来参与成人教育的积极性具有重要的制约作用。任何为成人教育所开展的运动有多大的广度和深度，只有同时采取同样果断的行动去改进那些为儿童和青少年设计的初级教育的结构、课程内容和教学方法，它的成功才有可能。因为，教育是前后连续的统一体，前后阶段相互制约，如果前一阶段的教育是失败而令人沮丧的，那么后一阶段的教育即使是消除了由政府和家庭或学习某种职业的需要而造成的压力和义务，也很难引起人们的学习兴趣。"假如在他们早年曾受到过一种使他厌倦学习和进步的训练，或者没有为他充分准备好教育过程得以延续所要求的那种耐心和努力的话，那么，成人教育对他来说是不可能成功的。"②保罗·朗格朗提出的改进学校教育的建议如下。

（1）因材施教。保罗·朗格朗认为，学校教育应当使个体按自己的本性去发展，而不是按预先设计好的模式去发展。在他看来，没有哪两个生命是相同的，每个人都有自己的独特性及生活方式。在教育中"存在着大量能够唤醒动

---

① 保罗·朗格让. 1988. 终身教育导论. 滕星，滕复，王箭，译. 北京：华夏出版社：17.
② 保罗·朗格让. 1988. 终身教育导论. 滕星，滕复，王箭，译. 北京：华夏出版社：71.

力或阻抑动力的因素。个别化扮演它的角色。娱悦并吸引某人的东西并非适于
另外一人，甚至还会使他厌恶。当然个人的追求有一个界限，如果分得太细的
话，教育便无法进行。然而，没有哪个教育者可以无视或忽略个人的倾向和爱
好的重要性，以及每个人进度的重要性"①。因此，因材施教应当成为教育的
一条基本原则。

（2）注重方法。学校教育的职能就是通过系统的训练，以发展学生的思考
能力、组织工作能力、在分析与综合之间建立联系的能力，以及鼓励学生建立
对话与协作的习惯等。

（3）与日常经验联系。教育的任务是使未来的成人为正视生活的义务和责
任做好准备，去接受变革，参加某些法律和经济领域的工作等。此外，还要向
学生介绍生活的艺术。

3. 改进扫盲教育

扫盲教育应放在终身教育的广阔背景中来认识。保罗·朗格朗对以往的扫
盲教育提出了批评，认为它不考虑扫盲对象生活的社会环境和经济环境，不考
虑他们已经获得知识的效果和未来的运用，而只是教他们如何阅读、写作和计
算等基本知识。在保罗·朗格朗看来，获得识字能力当然具有重要的意义，如
果一个人不会读和写，那么他通往学习和参与文化生活的道路就完全被封死
了，但扫盲更为重要的意义在于，通过扫盲培养人们的现代意识，提高他们对
快速变革的现代社会的适应能力。"它的真正含义是从一种类型文化到另一种
类型文化的迁移。或者更明确一些说，是从一种传统和习俗相伴随的口头文化
转向书面文明的过程，而后者有其将资料分门别类、革新与改造，以及感知与
思考理性化的方法。同时，这也是一个从自我封闭社会到一个必然向世界开放
社会的迁移。"②

自从保罗·朗格朗提出现代终身教育理论以来，终身教育思想已日益深入
人心，在世界教育领域引起了一场广泛而深刻的革命。现在，终身教育已成为
世界各国制定教育政策和指导教育改革的基本原则。尽管终身教育在实施的过
程中可能会遇到各种困难和障碍，但是历史的潮流是不可阻挡的。随着时代的

---

① 保罗·朗格让.1988. 终身教育导论. 滕星，滕复，王箭，译. 北京：华夏出版社：105.
② 保罗·朗格让.1988. 终身教育导论. 滕星，滕复，王箭，译. 北京：华夏出版社：75.

发展，终身教育必将日益显示其强大的生命力。

第二节 《学会生存——教育世界的今天和明天》的终身教育思想

终身教育理论自 20 世纪 60 年代确立后，经历了一个不断丰富、发展和完善的过程。其中，《学会生存——教育世界的今天和明天》《今日的教育为了明日的世界——为国际教育局写的研究报告》《教育——财富蕴藏其中》《成人教育的汉堡宣言和未来议程》等的出版对终身教育理论的发展发挥了重要的作用。这里先介绍和分析《学会生存——教育世界的今天和明天》一书的有关内容。

一、《学会生存——教育世界的今天和明天》的成书背景及其影响

1970 年被联合国定名为"国际教育年"。在这一年举行的联合国教科文组织第 16 届大会授权当时的总干事勒内·马厄成立国际教育发展委员会，其任务是向联合国教科文组织提交一份教育报告，以供联合国教科文组织及各成员在制定教育发展的策略时参考。国际教育发展委员会从 1971 年 3 月开始工作。总干事邀请法国前总理和教育部部长埃德加·富尔担任该委员会的主席，同时委任 6 位文化背景和专业背景各不相同的著名人士为委员会成员。该委员会在一年多的时间内先后举行了 6 次会议，对 23 个国家进行了实地考察，访问了 13 个国际与区域组织，研究了 70 多篇有关世界教育形势和教育改革的论文，并充分参考了联合国教科文组织在长达 25 年活动中所积累的文献。最后于 1972 年 5 月 18 日，由埃德加·富尔代表国际教育发展委员会向总干事提交了一份报告，即《学会生存——教育世界的今天和明天》。这是继保罗·朗格朗的《终身教育导

论》之后的又一部阐述终身教育问题的重要著作。该书自 1972 年 8 月、10 月先后以法文和英文出版后，引起了世界各国教育界的广泛注意。到 1974 年底为止，该书已先后被译成 33 种文字出版，共有 39 种不同版本。1979 年 10 月，该书被译成中文本出版。该书的出版直接推动了终身教育思想的迅速传播，并成为世界上许多国家指导教育改革的指导思想和理论依据。

《学会生存——教育世界的今天和明天》一书从历史和现实的角度考察了教育与人类生存及发展的关系，分析了世界教育面临的挑战，提出了教育革新的策略和途径，以及最终走向学习化社会（learning society，又译为学习社会或学习型社会）的道路。该书强调要加强教育的国际合作，倡导教育民主化和教育平等理念，提出了人文主义的教育目的，呼吁改革教育评价制度，提出了构建学习化社会的设想，强调终身教育是建立学习化社会的基石，提倡所有的人都要终身不断地学习。

二、《学会生存——教育世界的今天和明天》的终身教育思想

《学会生存——教育世界的今天和明天》明确要求将终身教育作为教育政策的指导原则："每一个人必须终身继续不断地学习。终身教育是学习化社会的基石。"①报告建议把终身教育作为各个国家制定教育政策的主导思想。综观全书，其终身教育思想主要体现在以下几个方面。

（一）论终身教育的内涵

该书回顾了终身教育概念的发展过程：最初，终身教育只不过是应用于一种较旧的教育实践即成人教育的一个新术语。后来，逐步地把这种教育思想应用于职业教育，随后又涉及在整个教育活动范围内发展个性的各方面，即智力的、情绪的、美感的、社会的和政治的修养。最后，到现在，终身教育这个概念，从个人和社会的观点来看，已经包括整个教育过程了。该书对终身教育做

---

① 联合国教科文组织国际教育发展委员会. 1996. 学会生存——教育世界的今天和明天. 华东师范大学比较教育研究所，译. 北京：教育科学出版社：223.

出了自己的界定："终身这个概念包括教育的一切方面，包括其中的每一件事情。整体大于其部分的总和。世界上没有一个非终身的而又分割开来的'永恒'的教育部分。"并指出："终身教育并不是一个教育体系，而是建立一个体系的全面组织所根据的原则，而这个原则又是贯串在这个体系的每个部分的发展过程之中的。"[①]在该书看来，当今的教育正在越出悠久的传统教育所规定的界限。它正逐渐在时间上和空间上扩展到它的真正领域——整个人的各个方面。这些方面过于广泛而复杂，以致无法包括在任何"体系"之内。这样一来，"终身教育就变成了由一切形式、一切表达方式和一切阶段的教学行动构成一个循环往复的关系时所使用的工具和表现方法"[②]。

（二）论终身教育的必要性

在论述终身教育的必要性问题上，《学会生存——教育世界的今天和明天》对保罗·朗格朗的思想既有继承又有发展。它以类似的表述重申了保罗·朗格朗的观点：那种想在早年时期一劳永逸地获得一套终身有用的知识或技术的想法已经过时了。

《学会生存——教育世界的今天和明天》在这个问题上的独特贡献在于，它揭示了人的未完成性与终身教育的内在联系。该书在第五章中指出："人是一个未完成的动物，并且只有通过经常地学习，才能完善他自己。"因此，"教育就要终生进行，要在所有现存的情况和环境中进行。这样，教育就会体现它的真正本性，即完整的和终身的教育，而超越千百年来硬加在它上面的各种机构上、程序上和方法上的限制"[③]。在第六章中又指出："人永远不会变成一个成人，他的生存是一个无止境的完善过程和学习过程。人和其他生物的不同点主要就是由于他的未完成性。事实上，他必须从他的环境中不断地学习那些自然和本能所没有赋予他

---

① 联合国教科文组织国际教育发展委员会. 1996. 学会生存——教育世界的今天和明天. 华东师范大学比较教育研究所，译. 北京：教育科学出版社：223.
② 联合国教科文组织国际教育发展委员会. 1996. 学会生存——教育世界的今天和明天. 华东师范大学比较教育研究所，译. 北京：教育科学出版社：180.
③ 联合国教科文组织国际教育发展委员会. 1996. 学会生存——教育世界的今天和明天. 华东师范大学比较教育研究所，译. 北京：教育科学出版社：180-181.

的生存技术。为了求生存和求发展，他不得不继续学习。"①该书引用一位心理学家的观点说，人类生下来就是"早熟的"。他带着一堆潜能来到这个世界。这些潜能可能半途流产，也可能在一些有利的或不利的生存条件下成熟起来，而个人不得不在这些环境中发展。所以从本质上讲，他是能够受教育的。事实上，他总是不停地"进入生活"，不停地变成一个人。人的未完成性是提倡终身教育的一个主要依据。

该书认为，只有当教育采纳了终身教育的思想时，它才能变成有效的、公正的、人道的事业。该书结合传统的考试制度对此做了进一步的阐述，认为传统的考试制度存在的呆板、形式主义和丧失个性等问题，"只有遵循终身教育的路线，把教育过程的结构进行彻底改造时，才能得到真正的解决"。也就是说，"当教育一旦成为一个连续不断的过程时，人们对于成功与失败的看法也就不同了。如果一个人在他一生的教育的过程中在一定年龄和一定阶段上失败了，他还会有别的机会。他再也不会终身被驱逐到失败的深渊中去了"。②

（三）论终身教育的目的

终身教育使人们"学会生活，学会如何去学习，这样便可以终身吸收新的知识；要学会自由地和批判地思考；学会热爱世界并使这个世界更有人情味；学会在创造过程中并通过创造性工作促进发展"③。该书认为，教育的目的在于使人成为他自己，"变成他自己"。为了实现这个教育目的，教育不应培养青年人和成人从事一种特定的、终身不变的职业，而应培养他们有能力在各种专业中尽可能多地转换并永远刺激他们自我学习和培训自己的欲望。从今以后，教育不能再限于那种必须吸收的固定内容，而应被视为一种人类的进程，在这一进程中人通过各种经验不仅要学会如何表现自己、如何和别人进行交流、如何探索世界，而且还要学会如何继续不断地、自始至终地完善自己。

---

① 联合国教科文组织国际教育发展委员会. 1996. 学会生存——教育世界的今天和明天. 华东师范大学比较教育研究所，译. 北京：教育科学出版社：196.
② 联合国教科文组织国际教育发展委员会. 1996. 学会生存——教育世界的今天和明天. 华东师范大学比较教育研究所，译. 北京：教育科学出版社：107.
③ 联合国教科文组织国际教育发展委员会. 1996. 学会生存——教育世界的今天和明天. 华东师范大学比较教育研究所，译. 北京：教育科学出版社：98.

（四）论学校在终身教育中的作用

有些批评者以教育往往已经过时和僵化为理由提议从根本上废除教育、禁止办学，该书对这种观点明确表示反对，认为学校作为向年轻一代有条不紊地施行教育所设计的机关，在培养对社会发展有贡献并在生活中起着积极主动作用的人方面，以及在训练人们适当地准备从事工作等方面，"现在是，将来仍然是具有决定性的因素。特别在现代社会中，我们通过变化日新、数量日多的渠道接受了大量的信息。如果我们要确切地处理这些信息，我们就要具备系统的知识、才智和技能……如果我们要掌握这种科学知识和科学观点，特别是要掌握这种知识体系和方法的话，我们就需要接受设计恰当的教育机关对我们所实施的有组织的教育"[①]。

该书承认，学校在教育体系中具有重大作用。终身教育和学习化社会并不是对学校教育的否定和取代。掌握反映一切事物最普遍的、最根本的特征的科学知识和科学观点，接受系统的文化知识的教育，只有在良好的学校教育中才能实现。学校固然不是教育的唯一部分，但却是教育的主要部分。学校作为向年轻一代有计划地实施教育的机构，在培养对社会发展有贡献并在生活中起积极作用的人方面，以及在训练人们适当地准备从事工作等方面，现在是、将来仍然是具有决定性的因素。但是该书批判了将教育等于学校的错误观点，认为学校已经远不是进行教育的唯一机关了，社会的教育功能不是学校的特权，社会上的各种机构、团体及各种传播媒体都必须参与教育工作。"限制时间（规定'学龄'时期）与限定空间（一定要在学校里面）的教育必须废除。学校教育不应被看作教育的终点，而应被视为整个教育活动的一个基本组成部分。教育活动既包括制度化的学校教育，也包括校外教育……我们必须把教育理解为一个终身存在的连续体。"[②]正因为如此，所以该书主张建立学习化社会，"在这个社会里面，人们将长时间地或在一定间隔的时间内或多或少地连续地接受教育。我们必须清晰地把教育想象为一个为整个社会所设计的连续过程，这个连续过

[①] 联合国教科文组织国际教育发展委员会. 1996. 学会生存——教育世界的今天和明天. 华东师范大学比较教育研究所，译. 北京：教育科学出版社：15.

[②] 联合国教科文组织国际教育发展委员会. 1996. 学会生存——教育世界的今天和明天. 华东师范大学比较教育研究所，译. 北京：教育科学出版社：276-277.

程不仅包括学校，而且还包括它的传递系统和通讯系统、它的各种通讯工具以及自由公民间那种有组织的和多样化的相互影响"①。

（五）关于构建学习化社会的设想

"学习化社会"的概念尽管不是由《学会生存——教育世界的今天和明天》最早提出的，但是这个概念的广泛传播却无疑跟该书具有密切的关系。什么是学习化社会？该书认为，学习化社会可以"理解为一个教育与社会、政治与经济组织（包括家庭单位与公民生活）密切交织的过程"，在这个社会中，"每一个公民享有在任何情况之下都可以自由取得学习、训练和培养自己的各种手段"②。该书还认为，在学习化社会，教育必须按照每一个人的需要在他的一生中进行。因此，教育不应当限于学校的"围墙"之内。所有现有的机构和各种方式的社会经济活动都必须用来为教育宗旨服务。与此同时，教育的机构和手段必须大大增加，使人们比较容易得到教育，使个人有尽可能多的选择机会。该书倡导在教育机构中减少形式主义，认为重要的不是一个人走什么道路，而是他已经学到了什么，获得了什么。在教育的手段与方法选择上，人们应该有充分的自由。这些手段和方法包括全日制教育、半日制教育、函授教育及直接利用知识来源（无论有没有现代通讯媒体的帮助）的各种形式的自我教育。所有这些手段和方法都是同样有效的，学习者可以按照他的意愿任意变换使用。下面，笔者将对该书关于学习化社会的构想作进一步的展开。

1. 全面改革教育的结构和教学内容

该书提出了如下关于教育结构和教学内容改革的指导思想③：

幼儿教育应尽可能为身心发展提供最有利的条件。

基础教育必须是多方面的，不仅要为儿童和青年们打算，也要为成人

---

① 联合国教科文组织国际教育发展委员会. 1996. 学会生存——教育世界的今天和明天. 华东师范大学比较教育研究所，译. 北京：教育科学出版社：112-113.

② 联合国教科文组织国际教育发展委员会. 1996. 学会生存——教育世界的今天和明天. 华东师范大学比较教育研究所，译. 北京：教育科学出版社：203.

③ 联合国教科文组织国际教育发展委员会. 1996. 学会生存——教育世界的今天和明天. 华东师范大学比较教育研究所，译. 北京：教育科学出版社：225-226.

们考虑，无论什么年龄，只要他们需要这种教育，就要为他们考虑。这种
教育尽管是传授基本知识，但是它还要人们学习如何感知和理解世界。它
必须努力培养人们，尤其儿童们，具有自学的爱好，而且使他们终身都有
这种爱好。在发展人们的观察力、判断力和批判精神的同时，还必须激发
他们求知识、提问题和向自己提出疑问的欲望……

后期基础教育的目的，与其说是准备青年上大学，还不如说是准备他
们投入积极的生活，使那些暂时没有取得进步的人们一直生气勃勃，满怀
希望，相信在某个时候，无论在校内或校外，总能受到中学以上的教育或
较高一级的专门训练。

高等教育应该通过许多不同的途径，在任何年龄，以各种形式，为人
们所享受；这种教育尤其要着眼于继续不断的自我改造或自我发展。

临时教育应该在任何年龄都可以享受到，以适应每个人暂时的或永久的需要。

2. 开放教育体系

该书倡导在不同的教育学科、课程、等级之间，在正规教育与非正规教育
之间，一切人为的、过时的障碍都要废除。具体而言，首先要使更多的学生能
够在一个学校里面自由地从一个阶段转到另一个阶段，也能自由地从一个学校
转到另一个学校。学生要能够自由地进入各个不同的阶段，而又能在不同的点
上离开。在义务教育结束后，每个人可以选择继续学习或从事实际生活（当然
并不排斥以后再学习的希望）或者补习前一时期不及格的课程。学生不必事先
完成传统的正规教育而接受高等教育。个人应有许多机会从一个教育分支转到
另一个分支。个人应该可以在适当时候脱离和重新进入教育圈子。教育和劳工
法必须比较灵活。必须铲除各种类型的教育机构之间的一些不必要的障碍，对
那些要开始或再度学习的人们应该让他们能比较容易地离开工作岗位。

3. 充实普通教育

该书指出，普通教育的观念必须显著地加以扩大，使它明确地包括社会经
济方面的、技术方面的和实践方面的普通知识。该书认为，以往的普通教育的
概念具有局限性，它只限于一定数目的传统学科。该书要求废除以往关于不同
类型的教学（如普通的、科学的、技术的和专业的教学）之间的那种严格的区
别，认为从初等教育到中等教育，都必须同时成为理论的、技术的、实践的和

手工的教育。"如果所谓的普通教育要真正成为普通的教育，那就必须发展技术教育；如果普通学科要具有充分的教育价值，那就必须注意使智力训练与体力训练和谐一致，并经常把学习与工作结合起来。"[①]

4. 高等教育多样化

该书强调，高等教育的结构、教材和学生类别等都应当多样化。这种多样化包括增多学习项目；采取短期修业与长期修业并举的办法；成立小规模的教育机构，以满足特殊的或地方的目的和需要；其他院校应提供适合劳动市场要求的准专业的和中等水平的技术训练；入学的标准应自由而不拘形式，这种标准应着眼于报考者的动机及其职业前途，而不应着眼于官方规定的学分和文凭。

5. 改革教育评价制度

该书强调要改革传统的选拔和评定学生的方法。"一般讲来，终身教育这个概念已经排斥了任何最后的、过早的选拔。终身教育应该彻底改变升级和发证书的程序，强调真正的本领、才能和动机，这方面的价值高于分数、分等、学分的价值。"[②]对于大中小学生成绩的评定，不应以简单的、速决的考试为基础，而应以全面观察整个学习过程中的工作为基础。即使要采用考试，也与传统的做法不一样。考试主要应该当作一种手段，用来比较出身不同的个人在各种不同的条件下所得到的技能，所以考试不是一个结论而是一个起点，它帮助个体估计自己的学习方法的效率。对学生的评定应少注意他所记忆的知识有多少，而应多注意智力的发展，即推理能力、批判性的判断力、解决问题的谙熟程度等方面的发展。

6. 加强成人教育

该书高度重视成人教育工作，认为成人教育在任何社会中再也不能是无关紧要的，必须在教育政策和教育预算中给予它应有的地位。成人教育之所以特别重要，一方面是因为它是发展每一个人的个性的手段；另一方面是因为成人教育对于非成人教育的教育活动是否成功可能起到决定性的作用。因为儿童的

---

① 联合国教科文组织国际教育发展委员会. 1996. 学会生存——教育世界的今天和明天. 华东师范大学比较教育研究所，译. 北京：教育科学出版社：237.

② 联合国教科文组织国际教育发展委员会. 1996. 学会生存——教育世界的今天和明天. 华东师范大学比较教育研究所，译. 北京：教育科学出版社：246.

初等教育不能和他们的家长的教育水平分开，正在成长的一代不可能在一个文盲家庭里受到良好的训练。该书还认为，成人教育对于终身教育的推行具有重要意义，"成人是否可能学习，这是实际应用终身教育这个概念的关键问题"①。该书还提出了关于成人教育的具体行动建议：一是利用现有教育机构，推动各种成人教育活动，并增加成人进入高等院校的人数；二是创办专门的成人教育机构，或者把各种校外活动结合起来，以帮助成人更好地发挥公民、生产者、消费者和家长的职能；三是创立个人和集体教育活动的组织，鼓励自我教育，使所有教育手段能为最大多数人所利用。

7. 改进扫盲工作

该书认为，扫盲运动并没有达到人们普遍认可的与文盲作斗争的真正目标。许多国家在扫盲运动中动用了巨大的人力，但获得的结果比较起来却十分微小。在该书看来，扫盲不只是教人识字，它还应当有更丰富的内涵和更重要的使命。"扫盲的目的并不是单纯使一个不识字的人能够识得几个字，而是要使他更好地同他的环境协调一致，更好地理解生活的真正意义，提高他个人的尊严，接近他认为有益的知识源泉，掌握他走向美好生活所需要的实际知识和技术。"②该书特别推崇职能扫盲（functional literacy）。③在职能扫盲活动中，个人的动机成为一个出发点，以保证教学内容真正具有职能作用，即保证教学内容有利于人们从事社会经济的和文化的活动。职能扫盲的目标是对一些将要担任各种社会任务和经济任务的人们进行训练。学会读和写本身已不再是目的，而是求得个人解放和发展的一种手段，是扩大个人受教育范围的一种手段。学习内容已不再是通常的教育题材，而是结合各种学科去解决具体问题。职能扫盲的目的在于既培养个体技术和职业方面的才干，也发展其智力和与人交流的能力。

---

① 联合国教科文组织国际教育发展委员会. 1996. 学会生存——教育世界的今天和明天. 华东师范大学比较教育研究所，译. 北京：教育科学出版社：154.

② 联合国教科文组织国际教育发展委员会. 1996. 学会生存——教育世界的今天和明天. 华东师范大学比较教育研究所，译. 北京：教育科学出版社：65.

③ 职能扫盲又称为功能性扫盲，即扫除功能性文盲。功能性文盲的概念最初由美国的格雷（Grey）提出，这种文盲除了有读、写、算方面的基础知识和基本能力的标准之外，更重要的是从事个人生活和社会生活必须能力的标准。

8. 强化自学

该书对于自学的意义也给予了充分的肯定。"新的教育精神使个人成为他自己文化进步的主人和创造者。自学，尤其是在帮助下的自学，在任何教育体系中，都具有无可替代的价值。"① 为此，该书就如何强化自学提出了有针对性的建议，认为应该建立一些新的机构和服务设施以帮助人们自己教育自己，而这些机构和服务设施应该结合到所有的教育体系中去。这类机构和服务设施包括语言实验室、技术训练实验室、问讯处、图书馆以及有关的服务站、资料库、程序教学与个人教学的辅助器、直观教具等。

9. 使用现代教育技术

该书认为，采用现代教育技术可以使教育体系更加开放、民主，并能提高教学的效率。廉价而易得的快速传播信息的手段应该广泛地应用于大众教育，尤其应该使用于农村地区的基本教学。此外，还应该把教育技术应用于校外活动和远距离教学方面。

10. 改革师资训练

在该书看来，师资训练的改革主要包括两个方面：一是重新认识教师的职责和任务。教师应成为教育工作者而不是传递预先规定课程的专家，他的任务是教育与激励学生，而不是单纯地讲课。二是合理制订师资训练计划。该书指出，现在正规的与非正规的教育、学校与校外教育、儿童与成人教育的区别正在逐步消失。当我们为他们的训练制订计划时，必须考虑到这种情况。在该书看来，未来的师资训练应遵循两条道路：一是使一定数量的未来教师在学前教育、学校教育、特殊教育等方面专业化；二是把另外一些人训练成为组织者兼教育家，其中包括一大批师资受训者，他们应该在理论上懂得在校内校外如何对儿童和成人进行教学。此外，还要训练教材、自学设备、教育技术、测验与职业指导、心理辅导等方面的专家。

11. 革新师生关系

该书强调要从根本上重新评价师生关系这个传统教育大厦的基石，特别当

---

① 联合国教科文组织国际教育发展委员会. 1996. 学会生存——教育世界的今天和明天. 华东师范大学比较教育研究所，译. 北京：教育科学出版社：251.

师生关系变成一种统治者和被统治者的关系的时候。该书认为，这种统治与被统治的关系，由于一方在年龄、知识和无上权威等方面的有利条件和另一方的低下与顺从的地位而变得根深蒂固了。在批判传统的师生关系的基础上，该书对教师和学生在教育中的地位和作用做了新的阐释。关于教师的地位和作用，该书指出："教师的作用目前正在发生变化。权威式的传递知识的办法正在通过花费更多时间判断学习者的需要，推动和鼓励学生学习，考核所获得的知识等办法加以补充。"[①] "从终身教育的立场和当前人类知识的现状来看，把教师称为'师长'（Masters）（不管我们给这个名词一个什么意义），这是越来越滥用名词。教师的职责现在已经越来越少地传递知识，而越来越多地激励思考；除了他的正式职能以外，他将越来越成为一位顾问，一位交换意见的参加者，一位帮助发现矛盾论点而不是拿出现成真理的人。他必须集中更多的时间和精力去从事那些有效果的和有创造性的活动：互相影响、讨论、激励、了解、鼓舞。"[②]

与此相适应，学生的角色和职责也发生了根本的变化。在终身教育中，教学活动让位于学习活动。"虽然一个人正在不断地受教育，但他越来越不成为对象，而越来越成为主体了。他并不认为，他所受的教育似乎是他的保护人，即那些有权势的人们，送给他的礼物或者是对他所履行的一种社会义务。他是依靠征服知识而获得教育的。这样，他便成了他所获得的知识的最高主人，而不是消极的知识接受者。"[③]为了进一步说明问题，该书还引用了一位学者的精辟观点："未来的学校必须把教育的对象变成自己教育自己的主体。受教育的人必须成为教育他自己的人；别人的教育必须成为这个人自己的教育。"[④]一句话，教育已不再是从外部强加在学习者身上的东西，它必须从学习者本人出发。关于学习者在学校生活中的地位，该书特别强调学习者的自由选择：我们应使学习者成为教育活动的中心；随着他的成熟程度允许他有越来越大的自由；由他自己决定

---

① 联合国教科文组织国际教育发展委员会. 1996. 学会生存——教育世界的今天和明天. 华东师范大学比较教育研究所，译. 北京：教育科学出版社：172.

② 联合国教科文组织国际教育发展委员会. 1996. 学会生存——教育世界的今天和明天. 华东师范大学比较教育研究所，译. 北京：教育科学出版社：108.

③ 联合国教科文组织国际教育发展委员会. 1996. 学会生存——教育世界的今天和明天. 华东师范大学比较教育研究所，译. 北京：教育科学出版社：200.

④ 联合国教科文组织国际教育发展委员会. 1996. 学会生存——教育世界的今天和明天. 华东师范大学比较教育研究所，译. 北京：教育科学出版社：200.

他要学习什么，他要如何学习及在什么地方学习与受训。这应成为一条原则。即使学习者对教材和方法必须承担某些教育学上的和社会文化上的义务，这种教材和方法仍应更多地根据自由选择、学习者的心理倾向和他的内在动力来确定。

《学会生存——教育世界的今天和明天》在终身教育理论的发展过程中占有非常重要的地位。该书直接推动了20世纪60年代初形成的终身教育思想的迅速而广泛的传播，并成为世界上许多国家教育改革的重要理论依据和指导思想。

第三节　查尔斯·赫梅尔的终身教育思想

一、作者及其著作简介

查尔斯·赫梅尔是瑞士教育家，曾任瑞士教科文组织全国委员会秘书长、瑞士常驻联合国教科文组织的代表、教科文组织执行局委员。1975年，在日内瓦举行了第35届国际教育会议。会后，主办单位国际教育局邀请查尔斯·赫梅尔写一份研究报告，描述近两年来世界教育的发展状况、主要趋势和取得的成就。《今日的教育为了明日的世界——为国际教育局写的研究报告》一书是他研讨该问题的成果，该书于1977年由联合国教科文组织出版。我国于1983年将该书译为中文出版。

该书对教育在现代社会中的价值做了充分的估计，该书的"导言"中写道："教育是我们时代少有的伟大希望之一。在一个理性的世界中，教育取代了许多古老的神话和信仰。正是通过教育，现代人才相信更美好的将来掌握在自己的手中。教育就是塑造未来。"[①]该书还列专章"终身教育——理论与实践"系统地探讨了终身教育问题。

---

① 查尔斯·赫梅尔. 1983. 今日的教育为了明日的世界——为国际教育局写的研究报告. 王静，赵穗生，译. 北京：中国对外翻译出版公司：4.

在查尔斯·赫梅尔看来，终身教育并不是现在才出现的新事物。作为一种实践，终身教育在人类历史上一直存在着。它既不受时间限制，也不受空间限制。无论在何处，教育总是贯穿于人的全部生活之中，包括在家庭中、氏族中、社团仪式中、教堂、和学校里、公司中、工作中、战争中、街道上、市场里、每一种人类关系中，以及在交谈时，听故事、神话和传说时，读书和看报时，参观博物馆时，观赏教堂里的壁画和彩色玻璃窗、旅游、观察自然时，等等。但是，只是在 20 世纪六七十年代，它才得以概念化、理论化。作者对终身教育理论做了高度的评价："终身教育是正在使整个世界教育制度革命化的过程中的一种新概念。"并认为该理论"可以与哥白尼学说带来的革命相媲美"，是"教育史上最惊人的事件之一"。①

二、关于终身教育的基本观点

查尔斯·赫梅尔系统地论述了终身教育的内涵、意义、使命、模式，同时还探讨了回归教育（recurrent education，又译为"回流教育"）及扫盲等问题。

（一）论终身教育的内涵

关于终身教育的内涵，查尔斯·赫梅尔认为，在一般情况下，人们很容易将终身教育与成人教育或继续教育混淆起来。事实上，终身教育与成人教育或继续教育内涵并不一样。成人教育只是终身教育体制的一个方面，尽管是一个重要的方面。至于继续教育（训练）的思想，它也局限于有关职业教育方面。而在终身教育的概念中，"教育"一词应从其最广泛的含义中去理解。在终身教育中，除了成人教育以外，还包括学前教育和学校教育。

（二）论终身教育的意义

查尔斯·赫梅尔指出，在今天，从学校获得的大量知识不再经得起时间的

---

① 查尔斯·赫梅尔. 1983. 今日的教育为了明日的世界——为国际教育局写的研究报告. 王静，赵穗生，译. 北京：中国对外翻译出版公司：22.

检验了。这些知识不足以终生受用，成年以后还必须不断地补充知识和接受新的知识。各种形式的再学习和成人教育已经成为必不可少。学校教育必须辅之以其他各种机会及学习和训练形式。"但是，如果要使所有这些不同的教育过程都能尽可能地发挥作用，它们必须加以协调并统一在一个单一的、综合的教育制度：终身教育之中。"① 从终身教育的观点出发，"教育活动被认为是一个整体，所有的教育部门都结合在一个统一和相互衔接的制度中。但是，终身教育并非是包医百病的灵丹妙药。它是总的指针、指南和一种应如何建立教育制度的观点"②。因此，查尔斯·赫梅尔承认，终身教育必须适应不同国家的现实和需要。工业化国家与发展中国家具有不同的需要。在文盲占很大比重的任何地方，成人的识字教育构成任何终身教育制度的重要方面。而在一个很先进的国家中，闲暇问题却可能影响这种制度的建立——闲暇教育成为终身教育的重要组成部分。在他看来，终身教育对于发展中国家具有特殊的意义，为发展中国家提供了特殊的机会。因为这些国家的学校体制并不像工业发达国家那样根深蒂固、那样刻板和僵化，因而较为容易实行剧烈的改革。

在查尔斯·赫梅尔看来，终身教育也是针对学校教育存在的弊端而提出来的。传统的学校体制很难适应日益飞速的变化，无力应付不断涌现的新的教育需求。科学技术的进步、新闻媒体的发展、人口的激增及职业难以置信的多样化，这些都影响了教育问题。在这种情况下，单靠儿童和青年时代的学校教育已远远不能满足变化中的世界的需要。不断变化的世界要求实行灵活的教育制度，教育必须不断地进行革新。

在查尔斯·赫梅尔看来，终身教育是唯一能够适应生活在转变中的世界上和不断变化的社会中的现代人的教育，以使自己能够不断地适应新情况，成为能动的、具有想象力和创造性的个体。由于终身教育是一个全面的和统一的体制，所以它有可能使个体在任何时候继续进行学习或研究。

针对某些关于终身教育的批评和反对意见，查尔斯·赫梅尔发表了自己的看法。这些反对意见大致包括终身教育可能使成年人永远也无法成年；有

① 查尔斯·赫梅尔. 1983. 今日的教育为了明日的世界——为国际教育局写的研究报告. 王静，赵穗兰，译. 北京：中国对外翻译出版公司：25.

② 查尔斯·赫梅尔. 1983. 今日的教育为了明日的世界——为国际教育局写的研究报告. 王静，赵穗兰，译. 北京：中国对外翻译出版公司：26.

些人担心通过终身教育，个人的存在将要被无止境的教学所侵犯或妨害，担心终身教育将预示学校教师的统治，担心终身教育不仅不能改善人们的生活和培养创造力，反而不得不遭受没完没了的学徒生活的磨难。对这些批评意见，他的回答是：一定不能把教育和学校讲授混为一谈。教师作为终身教育的一部分应当彻底改变自己的看法，成为一个鼓动者或引导者，教师将帮助唤醒未被知晓或沉睡中的能力，使每个人都能分享到人们完全能够发挥自己才能的幸福。

查尔斯·赫梅尔在对未来的教育进行展望时，满怀信心地指出："即使终身教育的概念仍然远未被人们所普遍理解，即使目前任何国家的教育制度都还没有充分将它变为现实，现在看来可以肯定，这个概念最终必将改变全世界的教育面貌。凡要进行重大教育改革的地方，都将考虑到这个概念。"①

（三）论终身教育的使命

查尔斯·赫梅尔认为，终身教育的实施有赖于教学法的改变。在变化异常迅速、科技高速进步的时代，百科全书式的知识已经过时，百科全书比人老得更快。教育再也不能限于只是传授知识。教育措施应当更灵活、富于生气、更向世界和周围环境开放和更适应每个个人。"需要的是唤起学生的兴趣、好奇心和个人热情。必须善于引导受教育者将其命运掌握在自己手中。他必须学会工作、研究、发明创造，而不再是熟记一些理论和事实。他应该不再是受教育，而是充分参与教育过程。应该培养他进行自我训练和自我教育。"②在教育中，学生不只是被动地接受教师教给他的东西，他还要承担确定自己的具体教育方向并予以实施责任。作者特别强调学生的自我评价能力，认为只有在有了自我评价时，才有可能对学习进行自我管理。因此，"必须对学生进行培养，使之能评判他自己的能力、进步和不足之处。只有这样，他成年后才能够在他面临的教育和训练的各种机会中，合理选择适合自己需要和能力的那些机会。显然，

---

① 查尔斯·赫梅尔. 1983. 今日的教育为了明日的世界——为国际教育局写的研究报告. 王静，赵穗生，译. 北京：中国对外翻译出版公司：171.

② 查尔斯·赫梅尔. 1983. 今日的教育为了明日的世界——为国际教育局写的研究报告. 王静，赵穗生，译. 北京：中国对外翻译出版公司：28.

在这一过程中，他必须得到帮助、引导和指导"①。

查尔斯·赫梅尔认为，学校的责任不是为培养青年人准备进入具体的"生活"，而是为他们做好继续接受教育的准备。学校的主要作用是为了进一步学习而学习（学会学习，提高学习能力），或者为了变得更完美而学习（促进人格的发展和完善）。在终身教育中，教师的作用正在改变：他不再是教师，而正在成为一个鼓动者，其责任在于唤起学生的兴趣、好奇心和个人热情，鼓励个人的首创精神和创造性。学生不再是熟记一些理论和事实，而要学会利用一切情报工具（从图书馆、无线电和电视机到计算机）。

（四）论终身教育的模式

查尔斯·赫梅尔对终身教育模式进行了简要阐述。以下是他的基本构想②：

在这个制度开始时，教育是由父母和托儿所提供的。学前教育在终身教育制度中占据了一个特别重要的地位，这是对性格的形成起主要决定作用的时期。在学前教育阶段，首先培养的是心理独立，其次是在玩耍时习惯于同其他人结成关系以及参加小组活动，这样就能促进儿童的社会化。在这个阶段，儿童的基本的语言技巧得到了发展，开始熟悉书面语言，并逐步锻炼对外部世界的基本理解力。学前教育不能要求过严，也不能学得太多太快。从终身教育的观点出发，在学前教育和小学教育之间有必要建立紧密的联系，从一级到另一级的过渡要尽可能地顺利。

学前阶段之后是基础学校。基础学校给予所有的小学生以共同的基本知识。首先包括掌握某几种语言：母语、一门外国语、数学；然后是基本的科学方法和技术、公民和社会教育、艺术教育。除了这些共同的基础外，学生有相当大的选择权，以适应各个人不同的教育需要。学分制代替了期中期末考试。根据这种制度，学生按照各自的教育目标得到一定数量的学分，直至他得到足够数量的学分，他才能获得他想要的毕业证书。在校外

---

① 查尔斯·赫梅尔. 1983. 今日的教育为了明日的世界——为国际教育局写的研究报告. 王静，赵穗生，译. 北京：中国对外翻译出版公司：29.

② 这部分内容摘编自查尔斯·赫梅尔. 1983. 今日的教育为了明日的世界——为国际教育局写的研究报告. 王静，赵穗生，译. 北京：中国对外翻译出版公司：30-32.

活动中也能得到学分。这样的教育能够完全按照个人的需要，以至于不仅不再有传统的各个班级和年级，甚至进度和课程也不再是固定的了。可以对它们加以调整使之适应学生进步的速度，学生可以按照他们认为合适的方法自由地安排自己的学习。

选择上高等学校或是职业训练的课程，是在基础学校毕业时进行的。在职业教育中，要尽量避免专业分得太细，因为不可能对每个人的就业需要做出长期的预测。

这个制度的核心是成人教育。这种教育应该充分加以发展，它应该为成年人提供广泛的教育机会和对连续性进修或补习课程的多种选择，以及帮助他们适应新的工作环境，或重理荒废了的学业，参加文化活动或妥善利用他们的闲暇时间。

终身教育并不只限于从学校毕业以后的阶段，这种制度的基本特点在于，它在任何一点上都不中断而是具有连续性和统一的。在学校和毕业后的阶段之间，在学校教育和成人教育之间，尤其如此。

这样一来，学校就变成教育和文化中心，为整个社会服务。它不再是与现实隔绝只供一部分人使用的封闭区域。它真正和社会打成了一片。每个人都能自由地在那里进行各种活动，人人都能利用它的各种设施。

具体来讲，包括以下几方面。

1. 改革教育评价

查尔斯·赫梅尔要求彻底改革教育评价，认为教育评价再也不是为了挑选、实行留级和不及格制了（这对社会是代价极高的，对有关的个人也是个挫折），而应该是指导和帮助他们取得进步。评价工作必须起促进作用。为此，评价工作必须与自我评价结合起来，学生必须能够指导自己和确定自己的方向。

与此同时，对教育制度本身也必须进行不断的评价——在各有关方面参加下，对这种制度作定期的审核，并结合赋予它的特定目标进行评价。终身教育要求对教育和教育制度永远进行评价。

2. 实行回归教育

回归教育是实施成人教育的一种制度，它旨在建立一种"轮训"制度。按照这个制度，每个人的学习中断后都有重新学习或训练的机会，因而在他的一生中，工作（或闲暇）时期和受教育时期可以交替进行。以往由于各种原因而中断了学习的学生，如果想恢复学习，会遇到很多困难。而有了回归教育制度，这就成了普通的做法。

在查尔斯·赫梅尔看来，回归教育的意义在于：①可以促进教育平等。回归教育向人提供第二次或第三次学习机会，所以无疑能为教育平等做出有效的贡献。②它使教育与实际工作更紧密地结合起来。③它能使年轻人更快地投入实际生活，使他们负起成年人的责任。④它能使教育更好地适应劳动力市场的需要。⑤它能缓和由于中等教育的扩大而给高等教育带来的压力。[①]

3. 提高扫盲目标

查尔斯·赫梅尔引用 1965 年世界教育部长扫盲大会上的观点，认为扫盲不能只是限于教人识字，对文盲的识字教育必须使其能够在社会上和经济上适应这个新的世界，这个世界的科学技术进步要求更丰富的知识和更高的专业水平。不应当把识字教育看作目的，而应当将其作为促进文盲群众全面和谐发展的不可缺少的手段。"今天的扫盲运动都应被看作是旨在使每个人发展成为社会的一员的过程。获得阅读和书写的技能几乎是第二位的，只不过是一种手段或副产品。"[②]

（五）论终身教育实施的障碍

查尔斯·赫梅尔指出，在 19 世纪，受纪律和僵死的选拔制度约束的学校获得了教育的垄断权，具有强制性。从此，人的生活被分成三个不同的阶段：学校和学习阶段、有活动能力的生活阶段、老年阶段。人们认为，在学校学的东西终生有用，一个人的全部未来生活取决于他在学校的成绩。也正是在这个时候，学校由于被认为是进步的推动者和社会选拔的场所而设法获得了无与伦比的声誉，成为最有权威的机构之一，受到严格的管理和精心的保护。正是学校的这种威望，使它成为教育改革和实现终身教育理念的最大障碍。

---

① 查尔斯·赫梅尔.1983. 今日的教育为了明日的世界——为国际教育局写的研究报告. 王静，赵穗生，译. 北京：中国对外翻译出版公司：45.

② 查尔斯·赫梅尔.1983. 今日的教育为了明日的世界——为国际教育局写的研究报告. 王静，赵穗生，译. 北京：中国对外翻译出版公司：66.

第四节　埃特里·捷尔比的终身教育思想①

一、生平与教育活动

　　埃特里·捷尔比 1933 年出生于意大利的米兰。他最初在米兰大学专攻历史、哲学与宪法，并获博士学位。他从教育实践中体验到成人教育的重要性，为此，他专赴美国芝加哥大学攻读成人教育专业，获得成人教育硕士学位，回国后从事成人教育的教学与研究工作。从 20 世纪 50 年代起，埃特里·捷尔比开始在米兰郊区移民劳动者集居的区域从事文化与社区发展活动。在此后的十余年间，他先后在米兰、那波里、罗马及意大利南部地区担任综合制学校及成人教育教师，同时还担任了有关社会福利、成人教育的指导者、教育行政管理者的研修辅导等工作。1970～1972 年，意大利劳工总联合会为担任专门职务的教员进行再培训而设置的特别委员会推选捷尔比为委员长。而在这期间，埃特里·捷尔比还首次被联合国教科文组织任命为南非象牙海岸的顾问。1972 年，埃特里·捷尔比接替保罗·朗格朗担任联合国教科文组织总部终身教育部部长。他的著作主要有《教育史》（1967 年）、《没有椅子的学校》（1969 年）、《为成人教育的训练》（1969 年）、《为科学教育的训练》（1971 年）等，而其最负盛名的著作则是《终身教育——被压制与解放的辩证法》（1983 年）。他十分强调弱者（如贫者、妇女、第三世界人民等）的终身教育问题，他把民主、参与、发展创造、平等互利等原则作为终身教育的思想基础。他致力于终身教育理念的实现，尤其是对第三世界终身教育的发展倾注了大量的心血。他关心识字教育，1979～1983 年，曾把联合国教科文组织 37% 的教育预算用于扫盲教育。

---

① 本部分内容主要参阅了焦春林. 2009. 捷尔比终身教育思想研究. 成人教育，（3）：17-18.

二、关于终身教育的基本观点

（一）论终身教育的内涵

前文说过，保罗·朗格朗曾于 1965 年首先提出"终身教育"的理念。他认为，数百年来，社会把人的一生机械地分为学习期和工作期，前半生的时间用来积累知识，后半生一劳永逸地使用知识，这是毫无科学根据的。他认为，每个人都要实现自己的抱负，发展自己的可能性，也都要适应社会不断提出的新要求。因而，未来的教育不再是由任何一个学校毕业之后就算完结了，而应该是通过人的一生持续进行。在他看来，现行的教育是"以学校为中心的"，而且是"闭锁的、僵硬的"，未来的教育则将对社会整个教育和训练的全部机构及和渠道加以统合，从而使人们在其生存的所有部门，都能根据需要而方便地获得接受教育的机会。但是，以保罗·朗格朗为代表的终身教育论流派，是基于"欧美等一些国家的立场，特别是欧洲先进诸国的构想而提出来的，因而并不代表第三世界"①。埃特里·捷尔比是保罗·朗格朗在联合国教科文组织终身教育部部长的继任者。他进一步丰富、深化和发展了保罗·朗格朗的终身教育思想，并致力于将终身教育理念推向实践。他把终身教育描述为"应该是学校教育和学校毕业以后教育及训练的统合；它不仅是正规教育和非正规教育之间关系的发展，而且也是个人（包括儿童、青年、成人）通过社区生活实现其最大限度文化及教育方面的目的，而构成的以教育政策为中心的要素"②。从这种定义中我们可以看出，埃特里·捷尔比对终身教育的认识开始侧重实践层面。学习也不应该限定在被人们生活所决定的时间和空间内进行，而是在所有的劳动场所和环境中，以及具有人类学习意义的所有场合或设施中进行，亦即除专门的教育以外，其他如新闻媒体、政治制度、自然环境等具有广义教育作用的也应给予重视。

---

① 转引自吴遵民. 2002. 关于现代国际终身教育理论发展现状的研究. 华东师范大学学报（教育科学版），（3）：38-44+61.

② 转引自吴遵民. 1999. 现代国际终身教育论. 上海：上海教育出版社：13.

（二）论终身教育的策略

埃特里·捷尔比认为，终身教育的实施策略主要体现在以下三个方面：一是积极参与社会实践。他认为，在构筑终身教育的体系之际，应从劳动者的日常生活需要及以生产劳动为原点进行考察，亦即为劳动者提供必要的知识、技能及训练应成为构建终身教育体系的出发点。他建议通过对社会问题的探寻，去发现生活在现代社会中的人们所产生的问题、苦恼及他们的活动和努力，并以此为基础展开学习。这种学习并不限于单纯的知识传授，它与劳动和生活实践紧密结合。二是承认"社会、政治和经济的教育"是"不可缺少的要素"。三是强调"自我决定学习"（self direct learning）的意义。埃特里·捷尔比认为，应改变以往的"为了适应社会的变化而倡导终身教育"的被动构想，而积极引入为了人类解放所必须采取的"自我决定学习"的能动理论。自觉的、积极的终身学习者是现代人自我实现、主动迎接社会变革的表现。他们必以主动、积极的姿态，不断自觉更新自我，热情迎接未来。他们适时地抛弃、改变陈旧的价值观念、思考方式、情感方式、行为方式，而代之以新的价值观念、新的思考方式、情感方式、行为方式，从而掌握自身持续发展和促进社会持续发展的主动权。埃特里·捷尔比提出面向终身教育实践的目标应该是创造一个新的社会，建立更为丰富、和谐的人际关系，以及使人类社会迈向更为飞跃的发展新阶段。

（三）论终身教育的目的

学术界关于终身教育的作用存在两种互为对立的观点：一种是所谓"浪漫主义终身教育派"理想化的认识。这种观点认为，终身教育作为新的、全球化的理念能够满足现代社会对教育与文化的所有要求。另一种是所谓"实践主义终身教育派"否定化的认识。这种观点认为，终身教育充其量只是一种政治性的、被操作的教育新形态而已。埃特里·捷尔比对终身教育在实践与推广过程中出现的互为对立的观点，提出了解决的方法论观点，既不理想化地认为终身教育能解答现代社会中教育与文化的所有问题，也不批判性地认为终身教育只是受政治意识形态及传统文化支配的一种被操作的新形态。

埃特里·捷尔比关于终身教育目的的主张属于"反体制型终身教育论"[①]。他站在第三世界"社会弱者"的立场，构筑了为贫者争取解放的斗争型终身教育理念。长期以来，埃特里·捷尔比在自己所从事的工作中亲身感受到那些移民劳动者、生活在社会底层的贫穷者、无家可归的流浪少年及在殖民地深受欺侮的有色人种所遭受到的痛苦和不满。他为了"解放"那些受到环境重压的人们尽快脱离困境，更自觉地直接投身到发展劳动者教育、移民者教育及贫穷地区成人教育的活动中去。由于埃特里·捷尔比所具有的这些经历与经验，他的终身教育思想散发出浓郁的"斗争"哲理。他曾明言：终身教育绝不具有政治上的中立性，这一点应成为考察终身教育所有方面的出发点。他指出，终身教育是为了生产的提高及对于从属于生产的部分加以强化而被提出，但其结果极可能危险地成为对固有秩序进行强化的工具，也可能使人们在劳动与余暇之中，在社会生活及被爱情所支撑的家庭生活之中，成为一股为反抗压迫及与之斗争的力量。终身教育应该是为蒙受利益损害的人们、受到压制的人们及遭受排挤、压榨的集团获取解放的工具。终身教育仅仅成为对应变化了的社会的必要手段，还不足以体现其真正的本质，而怎样为受到压制的人们、倍受轻视的劳动者及第三世界贫困的人民获得解放而服务，这才是其终极目的。

（四）论终身教育的研究

埃特里·捷尔比认为终身教育无论在时间与空间维度都要超过学校教育，因而其涉及的范围也是传统教育学难以包容的。教育只有在人类活动的总体之中发生作用时，才作为人类活动的本质的一部分而存在。教育的固有领域应该与政治的或经济的活动不可分割，对终身教育的研究不应该只局限于"教育系统"的分析范围，研究者要超越定式化的框框，认识到对学校及学校以外教育机构进行变革的必要性，这样的研究才可能有效。终身教育的研究要广泛涉及当代心理学、医学、经济学、物理学、系统科学、哲学、文化学等领域。汲取这些领域的研究成果对终身教育予以滋养，使终身教育的研究与实践充满生机活力。

---

① 吴遵民. 2002. 关于现代国际终身教育理论发展现状的研究. 华东师范大学学报（教育科学版），（3）：38-44+61.

关于终身教育的研究者，埃特里·捷尔比认为不能单纯依靠教育部门的专家来担当，这样对终身教育的研究极有可能被禁锢在官僚式的构造之中而不能自拔。各个领域的研究者协调合作非常必要，同时还应考虑与具有创造性和行动力的知识分子及民众运动结合起来，这比什么都更重要。也就是说，终身教育研究不但要由各个领域的研究者协调合作，更要与终身教育的民众运动结合，从实践中来，到实践中去，用实践来检验理论。

第五节　《教育——财富蕴藏其中》的终身教育思想

一、《教育——财富蕴藏其中》的成书背景与过程

《教育——财富蕴藏其中》一书系由德洛尔任主席的国际 21 世纪教育委员会向联合国教科文组织提交的报告，即"德洛尔委员会报告"（Delors Commission Report）。早在 1991 年 11 月，联合国教科文组织大会就提请总干事召开一次国际委员会会议，思考 21 世纪的教育与学习问题。1993 年初，"国际 21 世纪教育委员会"正式成立，当时的联合国教科文组织总干事费德里科·马约尔邀请雅克·德洛尔担任该委员会的主席。雅克·德洛尔是法国财政部前部长，也是一位经验丰富的政治家、经济学家和教育活动家，曾担任欧洲共同体（European Community）及后来的欧洲联盟（European Union）委员会主席长达十年之久（1985～1995），有"欧盟之父"之称。该委员会的其他 14 位成员来自不同的国家，具有不同的文化和专业背景，他们大多为政治家、科学家、经济学家、社会活动家，只有两位教育专家。

该委员会面对世界教育改革与发展的新形势，选择教育与文化，教育与公民权利义务，教育与社会团结，教育、工作与就业，教育与发展，教育、研究与科学等六个方面进行研究，同时还选择传播技术、教师与教学过程、经费筹

措与管理等三个直接涉及教育系统运作问题的横向专题进行探讨。在研究方法上，该委员会采取磋商的形式，先后举行了八次全体会议和八次工作组会议。此外，该委员会还通过邀请学者介绍、会晤，通过信件寄送调查表，参加政府或非政府组织的会议等形式征求了意见。该委员会计划在两年内按照拟定的日程表开展工作，并于 1995 年完成一份报告。1996 年，该委员会正式向联合国教科文组织提交了这个报告。

二、关于终身教育的基本观点

《教育——财富蕴藏其中》除辟有专章论述终身教育外，其他某些章节中也论及该问题。这里试图对散见在该报告各处的终身教育思想作综合的介绍与分析。

（一）论终身教育提出的背景

与前述的保罗·朗格朗和《学会生存——教育世界的今天和明天》等的看法一样，《教育——财富蕴藏其中》也否定了以往把教育局限于人生的某个阶段的做法。《教育——财富蕴藏其中》认为，我们通常把一生划分为几个不同的时期（接受学校教育的儿童和青年时期、成年职业活动时期和退休时期）的做法不再符合现代生活的实际情况，更不符合未来的要求。今天，谁都不能再指望在自己的青年时代就形成足够一生享用的原始知识宝库，因为社会的迅速发展要求不断地更新知识。值得肯定的是，《教育——财富蕴藏其中》一书不仅论述了终身教育的必要性，而且探讨了终身教育的可能性。在该书看来，当前推行终身教育具有许多有利条件，如职业活动时期缩短、带薪工时总数减少和退休后的寿命延长。同时，社会提供的校外学习机会也在不断增加。

（二）论终身教育的内涵、任务与作用

《教育——财富蕴藏其中》认为，终身教育是不断造就人、不断扩展其知识和才能、不断培养其判断能力和行动能力的过程。它把非正规学习与正规学习结合在一起，是每个人的独特经历，但也是最为复杂的一种社会关系，因为它同时属于文化范畴、工作范畴及公民的权利与义务范畴。

《教育——财富蕴藏其中》指出，21 世纪人类对教育提出了双重要求：一是传授越来越多不断发展的知识和技能；二是明晰判断事物的标准而不会让自己被充斥各处且瞬息万变的大量信息搞得晕头转向，而保持正确的发展方向。"教育既应提供一个复杂的、不断变动的世界的地图，又应提供有助于在这个世界上航行的指南针。"①为了使自己适应不断变革的世界，教育应围绕四种基本学习加以安排。这四种学习分别是：①学会认知（learning to know）。这种学习主要是为了掌握认识的手段，而不是获得经过分类的系统化知识，在学习中要着重学会运用注意力、记忆力和思维能力。②学会做事（learning to do）。不能将学会做事简单地理解为培养某人去从事某一特定的具体工作，使他参加生产某种东西。在现代社会，越来越强调个人能力而不是专业资格。在个人能力中，交往能力、协作能力、创造能力、管理和解决冲突的能力变得越来越重要。③学会共处（learning to live together）。学会共处的目的是使人们通过扩大对其他人及其文化和精神价值的认识，来避免冲突或以和平的方式解决冲突。培养共同生活能力的方法包括两个方面：一是教学生去发现他人；二是组织一些具有合作性的活动，如体育活动、文化活动、相互帮助活动等。④学会生存（learning to be）。学会生存是前三种学习成果的集中体现。其实质是"学会做人"，即教育应当促进每个人的身心、智力、敏感性、审美意识、个人责任感、精神价值等的全面发展。学会生存应该使每个人能够形成一种独立自主的、富有批判精神的思想意识及培养自己的判断能力，以便确定在人生的各种不同的情况下应该做的事情。教育的基本作用在于保证人人享有充分发挥自己的才能、掌握自己的命运而需要的思想、判断、感性和想象方面的自由。

《教育——财富蕴藏其中》提出，终身教育应使每个人了解自己及其环境，并在职业界和居住区发挥作用。当前赋予教育的种种使命以及教育可能具有的多种形式，均使教育包括从童年到生命终止的每个人能了解世界、了解他人和了解自己的所有活动，这些活动可将四种学习（即学会认知、学会做事、学会共处、学会生存）灵活地结合起来。《教育——财富蕴藏其中》"把与生命有共同外延并已扩展到社会各个方面的这种连续性教育称之为'终身教育'"。并认为"终身教育是进入 21 世纪的关键所在，也是必须适应职业界的需要和进一

---

① 联合国教科文组织总部中文科，译. 1996. 教育——财富蕴藏其中. 北京：教育科学出版社：75.

步控制不断变化的个人生活的节奏和阶段的条件"。①

在该书看来，终身教育并不限于职业继续培训，它的范围更广，有助于每个人在迅速变革的时代和全球化面前掌握自己的命运。"终身教育将成为我们当中的每个人进一步实现工作与学习平衡及行使积极的公民权利与义务的手段。"②

（三）论终身教育的实施原则

《教育——财富蕴藏其中》一书认为终身教育的实施应当遵循以下三条基本原则。

1. 教育机会平等

终身教育要求为每个人提供均等的就学和随后培训的机会，尤其应当为那些因种种原因而未能完成全部学业或因学业失败而离开教育系统的人提供新的机会。同时，要提高处境不利居民的入学率，加强对过早辍学青年的非正规教育。

《教育——财富蕴藏其中》还特别强调了女性教育的平等问题，认为妇女在世界多数地区仍旧是男子的牺牲品，其表现形式因传统和环境不同而异，有的是大规模的，有的则是比较隐蔽的。报告深信国际社会有责任竭尽全力消除这些不平等现象，确保女青年和妇女能够接受可使其尽快弥补同男子差距的教育，以便在工作中、社会上、政治方面为她们开展活动和执政开辟至今仍被堵塞的道路。这不仅仅是一种伦理要求。在全世界，妇女已成为第一线的经济参与者。从这一点来看，对女青年和妇女进行教育是对未来的最好投资方式之一。不管是为了改善家庭的健康状况，还是为了提高儿童入学率或改善社区生活，各个社会只有通过教育母亲和普遍提高妇女的地位，才最有可能达成目标。③

2. 将正规教育与非正规教育结合起来

《教育——财富蕴藏其中》认为，提倡终身教育并不忽视正规教育的重要性，但要对教育的各个阶段（从基础教育到高等教育）加以改革和调整。正规教育之所以重要，是因为"那些保证每个人能继续学习的技能和能力，正是在教育系统内培养出来的。因此，正规教育和非正规教育远非相互对立，而是相互补充的"①。但是，正规教育还存在不少问题，需要进行改革，要"按照不同于原来的方式对它们重新作出安排，确保它们之间有可能相互转换，并使学习途径多样化"②。该书还认为，基础教育是必不可少的"走向生活的通行证"。但是，在世界各国或各地区之间、两性之间仍然存在着不能容忍的巨大差距，因此人人享受高质量的基础教育仍然是当前的重大挑战。该书指出，每一个人（无论他是儿童、青年还是成人）都应能获益于旨在满足其基本学习需要的受教育机会。基本学习需要包括人们为生存下去，为充分发展自己的能力，为有尊严地生活和工作，为充分参与发展，为改善自己的生活质量，为做出有见识的决策，为继续学习所需的基本学习手段（如识字、口头表达、演算和解题）和基本学习内容（如知识、技能、价值观念和态度）。该书呼吁"普遍提供一种适合于所有人的教育，它既能使人们为今后的学习打下坚实的基础，也能使人们获得积极参加社会生活的基本能力"③。

《教育——财富蕴藏其中》指出，家庭是一切教育的第一场所，并负责情感、价值观、行为方式等方面的传授。社区环境也具有巨大的教育影响，人们通过它可以学会合作和互相帮助，还可以更深入地学习公民的权利和义务。整个社区应意识到自己要对每位成员的教育负责，或与学校经常对话，或在学校缺乏时，承担起部分非正规的教育工作。职业界也是一个良好教育环境，在这里既能学习一般的技能，又能使青少年了解职业生活的限制和机会，还能帮助他们更好地认识自己和辨别方向。此外，博物馆、剧院、图书馆、电影、电视等都可以被看成是终身教育的资源和途径。各级学校系统要利用好这些传媒工具，同时要注意培养学生的批判能力和据此采取行动的能力。该书特别强调上述各种教育资源的协同作用，"在生命的各个时刻，上述种种教育环境的优先程度虽然不同，但是均应加强它们之间的互补关系"④，以便实施真正协调一致的

① 联合国教科文组织总部中文科，译. 1996. 教育——财富蕴藏其中. 北京：教育科学出版社：105.
② 联合国教科文组织总部中文科，译. 1996. 教育——财富蕴藏其中. 北京：教育科学出版社：105.
③ 联合国教科文组织总部中文科，译. 1996. 教育——财富蕴藏其中. 北京：教育科学出版社：110.
④ 联合国教科文组织总部中文科，译. 1996. 教育——财富蕴藏其中. 北京：教育科学出版社：101.

教育。这样一来，教育便成为所有人的事情，它涉及全体公民，公民今后都是学校施行教育的参与者，而不再仅仅是被动的享受者。每个人均可在各种教育环境中学习，甚至可在教育社会中轮流充当学生和教员。由于把非正规教育与正规教育结合起来，教育已成为社会的经常性任务，全社会都应对教育负责。这样的社会其实也就是该书所说的"学习社会"。"终身教育直接导致学习社会的概念。这是一种提供各种各样的学习机会、使人既能在学校也能在经济、社会和文化生活中进行学习的社会。"①

3. 正规教育要沟通各阶段的学习

《教育——财富蕴藏其中》提出，要对教育的不同阶段重新进行思考，在它们之间重新建立联系，按照不同于原来的方式对它们重新做出安排，确保它们之间有可能相互转换，并使学习途径多样化。具体来说，应当在以下几个方面做出努力。

（1）提高基础教育的质量。基础教育的质量对于终身教育具有重要的影响。在该书看来，基础教育既是为生活做准备的阶段，又是学会学习的最好时期。正因为如此，人人享受高质量的基础教育就应当成为当代教育追求的重要目标。

（2）使中等教育多样化。中等教育应当在培养学生今后为预见和适应重大变革所需的性格素质方面，发挥越来越大的作用。"今天，中等教育阶段传授的理论课程往往主要是为青年接受高等教育做准备，而那些学业失败者、辍学者或在高等教育中找不到位置的人则被丢在一边，这些人又都缺乏工作和生活的本领。使课程结构多样化，进一步重视教学内容和为职业生活做准备，这些都应是任何改革追求的目标。"②该书特别重视中等职业技术教育，并提倡工读交替模式，要求加强职业指导。

（3）高等教育应当更加开放。该书强调，大学应当成为面向全民的文化场所和学习场所，每个人都应能在不同程度上直接依靠高等教育来享受共同的知识遗产和最新的研究成果。因此，每所大学都应成为"开放"大学，在空间上提供远距离学习的机会，在时间上提供在不同的时候进行学习的机会。

---

① 联合国教科文组织总部中文科，译. 1996. 教育——财富蕴藏其中. 北京：教育科学出版社：147.
② 联合国教科文组织总部中文科，译. 1996. 教育——财富蕴藏其中. 北京：教育科学出版社：119.

（4）与学业失败现象作斗争。学业失败的形式多种多样，如反复留级、中途退学、学生在学业结束时既没有获得公认的资格也没有获得公认的技能就离开了学校等。学业失败无论如何都是一种令人十分痛心的浪费，它挫伤士气，对人和社会产生消极影响；它还往往导致社会排斥，使这些青年人在成人生活中深受其害。该书呼吁采取强有力的措施，分析这种现象产生的原因，努力找到补救的办法，如采取特殊的教学方式、方法，让他们重返学校学习或补课等。

（5）要为个人的充分发展和基础教育后的培训提供更加广阔的可能性，尤其是要使成人有机会重新回到正规教育系统参加学习和培训。

（6）要用新的证明方式承认获得的能力。正规教育的学业失败使个人在劳动市场上处于不利的地位。如果企业和包括大学在内的正规教育系统能够承认其已获得的技能，特别是在职业生活过程中获得的技能，那么，职业界与教育之间就有了过渡的机会。每个人都能获得重新证明自己能力的机会，这在很大程度上可以提高人们学习的积极性，从而可以更好地发挥其潜力和实现自我价值，并为社会做出更大的贡献。

《教育——财富蕴藏其中》是联合国教科文组织通过对世界教育的考察，在迎接 21 世纪的社会变迁中对教育的未来进行总体性思考的一部重要著作。该书提出了不少有价值的新观点，尤其是关于"教育的四个支柱"的观点更是反响强烈。该书对终身教育的阐述同样有其独到之处，关于终身教育的实施原则对当代终身教育的实施具有重要的启示价值。自 1996 年发布以来，该书先后被译成几十种文字出版。同年，联合国教科文组织中文科将其译成中文出版。

第六节　《成人教育的汉堡宣言和未来议程》的终身教育思想

1997 年 7 月，联合国教科文组织在德国的汉堡召开了第五届国际成人教育大会。据统计，世界上共有 134 个国家和地区派出了政府代表，还有 223 个教育研究机构和财团及与成人教育有关的 428 个非政府机构派出了列席代表和观察员。

一、会议的基本情况

联合国教科文组织自成立以来，一直重视成人教育问题。为了推动成人教育的发展，联合国教科文组织自 1949 年以来先后召开了五届国际成人教育大会。这里先简要回顾一下前四次会议的基本情况。

（一）第一届国际成人教育大会

联合国教科文组织于 1949 年在丹麦的埃尔西诺召开了第一届国际成人教育大会。这次会议的召开，标志着成人教育这个特殊领域在国际合作与协商方面的一大进步。当然，这次会议也有其局限性，主要是它不具有代表性，有人甚至把它描述为"实质上是一次西欧的地区性会议"。这次会议的规模很小，出席会议的只有 25 个国家的 79 名代表和观察员，另有 21 个非政府组织。其中仅美国就占了 14 名，非洲仅有埃及派了代表，拉丁美洲只有尼加拉瓜出席。这次会议有意避开了任何对成人教育做出确切定义的企图，但它阐述了成人教育所必须努力完成的各项任务：①帮助和鼓励旨在创立一种共同文化，以结束所谓大众与所谓精英之间所存在的对立的运动；②鼓励真正的民主精神和真正的宽容态度；③赋予青年对已被现实世界之混乱所动摇了的生活以希望和信心；④使生活在各干一行、互不往来的时代的人们恢复群体意识；⑤培养人们属于世界大群体的进步意识。代表们特别关心促进国际合作的问题。为此，会议提出了四项建议，即成人教育高度发达的国家派遣使团到这方面发展较缓慢的国家传授经验，组织参观和研究旅游、举办国际暑期学校，针对关键性的、紧急问题安排国际研讨会，加速信息交流。同时，会议希望联合国教科文组织担负起成人教育领域中各组织与领导者之间不可缺少的联络责任。尽管这次会议的代表性不够，但也取得了一定的成果。它在很大程度上提高了官方人士和专业人员对成人教育的目的与作用的认识。这次会议的突出成就在于它促进了国际合作。

（二）第二届国际成人教育大会

联合国教科文组织于 1960 年在加拿大的蒙特利尔召开了第二届国际成人教育会议。会议认识到世界在急剧变化，会议主题定为"变化世界中的成人教育"。出席这次会议的有 51 个国家和 46 个国际组织。正式代表 112 名，非洲、亚洲、拉丁美洲以及苏联、东欧国家、阿拉伯国家都有代表参加。在这次会议上，代表们普遍赞成必须把成人教育纳入国家教育的正规体制中的意见。会议还认识到消除普通教育与职业培训之间传统隔阂的必要性，青少年教育与成人教育之间存在的差别也必须消除，各国政府应把成人教育纳入其教育发展计划。会议还指出，人们要求在经济和政治生活中男女平等的呼声越来越高。因此会议提议，普通教育、技术教育、国民教育及家政教育应给女性提供广泛的受教育机会。代表们再次强调了增进国际了解的重要性："生存要求世界各国必须学会和平共处。'学会'是最关键的词。'"[①]

（三）第三届国际成人教育大会

第三届国际成人教育大会于 1972 年在日本东京召开。这次会议符合联合国教科文组织大约每隔 10 年举行一次类似会议的打算。出席会议的有来自 82 个国家的 400 名代表和 37 个非政府组织的代表。世界各地区都有代表出席。会议的议项包括审查 10 余年来成人教育的主要趋势与革新情况、思考成人教育在终身教育背景中的作用、评议教育发展中的成人教育发展政策。会议阐述了国际成人教育发展的主要趋势：各国政府都认识到成人教育在技术时代的重要性；终身教育概念越来越广泛地被接受；切合实际的扫盲计划普遍被纳入了经济和社会总体规划；政府不断卷入成人教育的合作和资金方面；成人教育机构采用更有效的组织方法；成人教育领域迅速专业化；成人教育作为一个学术研究领域迅速发展；国际合作显著发展。会议还讨论了成人教育怎样配合新出现的终身教育的整体计划的问题，建议对成人教育体制进行扩充和修改，还建议中学

---

① 托斯顿·胡森，波斯尔思韦特.1990. 国际教育百科全书（第 9 卷）. 中央教育科学研究所比较教育研究室，编译. 贵阳：贵州教育出版社：385.

和大学为适应终身教育的原则进行彻底改革。会议还制定了国民教育发展计划中成人教育发展的具体政策。政策要求对以下几个方面做出明确决定：着重短期计划还是长期计划；计划在哪一级制订；政府机构和非政府机构各自应该做出的贡献。大会一致的意见是，成人教育机构的设立应由中央政府一级做出计划并予以财政拨款，同时取得各方的紧密合作。

（四）第四届国际成人教育大会

1985 年，第四届国际成人教育大会在法国巴黎召开。122 个国家的 539 名代表出席了这次会议，加上其他组织派出的观察员，参加大会的总人数为 841 人，空前的会议规模反映了世界成人教育兴旺发达的态势。中国第一次派代表团参加这次会议。会议决定的议程项目有：上一届国际成人教育会议和通过《关于发展成人教育的建议》[1]以来，特别作为扫盲活动延续的成人教育的发展情况；发展成人教育是实行终身教育的基本条件和教育民主化的主要因素；趋势与前景；成人教育对推动积极参与经济、社会文化生活和解决当代世界某些重大问题可能做出的贡献；扩大和改进成人教育的途径和手段；为发展成人教育而加强地区和国际合作的措施。会议认为，成人教育在世界上已取得了广泛的发展，在全世界不同社会里开展的教育行动中继续起着首位的作用。会议指出，成人教育在今后的发展中将要应对三种挑战：与技术变化同时并进；助力扫除文盲；助力当代重大问题解决。代表们强调成人教育在终身教育过程中的地位和作用，认为它是终身教育的一个必不可少的部分。[2]

第五届国际成人教育大会是上述各届会议的延续。这次会议通过了两个重要的文件，即《成人学习汉堡宣言》和《成人学习未来议程》。这两份纲领性文件总结了以往历次国际成人教育会议的成果，并且对成人教育的未来走向做了充分的阐述。文件明确提出：为了构筑起一个面向 21 世纪的学习社会，就必须建立终身学习体系，必须继续发挥成人教育的重要作用，必须把正规教育与非正规教育紧密地结合起来。

---

① 注：1976 年，联合国教科文组织在肯尼亚首都内罗毕召开会议，这次会议就成人教育的方针、政策、原则，开展国际合作等问题提出了一系列建议，并通过了《关于发展成人教育的建议》。

② 陆有铨. 1997. 躁动的百年——20 世纪的教育历程. 济南：山东教育出版社：583-584.

二、《成人学习汉堡宣言》的基本观点

（一）关于成人教育的意义

《成人学习汉堡宣言》（以下简称《宣言》）充分肯定了成人教育的重要意义。它指出，成人教育不仅仅是一种权利，它还是通往 21 世纪的关键。它既是人人争当积极公民的结果，又是充分参与社会的条件。它是一种强大的动力，可以推动生态的可持续发展，可以促进民主、正义、性别平等及科学、社会和经济的发展，可以建设一个用对话和基于公正的和平文化取代暴力冲突的世界。成人学习能够形成成人的个性，赋予生活以意义。同时，成人教育和继续教育对培养有知识的和胸襟开阔的公民、促进经济和社会的发展、促进扫盲、消除贫困和保护环境都可以做出巨大的贡献。《宣言》还认为，青年和成人的学习是增强最广义的创造力和生产力的主要手段之一，而在这个变革不断加快、情况日益复杂和危险的世界上，要解决复杂和相互关联的问题，创造力和生产力又是必不可少的条件。

（二）关于成人教育的内涵

《宣言》对成人教育的内涵做出了明确的界定，认为成人教育是指整个正规的或非正规的不断的学习过程。成人教育的目的在于丰富成人的知识，发展成人的能力，提高成人的技术和业务水平或转向新方向的能力，以满足个人的需要和所属社会的需要。成人学习的形式既包括正规的继续教育和非正规的学习，也包括各种非正式的和非系统的学习。

（三）关于成人教育的使命

青年教育和成人教育的使命是增强个人和群体的独立性和责任感，加强应对经济、文化和整个社会中发生的各种变化的能力，促进共处、宽容和公民自觉地和创造性地参与社区生活，使个人和群体能够掌握自己的命运，以迎接未来的挑战。

（四）关于成人教育的组织

在成人教育的发展中，政府应当发挥重要的作用。国家在确保受教育权及在

制定总的政策框架方面仍然是十分重要的。但在公共部门、私人部门和社区之间出现的新的合作关系中，国家的作用正在改变。国家不仅是成人教育服务的提供者，而且还是咨询者、资助者及监督者和评估者。政府和社会合作者必须采取必要的措施，来支持个人表达在教育方面的需要和愿望及得到终生接受教育的机会。在政府内，成人教育不只是教育部门的事，所有部门都要参与促进成人学习的工作，而且各部门之间的合作也很重要。此外，雇主、工会、非政府组织和社区组织，以及某些团体也要参与进来，并有责任相互促进，创造终身学习的机会。

青年教育和成人教育的新概念对现行的做法提出了挑战，因为它要求正规教育和非正规教育有效地结合，要求革新教育以使之具有更大的创造力和灵活性。"这些挑战应该用终身学习概念中的成人教育（adult education within the concept of learning throughout life）的新方针去解决。政府、社会合作者和提供教育者有责任运用大众传媒和地方宣传工具推动学习，并提供公正的指导。最终的目标是要建立一个伸张社会正义和争取全民幸福的学习型社会。"①

（五）关于弱势群体的成人教育

《宣言》呼吁重视妇女、残疾人及老年人的教育。《宣言》认为，青年学习和成人学习的政策应当优先考虑增加妇女受教育的机会，同时尊重她们的差异性，消除各种阻碍妇女接受青年和成人教育及限制她们从中受益的偏见与陈腐观念。关于残疾人的教育，《宣言》指出，应当促进残疾人参与和接受教育。残疾人有权享有同等的学习机会，这些机会承认他们的教育需要和目标并能满足这些需要和达到这些目标。在他们接受教育的过程中，要针对他们的特殊学习需要而采用适当的学习技术。关于老年人的教育问题，《宣言》指出，目前世界上的老年人口占总人口的比例比以前要大得多，而且这一比例还在呈上升趋势。这些老年人对社会的发展有过很大的贡献，因此，他们拥有在平等条件下以适当方式进行学习的机会至关重要。

《宣言》最后指出：今天我们聚集在汉堡，坚信成人学习的必要性，因而保证要让所有的人有终身学习的机会。为此目的，我们将结成更广泛的联盟，

---

① 赵中建. 1999. 全球教育发展的研究热点——90 年代来自联合国教科文组织的报告. 北京：教育科学出版社：385.

以调动和共同使用资源，从而使成人学习成为一种乐趣、一种工具、一种权利以及一项共同的责任。①

三、《成人学习未来议程》的内容要点

《成人学习未来议程》（以下简称《议程》）是对《成人学习汉堡宣言》的进一步阐述，它主要讨论了以下几个主题。

（一）成人学习与民主化：21世纪的挑战

《议程》首先论述了21世纪的挑战对公民的新要求。21世纪的挑战要求所有年龄层次的公民在消除贫困，巩固民主进程，加强和保护人权，促进和平文化，鼓励做积极热心的公民，加强文明社会的作用，确保男女平等，赋予妇女以权利，承认文化多样性……以及建立起国家与民众之间新型伙伴关系等方面发挥创造力和才能。②《议程》认为，要加强民主就必须首先增强学习的气氛，促使公民的参与，创造能够增强人们的创造性并使平等与和平的文化得以生根的环境。《议程》接着提出了增进成人学习的具体建议：①扩大社区的参与；②增强积极主动的公民意识和促进民主参与，以便创造人人学习的社区；③提高对社会上的偏见与歧视的认识；④采取措施消除性别、种族、语言、宗教、国籍或民族、残疾而在各级教育层次上产生的歧视，或其他任何形式的歧视；⑤鼓励非政府组织和地方社区团体更积极地参与和承担教育责任；⑥促进和平文化、文化间对话和人权。要使公民用一种同情的、非暴力的和创造性的方式对待冲突问题，这种方式主要包括全民和平教育、和平新闻业及和平文化；在社区、国家、地区和全球范围内开展正规和非正规成人学习时加强人权活动的教育层面。

---

① 赵中建. 1999. 全球教育发展的研究热点——90年代来自联合国教科文组织的报告. 北京：教育科学出版社：388.

② 赵中建. 1999. 全球教育发展的研究热点——90年代来自联合国教科文组织的报告. 北京：教育科学出版社：391.

（二）改善成人学习的条件并提高其质量

《议程》承认，尽管对成人教育的需求在不断增长，但是在成人教育上还存在着不平等的现象，需要通过建立有助于纠正目前这种差距的成人学习结构和终身学习环境，与这种不平等现象作斗争。《议程》提出的具体建议有：①创造条件反映人们的教育需要。通过立法及其他适当的方式确认所有成年人享有学习的权利，扩大成人学习的领域，并促进机构间的协调合作；通过"每日学习一小时"运动，使学习蔚然成风。②确保参与和质量。立法、制定政策和建立与所有合作伙伴的合作机制，使成年人更容易接受正规教育，参与在社区与工作地点开展的教育，并支持扩大农村及偏僻地区的成人教育计划。③向成人学习者开放学校、学院和大学。《议程》要求从小学开始的各级正规教育机构向成人学习者开放，改善学习条件以适应成人学习者的需要；建立协调的机制以承认不同背景下进行学习的结果，确保学分可以在不同的学校、部门和国家内部及相互之间予以转换；大学的服务设施应向校外群体开放。④改善成人教育工作者和辅助人员专业发展所需的条件。制定政策和采取措施，改进对从事青年教育与成人教育的工作人员的招聘工作，加强对这些人员的上岗培训和在职培训，改善他们的工作条件及提高他们的报酬，以确保他们应有的素质及工作的稳定性。⑤从终身学习的角度提高启蒙教育的针对性。《议程》要求扫除正规教育与非正规教育之间的障碍，确保年轻人有机会在接受正规启蒙教育后能继续学习。⑥促进关于成人学习的政策性研究和侧重于行动的研究。

（三）确保人人享有学文化和接受基础教育的权利

《议程》在这个部分着重阐述了扫盲问题。其建议如下：①使扫盲工作符合学习者的社会、文化及经济发展愿望。《议程》提倡用那种满足社会、经济和政治需要的学习及展现公民新形象的学习来取代狭窄的扫盲观念；把扫盲和其他形式的学习及基本技能纳入一切合适的发展计划，尤其是那些与健康和环境有关的计划，鼓励基层组织和社会团体提高自己学习和发展的积极性。②结合传统的和少数民族的知识与文化，提高扫盲的质量。《议程》建议通过以下手段来改进学习过程，即采用以学习者为中心的策略，注意语言和文化的多样性，让学习者参与教材建设，让不同年龄段的人在一起学习，使用当地语言、本土人民的知识和适当的技术；提高公众对扫盲活动的认识和支持，更多地关注全民扫盲过程中的障碍，更好地认识读书识字在社会生活中的作用；调动足够的财力和人力资源，发动政府间组织、志愿者、非政府组织和私营部门等为扫盲提供有力的财政资助。③丰富扫盲环境。通过出版和散发有地方特色、能体现性别特点和以学习者为出发点的印刷材料，加强读写能力的运用和保持；与出版商和制作者积极合作，改编现有教材以便于使用和理解；建立网络，交流和散发地方出版的、直接反映社区知识和实践的材料。④促进男女平等和提高妇女的能力。

《议程》非常关注妇女的受教育权问题，要求采取措施保障她们接受教育的权利。《议程》指出：在教育的各个方面的机会均等，对于使不同年龄的妇女能够为社会和为解决人类所面临的种种问题作出贡献是十分必要的。如果妇女在社会中处于孤立状态并缺乏获取知识和信息的机会，她们就不能在家庭内、在社区和在整个社会中参与决策过程，因而也就无法掌握自己的命运。对于贫困的妇女而言，纯为谋生的活计阻碍了她们去接受教育。因此，教育过程应能解除阻碍妇女参加学习的种种限制，并使她们能够真正成为社会变革的积极参与者。[①]《议程》呼吁通过成人教育进一步提高妇女的能力和促进男女平等。它要求注意并纠正女童和妇女在教育中依然面临的不断边缘化（marginalization），以及不能接受高质量的教育和接受高质量教育的机会不均等的现象。

（四）成人学习与不断变化的职业界

《议程》认为，职业界与成人学习有着密切的关系。"全球化和新技术对每个人的个人生活和集体生活的各个方面都产生了强有力的和不断增强的影响……工业、农业和服务性行业中的生产和分配需要得到改善，这就要求人们提高能力、学会新的技能和拥有一生都能有效地适应不断变化的就业要求的能力。"[②]《议程》要求：确保与就业有关的成人教育能提供进入劳务市场和职业流动所需的能力和技能，并提高个人从事多种职业的能力；确保通过非正规教育获取的知识和技能

① 赵中建. 1999. 全球教育发展的研究热点——90年代来自联合国教科文组织的报告. 北京：教育科学出版社：398.

② 赵中建. 1999. 全球教育发展的研究热点——90年代来自联合国教科文组织的报告. 北京：教育科学出版社：399.

得到充分的承认；确保与就业有关的成人教育政策能考虑自谋职业者和非正式经济中的工作人员的需要；使工作场所的学习环境丰富多彩，并为劳动者提供灵活的个人和集体学习的活动及有关的服务；通过成人教育鼓励创业精神。

（五）成人学习与环境、健康和人口的关系

《议程》要求利用成人教育活动提高社会各方面的人在生态和社会可持续发展方面开展革新活动和制定计划的能力；支持和实施成人教育计划，使人们有机会学习并和决策者就环境与发展问题，特别是就改变生产和消费方式的问题交换意见；将环境和发展问题纳入成人学习的各个方面，并把生态教育纳入终身学习系统；加强群体性的健康教育和人口教育。

（六）成人学习、文化、传媒和新信息技术

《议程》呼吁加强传媒、新信息技术和成人学习之间的协调与合作，要求传媒更好地反映成人学习，发挥传媒在成人学习中的作用；继续对博物馆、图书馆、剧院、生态公园和其他文化机构提供资助，并承认这些文化机构是成人学习的中心和资源。

（七）全民成人学习：不同群体的权利和愿望

《议程》指出：受教育权是所有人的一种普遍权利……应该要求社会的所有成员都参与成人学习并在必要时给予帮助。[①]为此，应当为老年人创造有助于学习的各种教育环境，从而促使他们积极参与社会；确保移民、流离失所者、难民、伤残人参与成人教育的权利，承认所有在押犯人的学习权利。

（八）成人学习的经济问题

《议程》认为，成人教育是一种生产性投资，它有利于成人的自立和自主，有利于他们行使基本的权利，有利于提高生产力和劳动效率。因此，应当增加成人教育的资助。它提出，争取成员国至少将其国民生产总值的6%投资于教育，

---

① 赵中建. 1999. 全球教育发展的研究热点——90年代来自联合国教科文组织的报告. 北京：教育科学出版社：404.

并从预算中拨出一定的比例用于成人教育；建议每一个发展部门（农业、卫生、环境等部门）在其预算中拨出专款用于成人教育，建议每一项农业、卫生和环境的发展计划将成人学习包括在内，并建议每个企业把成人教育和培训的费用视为生产性投资。

（九）加强国际合作和团结

《议程》倡导成人学习领域的国际合作和团结：国际合作和团结必须加强一种新的成人学习的观点，即成人学习既是统一的——包含生活的所有方面，又是多方面的——包括文化、社会和经济活动的各个领域。[①]《议程》要求加强信息和技能的交流并通过促进各层次的对话，来支持现有的国家、地区和全球成人教育网络；创造有助于国际合作的环境；联合国教科文组织应该在发展成人教育并使之成为终身学习体系的一个组成部分起到带头和承担责任的主导作用。

第五届国际成人教育大会及其成果《成人学习汉堡宣言》《成人学习未来议程》在世界成人教育的发展历史上占有重要的地位。它对成人教育的许多理论问题做了新的阐释，尤其重要的是，它从终身学习的理念出发，对未来世界成人教育的发展提出了具体而详细的建议。这些建议对于推动成人教育的进一步发展和普及具有重要的启示意义和指导价值。

随着社会和人们对教育地位和作用认识的深化，20 世纪 60 年代开始系统阐述的终身教育概念，其内涵在不断地丰富和充实。从《终身教育导论》到《学会生存——教育世界的今天和明天》，再到《今日的教育为了明日的世界——为国际教育局写的研究报告》《教育——财富蕴藏其中》《成人教育的汉堡宣言和未来议程》等，对终身教育的认识经历了一个不断深化和发展的过程。可以预见，随着终身教育理论研究的不断深入和终身教育实践的不断拓展，终身教育理论也必将进一步得到丰富和完善。

---

① 赵中建. 1999. 全球教育发展的研究热点——90 年代来自联合国教科文组织的报告. 北京：教育科学出版社：407.

第四章
终身教育的基本理论问题

　　现代终身教育理论在50余年的发展过程中，积累了丰富的成果，并形成了一定的理论体系。在现代终身教育理论体系中，既有概念的分析与争鸣，也有理念的研究与讨论。无论是概念的辨析还是理念的研讨，既取得了一些共识，也存在不同的意见。本章的任务是对终身教育的基本概念和理念进行梳理，以便更好地理解和把握现代终身教育理论。

第一节 终身教育的内涵

　　终身教育思潮尽管现在已在世界各国广泛传播，但实际上人们却大多并未真正地理解或正确地使用这一术语，尤其是近年来，与终身教育内容相似但表述却不同的术语仍在源源不断地产生，如"终身学习""学习化社会"等，再加上以前即已存在的"成人教育""继续教育""回归教育"等，这无疑增加了人们对终身教育概念理解的困难。

　　"终身教育"一词在各国有不同的表述和内涵。在法国，它曾用作"永久教育"或"恒常教育"；在美国，它曾表示对没有接受完义务教育者进行补习性质的教育，它是一种继续性的教育，但不包含一生不断接受教育的含义，只是在 20 世纪 60 年代后，在有了 continuing education 一词后，才有了要在一生中不断地继续接受教育的即终身教育的概念；在英国，它曾一直使用"继续教育"（further education）这一术语，20 世纪 60 年代后逐渐变为使用"恒常教育"（continuous education）一词；在日本，则使用"生涯教育"一词来表示终身教育，意为一生都要接受教育。[①]

一、终身教育与相关概念的辨析

　　为了对终身教育有一个较全面的理解，我们有必要先分析与终身教育有关的几组概念。

（一）终身教育与成人教育、继续教育、回归教育

　　终身教育与成人教育、继续教育、回归教育既有联系也有区别。它们的联

---

　　① 毕淑芝，王义高. 1999. 当今世界教育思潮. 北京：人民教育出版社：193.

系体现在，成人教育、继续教育、回归教育与教育的其他形式共同构成整个终身教育体系，没有它们，终身教育将是不可想象和不可思议的。但是我们不能在成人教育、继续教育、回归教育与终身教育之间画等号。毕竟成人教育、继续教育和回归教育都只是终身教育的一个部分、一种形式、一个阶段或一个环节，而远非其全部。

　　成人教育主要是指对已经走上生产或工作岗位的从业人员进行的教育活动。1976 年 11 月，联合国教科文组织在肯尼亚首都内罗毕举行了教科文组织第 19 次会议，会议通过了《关于发展成人教育的建议》，该建议对"成人教育"的定义是："'成人教育'一词是指整个有组织的教育过程，不管其内容、水平和方法如何，是正规的还是非正规的；不论其是否延续或取代了在学校、各类院校和大学所进行的初步教育，以及在企业中的学徒训练，只要被所属社会承认的成年人，能够通过这一教育过程，达到增长能力、丰富知识和提高技术或专业水平的目的，或使他们转向新的发展方向，在人的全面发展和参与社会、经济、文化的均等与独立的发展两方面的态度和行为得到改变。"[①]成人教育与终身教育有着非常密切的联系。从历史上看，成人教育的思想及其组织化比终身教育还更早。实际上，终身教育理论正是从成人教育的理论与实践中产生和发展而来的。正如保罗·朗格朗所指出的："倘若我们没有得益于成人教育、以及更一般地说通过正规教育以外的训练途径所作的贡献……那么与终身教育有关的思想毫无疑问就不可能产生。"[②]他还说："成人教育在终身教育中占有中心位置，并发挥着决定性的作用。事实证明，如果没有一个生机勃勃、充满活力的成人教育，那么要想使现存的教育发生一系列带有根本性的变革（即要想确立终身教育思想，并在其指导下进行一场彻底的革命），则是不可想象的。"[③]这就是说，没有成人教育就不可能产生现代终身教育理论。成人教育的重要性早已为人们所熟知。最初人们谈论终身教育时，关注的焦点也在成人教育上面。但是，成人教育的地位再重要、意义再大，也不能将它看成是终身教育的全部。

---

　　① 转引自托斯顿·胡森，波斯尔思韦特. 1990. 国际教育百科全书（第 9 卷）. 中央教育科学研究所比较教育研究室，编译. 贵阳：贵州教育出版社：383.

　　② 保罗·朗格让. 1988. 终身教育导论. 滕星，滕复，王箭，译. 北京：华夏出版社：83-84.

　　③ 转引自高志敏，等. 2005. 终身教育、终身学习与学习化社会. 上海：华东师范大学出版社：220-221.

事实上，终身教育不仅仅是教育时间的延长——从青少年时期延续到成年时期，甚至老年时期，它的内涵要丰富得多。进一步说，终身教育也不仅仅是教育范围的扩大。除了教育时间和教育空间外，它还涉及教育目的、教育制度、教育内容、教育方法和手段等各个方面的革新。

什么是继续教育？联合国教科文组织出版的《职业技术教育术语》称："广义的继续教育是指那些已脱离正规教育、已参加工作和负有成人责任的人所受的各种各样的教育。它对某个人来说……可能是在一个新领域内探求知识和技术，对另外的某个人来说，可能是在某个特殊领域内更新或补充知识，还有的人可能是在为提高其职业能力而努力。"[①]另一种有代表性的观点是以它的功能为依据，但其内涵更为宽泛。这种观点是由霍顿和理查森提出来的："继续教育的设想目的，是为完成个人的教育，提供进一步的学习或再培训，使个人能始终适应不断增长着的需求或新的职业要求。"[②]现在看来，继续教育可以有广义和狭义两种含义。广义的继续教育泛指对所有已接受过一定学历教育的人所进行的教育。狭义的继续教育则是指对接受过一定的学历教育且获得了某种专业技术职称的在职人员进行的教育活动。我们这里主要取广义的继续教育概念。

成人教育与继续教育是一种什么关系呢？成人教育与继续教育是有一定联系而又内涵不同的概念。成人教育从对象上看，可能是原来从来没有受过任何教育的文盲，因而对他们来说成人教育就只是扫盲教育，不属于继续教育的范畴。而继续教育从对象看也可能还不是成人。成人是一个特定概念，一般是指年满18周岁的人。比如一个人原来只是接受过义务教育，这时他就还处于少年期，未到成年阶段，对他们的教育就不能说是成人教育，而只能称为继续教育。当然，这两种教育也可能存在交叉的地方。比如一个年满18周岁的成人，他原来受过一定的学历教育，现在又在继续接受教育，那么，对他来说这时所受的教育就既是成人教育，也是继续教育。

回归教育是20世纪60年代在欧洲出现的教育思潮，也是一种教育制度。[③]它主张教育不是一次完成，而是分几次完成，使人们在生活环节的各个阶段、

---

① 顾明远.1998. 教育大辞典（增订合编本·上）. 上海：上海教育出版社：655.
② 转引自托斯顿·胡森，波斯尔思韦特.1990. 国际教育百科全书（第1卷）. 中央教育科学研究所比较教育研究室，编译. 贵阳：贵州教育出版社：123.
③ 顾明远.1998. 教育大辞典（增订合编本·上）. 上海：上海教育出版社：613.

自己认为最需要学习的时候都有受教育的机会；在青年人的教育和成年人的教育之间建立起平衡；根据个人的选择、兴趣、职业、社会经济状况等在人的一生中接受灵活的、有效的教育。传统的学校教育认为学生中途辍学是消极行为。主张回归教育的人则认为这是积极的，认为学生在一定时期内离开校园，通过就业、社会活动、旅行等会提高学习的目的性和积极性，再返回学校学习就会提高学习的效果。回归教育的最早倡导者为瑞典经济学家约斯塔·雷恩。1969年在巴黎召开的第 6 次欧洲教育部长会议上，瑞典教育部长奥洛夫·帕尔梅正式提出回归教育的概念。而且瑞典早在 1969 年高等教育的改革中就体现了回归教育的思想。当时规定，年龄在 25 岁以上，具有 4 年工作经验，如果修完高中2 年的瑞典语和英语，并且具备专业知识，即可进入大学学习。这种社会成员升入大学的制度也叫做"25∶4 制"，是一种欧洲典型的推动成人接受高等教育的制度。从理论上看，回归教育最早是在经合组织于 20 世纪 70 年代发表的几份报告中得到确认的。对于回归教育，不同的国家有不同的理解。这些差异可以分为两大类[1]：第一类对回归教育采取节制和谨慎的态度，以求发展正常的成人教育，不涉及传统的教育体制，尤其不愿引起威胁到社会和阶级结构的社会变化。这类观念主要存在于英国、德国和美国等一些国家回归教育创始人的思想中。第二类对回归教育采取较为激进的态度，将教育的改革与社会的变化联系在一起。瑞典、挪威、荷兰、澳大利亚的创始人都属于这一类。他们清楚地意识到工作与教育是相互依存的。他们指出：回归教育的主要问题，就是要一方面抓教育，一方面抓生产和公共事业，将两者联系起来。另外，对于把回归教育作为一种体制，也存在着不同的看法。这些观点可以分为三大类：第一类把回归教育看作正规成人教育的延伸；第二类认为回归教育体制是与正规教育体制并存的；第三类认为回归教育是一种独立的培训教育体制。事实上，"回归教育既不是一种分离的教育体制，又不是一种新的教育体制，确切地说，它是一种有可能把工作联系起来的，把工作和社会其它活动联系起来、交替进行的教育方式"[2]。

---

[1] 托斯顿·胡森，波斯尔思韦特. 1990. 国际教育百科全书（第 7 卷）. 中央教育科学研究所比较教育研究室，编译. 贵阳：贵州教育出版社：530.

[2] 托斯顿·胡森，波斯尔思韦特. 1990. 国际教育百科全书（第 7 卷）. 中央教育科学研究所比较教育研究室，编译. 贵阳：贵州教育出版社：531.

从回归教育的基本内涵来看，它体现了终身教育思想，却不是终身教育的全部，它实质上是终身教育实施的一种具体策略或模式。

（二）终身教育与正规教育、非正规教育、非正式教育

从教育的组织化、制度化程度来看，教育可以分为正规教育、非正规教育和非正式教育等三种类型。它们与终身教育的关系是部分与整体的关系，正规教育、非正规教育、非正式教育都是构成整体的终身教育的一个部分。联合国教科文组织教育研究所的研究员戴夫在阐述这几个概念与终身教育的关系时指出："终身教育试图全面地看待教育。它包括正规、非正规和非正式的教育形式，并试图从纵向（时间）和横向（空间）两个方面使教育的所有结构和阶段统一和结合起来。"①

正规教育一般指的是学校教育，具体而言是指有目的、有组织、有计划地在固定机构或场所由专职教学人员对学生进行的教育。曾任联合国教科文组织国际教育规划研究所所长的法国教育家雅克·哈拉克对正规教育的解释是："从小学到大学的分等级、分阶段的'教育系统'，除了包括一般理论学习，还包括各种专门计划和从事职业技术训练的全日制学校。"②《从现在到2000年教育内容发展的全球展望》一书中更详细地论述了正规教育的特点："正规教育内容是由学校当局确定的，学生必须掌握这些内容，其成绩受到系统的评价。这些内容体现（或者说应该体现）对于教育目标和社会生活所需知识来说都重要的材料的一种选择和综合。学校学习是按部就班地进行的，有系统、成体系、呈密集型，因为它有专家指导，有教学法规范和学校时间表可循。在一定阶段的末尾总安排有考试或竞赛以保证学生达到教学过程一定阶段的一定水平。"③

什么是非正规教育？美国学者菲利普·库姆斯（Philip H. Coombs，又译为菲力蒲·库姆斯）根据教育目的、职能和形式的不同，把教育划分为正规教育、

---

① 托斯顿·胡森，波斯尔思韦特. 1990. 国际教育百科全书（第1卷）. 中央教育科学研究所比较教育研究室，编译. 贵阳：贵州教育出版社：123.
② 雅克·哈拉克. 1993. 投资于未来：确定发展中国家教育重点. 尤莉莉，徐贵平，译. 北京：教育科学出版社：6.
③ 拉塞克，维迪努. 1996. 从现在到2000年教育内容发展的全球展望. 马胜利，等，译. 北京：教育科学出版社：197.

非正规教育和非正式教育。他对非正规教育的定义是："任何在正规教育系统以外所进行的，为人口中的特定类型、成人及儿童有选择地提供学习形式的有组织、有系统的教育活动。"①雅克·哈拉克对非正规教育做了相似的界定。他说：非正规教育是指"在正规教育系统之外组织的一切教育活动，无论是单独进行的，还是整体活动中一个重要部分，都是为了服务于特定人员，并达到一定的教育目的。根据这一分类方法，'校外教育（out-of-school education）'这一术语指的是非正式教育和非正规教育，而'校内教育 in-school education'也可兼有非正式教育和非正规教育的功能或结构"②。《从现在到 2000 年教育内容发展的全球展望》一书对于非正规教育内涵的阐述更为具体，该书认为：非正规教育的内容表现为各种具有选择性或随意性、很少具有强制性的活动，这些活动是由学校、青年组织与家长或各文化协会合作的学校或学生自己等组织的。它们或在校内进行（如各学科性、主题性的或多学科性的小组，文化的或体育运动的竞赛，纪念仪式和节庆活动等），或在校外进行（如参观，远足，各种自然保护），或在少年宫里进行。这些活动的内容、方法和时间长短原则上由学生确定；在教师的帮助下，学生可以自己负责辩论、竞赛、远足等活动。更灵活多变的非正规教育在才能的识别和培养方面、在推行跨学科性的学习方面，以及在一些具体问题的处理方面，都起着重要的作用。③

非正式教育没有专门的教育机构或场所，也没有专门的教学人员，是个人在家庭、工作与娱乐场所中通过与家人、邻里、同伴等的交往提高自身素质的过程。在现代社会中，非正式教育还可以通过大众媒介、公共信息及文化机构来进行。在这种教育中，学习是在环境中通过潜移默化的形式进行的。雅克·哈拉克认为"非正式教育（informal education）是一种典型的终身过程，每个人通过日常经历，通过来自其周围环境的教育影响和教育资源，即家庭、邻里、工作场所或闲暇活动、市场、图书馆及大众传播媒介习得各种态度、价值观念、

① 库姆斯. 2001. 世界教育危机. 赵宝恒，等，译. 北京：人民教育出版社：22-23.

② 雅克·哈拉克. 1993. 投资于未来：确定发展中国家教育重点. 尤莉莉，徐贵平，译. 北京：教育科学出版社：6.

③ 拉塞克，维迪努. 1996. 从现在到 2000 年教育内容发展的全球展望. 马胜利，等，译. 北京：教育科学出版社：197.

知识和技能"①。库姆斯对非正式教育也进行过具体的解释：每个人从日常经验和生活环境——家庭、工作、娱乐场所中，从家人和朋友的榜样和态度中，从旅游、读报和看书中，或通过收听广播、收看电视和电影，学习和积累知识、技能、态度和见识的终生过程。一般来说，非正式教育是无组织无系统的，甚至有时是无意识的，然而它却占了所有人，包括那些受过多年教育的人的整个生命中学习过程的很大部分。②

联合国教科文组织于 1997 年制定的国际教育标准分类法（International Standard Classification for Education）对上述几个概念也进行了解释。正规教育是指由学校、学院、大学及其他正规教育机构构成的体系，通常为儿童和年轻人提供全日制教育；非正规教育是指不符合正规教育定义的有组织的、持续性的教育活动，它既可以在教育机构内部也可以在教育机构之外进行，以满足各年龄阶段人的需要；非正式教育（学习）包括那些不归为正规教育或非正规教育的所有的有目的的学习活动，其组织水平相对较低，可以个人独自进行（如自我指导学习），也可能以团体的形式出现（如工作场所和家庭内）。③

从制度化的程度来看，从正规教育到非正规教育再到非正式教育，其制度化程度逐渐降低。正规教育的制度化程度最高，非正规教育次之，非正式教育最低。非正规教育是有组织的，但不是充分制度化的；是系统的，但不是完全常规化的。非正规教育基本上是在校外进行，其内容、方法、形式比正规教育具有较少的正规性和较多的灵活性，但比非正式教育又正规一些。当然，"实际上在正规—非正规和不正规教育④之间，也难划分明显的分界线；有些活动固然可以归属于单独的一类，但许多活动却有着其中两种或全部的特点"⑤。在终身教育的实施中，我们应当对正规教育、非正规教育与非正式教育予以同样的重视。库姆斯曾经指出："对任何一个国家或世界教育供给方面的恰当的评价，不仅要看其正规教育体系，还要看非正规教育和非正式教育的条件和资源。所有

---

① 雅克·哈拉克. 1993. 投资于未来：确定发展中国家教育重点. 尤莉莉，徐贵平，译. 北京：教育科学出版社：6.
② 库姆斯. 2001. 世界教育危机. 赵宝恒，等，译. 北京：人民教育出版社：23.
③ 经济合作与发展组织. 2003. 教育政策分析·2001. 谢维和，等，译. 北京：教育科学出版社：4.
④ 也即非正式教育——笔者注。
⑤ 托斯顿·胡森，等. 1990. 国际教育百科全书（第6卷）. 贵阳：贵州教育出版社：391.

这些加在一起，形成了一个为各种各样的人从幼年到青年再到老年不断变化的学习需要服务的、终生学习的网络。"①

（三）终身教育与学校教育、家庭教育、社会教育

学校教育指在学校这种专门性的教育机构中进行的教育。其特点在于：有固定的场所、专职的教师和相对稳定的学生，有明确的培养目标、规定的内容和严格的管理制度。学校按水平可分为初等学校、中等学校和高等学校；按性质可分为普通学校、职业学校和各种专门学校；按时间可分为全日制学校、半日制学校和业余学校。在现代社会中，学校教育无疑具有重要的地位，并仍将发挥重要的作用。其他的任何机构或传播媒介都不可能取代学校教育的功能。"学校不是肩负教育青年的职责的唯一社会机构，然而，其它机构的分散的影响，并不能证明学校在社会中独特的社会职能的失效。相反，由于学校是把关心青年作为永久性目的的唯一机构，这使学校的作用显得越发重要了。"②但是，显而易见的是，终身教育不能只限于学校教育。事实上，人们极力倡导终身教育，在很大程度上恰恰是要打破传统的学校教育一统天下的局面。如果认为终身教育只能在学校中进行，这在理论上是错误的，在实践上也是行不通的，还会导致人们对终身教育的抵制和反抗。

家庭教育指家庭成员之间的相互影响和教育。一般是指父母或其他年长者对儿女辈成员进行的教育。在现代社会，虽然学校教育和社会教育受到广泛重视，在人的发展中发挥着重要的作用，但不能由此而否定家庭教育的价值。家庭教育在促使儿童社会化方面起着重要的作用，父母是子女第一位自然的、时间最长的"教师"，对他们产生潜移默化的影响，为他们未来的发展奠定基础。家庭教育的任务在各个阶段既有共同的方面，也有一定的差异。在入学前，主要是使他们在身心方面健康发展，同时为接受学校教育做好相应的准备；在入学后，继续关心他们的身心健康，发展正当的兴趣爱好，培养良好的道德品质。家庭教育也应当在终身教育中占有一席之地，在终身教育的规划中应当将家庭

---

① 菲力蒲·库姆斯. 1990. 世界教育危机——八十年代的观点. 赵宝恒，李环，等，译. 北京：人民教育出版社：104.

② 瞿葆奎. 1993. 教育学文集·国际教育展望. 北京：人民教育出版社：466.

教育纳入进来，使家庭教育与学校教育、社会教育统一起来，共同对人的发展发挥积极的作用。

社会教育有广义和狭义两种含义。广义的社会教育指与学校教育、家庭教育并行的影响个人身心发展的社会教育活动。狭义的社会教育指社会文化教育机构对青少年和其他公民开展的各种文化和生活知识的教育活动。实施社会教育的机构设施有：①由社会团体、其他社会力量和个人举办的非学历教育的职业技术学校（班）、补习学校（班）及其他教育机构；②文化馆（宫）、图书馆、博物馆、纪念馆、艺术馆、科技站、广播电台、电视台、影剧院、体育馆（场）等社会文化设施；③青少年校外教育机构等。①在当前社会日新月异的变化面前，社会教育普遍成为各国终身教育的基本组成部分，是使所有社会成员保持与时代俱进的重要教育形式。

终身教育与学校教育、家庭教育及社会教育之间是什么关系呢？根据上面的阐述，可以看出，学校教育、家庭教育和社会教育都是构成终身教育的重要组成部分。"终身教育并不是指仅仅在学校或类似学校的环境中进行的教育，它还指必然发生在工作中、消遣环境中、家庭中、俱乐部里、政治或宗教组织等等之中的教育……因此，终身教育将不仅包含终身学习，也将包括'全方位'学习。"②

（四）终身教育与终身学习、学习化社会

终身教育与终身学习、学习化社会也是既有联系又有区别的概念。什么是终身学习？终身学习的概念是 20 世纪 70 年代出现的。1976 年 11 月召开的联合国教科文组织第 19 次全体会议上通过的《关于发展成人教育的建议》中，与终身教育并列，提出了终身学习的概念。

日本中央教育审议会 1981 年的咨询报告认为：在今日急剧变化的社会中，人们为了自我的充实、启发和生活的提高，而寻求适当而丰富的学习机会。这些学习的一个基本点是个体根据各自的意愿进行，是由自己根据需要选择合适

---

① 顾明远.1998. 教育大辞典（增订合编本·下）.上海：上海教育出版社：1354.

② 托斯顿·胡森，波斯尔思韦特. 1990. 国际教育百科全书（第 5 卷）.中央教育科学研究所比较教育研究室，编译.贵阳：贵州教育出版社：740.

于自己的手段和方法展开的，并且贯穿一生。在这个意义上最好把它叫作"终身学习"。①

1994 年，在意大利罗马举行的首届世界终身学习会议认为"终身学习是 21 世纪的生存概念"，"终身学习是通过一个不断的支持过程来发挥人类的潜能，它激励并使人们有权利去获得他们终身所需要的全部知识、价值、技能与理解，并在任何任务、情况和环境中有信心、有创造性和愉快地应用它们"。②

《高等教育与终身学习》一书指出，终身学习是指在人的一生中持续进行的学习。作者在解释终身学习中的"学习"概念时特别强调说，这里所说的"学习"并不是日常生活中自发产生的一般的学习活动，它指的是"有意学习"。这种学习具有以下四个关键特征：①它是有目的的——学习者意识到他们正在学习；②它有具体的目标，并且这种目标不是那种含糊的概述，如"开发思维"；③这些目标是进行学习的原因（学习动机不是简单地出于厌倦生活）；④学习者有意在相当长的一段时间里保持并且运用所学的知识。③

我国学者高志敏认为，终身学习的要义在于：①终身学习是一种生存方式；②终身学习是一种主体转移（指主体从教育者转到学习者）；③终身学习基于学习者的自主性；④学习是一个终身的过程；⑤学习是一个全面的过程；⑥终身学习无所不在；⑦终身学习的目的在于建立自信和能力，适应社会变化。④

还有学者认为，终身学习的概念是在综合终身教育和学习化社会基本思想的基础上提出来的，其内涵包括以下三方面："其一，社会要确保人们适时地进行与其需要相应的学习机会和条件。其二，社会成员的学习是贯穿其一生的自觉的行动。其三，学习不仅仅是通过学校等教育机构，而且包括图书馆、博物馆、体育运动设施、各种文化设施和各种大众传播媒介。"⑤

"学习化社会"这一术语最早由美国教育思想家、原芝加哥大学校长罗勃特·哈钦斯提出。他在《教育中的冲突》一书中就曾初步表达过他关于学习化

---

① 转引自高志敏，等.2005. 终身教育、终身学习与学习化社会. 上海：华东师范大学出版社：11.
② 转引自吴咏诗.1995. 终身学习——教育面向 21 世纪的重大发展. 教育研究，（12）：10-13+9.
③ 克里斯托弗·K.纳普尔，阿瑟·J.克罗普利.2003. 高等教育与终身学习（第三版）. 徐辉，陈晓菲，译. 上海：华东师范大学出版社：12.
④ 高志敏，等.2005. 终身教育、终身学习与学习化社会. 上海：华东师范大学出版社：17-18.
⑤ 毕淑芝，王义高.1999. 当今世界教育思潮. 北京：人民教育出版社：195.

社会的观点。他说：一切人都有能力学习，只要一个人活着，学习就不应该停止。"人是理性的动物。他们利用理智得到现世的幸福。这就意味着他们必须终生利用理智。如果说他们只应在童年时期学习，那就是说他们只在童年时期是人……所以理想的共和国就是学习的共和国。"①在他看来，人为了终身利用其理智，为了追求真理和政治自由，为了实现和平及寻求文明，必须创造连续不断的、无限制的学习机会，人们必须不断地利用这种机会。他说："我们所期望的法律和正义的世界，全球性的政治共和国，没有全球性的学习共和国是不能实现的。当一切人整个一生都是世界法律和正义的共和国和学习共和国的公民的时候，我们所寻求的文明，将会实现。"②哈钦斯明确阐述他的学习化社会思想则是在其《学习化社会》（The Learning Society）一书中。他在该书中指出，享受古代雅典娜（智慧女神）恩惠的少数人曾是可能的学习化社会乃至"完满社会"（fulfillment society）的理想，如果能够恰当地运用现代社会丰富的物质资源和闲暇时间，对所有现代人都是能够实现的。哈钦斯认为学习化社会"不光是对所有成人男女随时提供定时制的成人教育，而且是以学习、完善和人为目的，以所有的制度指向于该目的的实现而成功地完成了其价值的社会。成功的价值转换即指学习、自我实现和成为真正意义上的人已经变成了社会目标，并且所有社会制度均以这个目标为指向"③。也即整个社会要从学校化社会（schooled society）变为学习化社会，构成社会的所有部门都要提供学习资源并参与教育活动，所有社会成员都要充分利用学校以外的制度和机构去自觉地进行学习。在哈钦斯看来，学习化社会的学习不同于传统的学习，传统学习是阶段性地获取知识和技能的手段。他认为，在一个充满闲暇和自由的社会，核心是学习——通过继续学习去实现人的价值，通过学习获取能量和生命活力。学习化社会的目标是人的全面发展、组织和社会的全面进步和健康发展。

埃德加·富尔在《学会生存——教育世界的今天和明天》中明确指出了向学习化社会迈进的客观必然性，认为要实现培养"完人"的目标，社会的所有部门结构性地统合起来参与教育活动，服务于学习目的的学习化社会就必不可少。"社会不能通过一个单独的机构对它的所有一切组成部分（无论在任何领域

---

① 转引自王承绪，赵祥麟. 2001. 西方现代教育论著选. 北京：人民教育出版社：227-228.
② 转引自王承绪，赵祥麟. 2001. 西方现代教育论著选. 北京：人民教育出版社：228.
③ 转引自唐亚豪. 2004. 论学习型社会的成人教育理想. 成人高教学刊，（5）：49-51.

内）发挥其广泛而有效的作用，不管这个机构多么广大。如果我们承认，教育现在是而且将来也越来越是每一个人的需要，那么我们不仅必须发展、丰富、增加中小学和大学，而且我们还必须超越学校教育的范围，把教育的功能扩充到整个社会的各个方面。"该书承认学校教育有它本身的作用，而且其作用还将会得到进一步的发展。但是又明确指出，社会的教育功能并不是学校的特权。"所有的部门——政府机关、工业交通、运输——都必须参与教育工作。地方共同体和国家共同体都显然是具有教育作用的机构……所有的集体、协会、工联、地方团体和中间组织都必须共同承担教育责任。"①在该书看来，学习化社会可以"理解为一个教育与社会、政治与经济组织（包括家庭单位与公民生活）密切交织的过程。这就是说，每一个公民享有在任何情况之下都可以自由取得学习、训练和培养自己的各种手段"②。该书还揭示了终身教育与学习化社会的内在联系，认为终身教育是学习化社会的基石。

美国高质量教育委员会 1983 年提交的《国家处在危险中：教育改革势在必行》报告系统地阐述了学习化社会问题，认为学习化社会的中心是始终不渝地奉行这样一种教育制度，即让每个人都有机会充分运用他们的头脑，从幼年到成年不断地学习，随着世界本身的变化而不断地学习。这种社会的基本指导思想是：教育之所以重要并不仅仅因为它对人的事业目标做出贡献，还因为它给人的生活质量增添了价值。在这种社会中，受教育的机会远远超过了中小学和大学这些传统的学习场所。学习机会发展到家庭、工作场所、图书馆、美术馆、博物馆和科学中心，甚至发展到在工作和生活中个人得以发展和成熟的一切场所。③

英国经济和社会研究委员会认为："学习化社会是这样一个社会：所有公民可以获得高质量的普通教育和合适的职业培训；在获得一份相称的工作（或一系列的工作）的同时，在其一生中继续参加教育和培训工作。学习化社会将优

---

① 联合国教科文组织国际教育发展委员会. 1996. 学会生存——教育世界的今天和明天. 华东师范大学比较教育研究所，译. 北京：教育科学出版社：201-202.

② 联合国教科文组织国际教育发展委员会. 1996. 学会生存——教育世界的今天和明天. 华东师范大学比较教育研究所，译. 北京：教育科学出版社：203.

③ 吕达，周满生. 2004. 当代外国教育改革著名文献（美国卷·第一册）. 北京：人民教育出版社：7.

秀和公平结合起来，并且会为其所有的公民提供知识、理解力、技能方面的训练，从而促使国家经济的繁荣和更多方面的发展……学习化社会的公民通过继续教育和培训能够参与到批判性对话和行动之中，提高整个社会的生活质量，并确保社会一体化和经济的成功。"①

1994年，英国学者斯图尔特·兰森在他的《迈向学习化社会》（Towards The Learning Society）一书中也提出了他对学习化社会内涵的理解。他认为，学习化社会是建立在学习如何学习之上的。学习如何学习是一个持续不断地对经验信仰产生怀疑，以及不断地接受新理念的过程。他提出，学习化社会的价值内涵体现为：①对新观念的开放态度。学习化社会中强调的是一种开放的心灵与态度，对于新的事物或观念，学习者都能不带有偏见或预设立场的态度，而应以开放的态度去面对并接受它。②适当地倾听与表达观点。学习化社会中的每一个人都要懂得倾听别人的意见、尊重别人的想法，甚至了解别人的立场。当然，也要在适当的时机与场合，适度地表达自己的观点和立场，让别人也可以了解自己的想法或观念，让社会中的人与事达到充分沟通与了解的境界。③对所面临困境的解决方式提出反省或质疑。学习化社会中的人，要懂得应付日常生活中所出现的问题。对于日常生活中所面临的难题，会想出适当的解决方式。他们会适度地进行反省与检讨，提出各种可能的解决办法，以找出最佳的解决方案。④在改变的环境中合作。学习化社会中的人彼此间要懂得互助合作，即使是在不断变动的环境中，个人的立场和资源会因此而改变，但并不影响他们互助合作的态度与行为。因为他们知道，唯有互信互赖、分工合作，才能维护自己的利益，与其他人群共同生存，并促进社会的进步和发展。⑤批判地审视和检验各种改变。学习化社会中的人充分了解社会局势的变迁是迅速多元的。因此，他们时刻不忘学习，让心灵保持开放和批判的态度。一方面接受新的事物，另一方面也主动检验这些改变的趋势，以找出应对之道，寻求生存的法则。兰森把学习化社会放在个体、社会和政体三个层面来追求：就个体层面来说，个体应该追求自我探索，在学习中追求自我发展，并尽公民的责任；就社会层面来说，人类应该在一个有道德秩序的生活中相互学习，公民在公共领域既负有权利也负有责任；就政体层面来说，学习化社会的政体要体现正义、尊重多

---

① 转引自顾明远，孟繁华.2003.国际教育新理念（修订版）.海口：海南出版社：45.

元价值、参与式民主等品质，并以此去追求学习。①

王洪才详细地阐述了学习型社会问题。他认为，学习型社会不仅是一个理想的社会图景，而且是一个实在的建设实施方案。在学习型社会中，学习的地位将获得本质性提升，学习变成一种基本的生活方式，成为一种终身享用的福利，全社会的学习资源以新的方式整合起来，教育机构成为全社会的学习资源组织中心。②"学习型社会就是以学习作为社会发展的根本动力的社会，在这样的社会里，学习成为一种风气，学习是人们基本需要，学习是一种基本生活方式，人人都是学习型社区的积极的成员，都在获得学习机会的同时也在为丰富学习资源贡献力量。在这里，学习已经把人们的物质生活追求与精神需求的满足有机地融合为一体，从而学习不仅是获得物质生活水平提高的手段，也是人们的精神归宿。"③在他看来，学习型社会具有以下几个特征：①学习资源组织方式是灵活的，没有一个固定的模式，它是根据求学者的意愿进行组织的；②在学习型社会里有一个开放的信息系统，每个人都可以将自己的学习意愿通过公共信息平台反映出来，汇总到社会的学习组织中心，经过有关处理之后将信息送达学习组织单位和求学者那里，这样就建立了个体学习要求与学习组织单位之间的联结；③社会有充分的学习资源，每个个体都可以通过便捷的方式获得它；④每个社会组织都有关于个体获得学习机会的规定，保证个体有充分的机会实现学习愿望；⑤人们的学习需求主要不再是出于生活压力或直接的实用目的，而是为了满足自己的兴趣爱好，所以学习动机在总体上是非功利性的；⑥社会里的学习资源是丰富的，可供选择的学习内容是多样的，个体可以根据自己的兴趣进行选择，学习活动既是知识性的，也是交往性的；⑦社会能够为个体发展提供充分的时间，个体在学习时间上也是可以选择的。④

胡梦鲸和林清江也分别阐述了学习化社会问题。胡梦鲸认为学习化社会将是一个以终身教育体系为基础，以学习者为中心，人人均能终身学习的理想社会。在这个社会中，学习者的基本学习权利能够得到保障，教育机会能够公平

① 转引自厉以贤. 2004. 学习社会的理念与建设. 成都：四川教育出版社：38-39.
② 王洪才. 2004. 学习型社会与教育转变. 教育研究，（1）：38-42.
③ 王洪才. 2008. 终身教育体系的建构——全面小康社会的呼唤与回应. 厦门：厦门大学出版社：9.
④ 王洪才. 2004. 学习型社会与教育转变. 教育研究，（1）：38-42.

地提供，学习障碍能够合理地去除。学习化社会构建的目的就是要提供一个理想的社会学习环境，从而促进社会和个人的全面发展。学习化社会的建立应该具备六项基本条件，即学习的个人、学习的家庭、学习的组织、学习的社区、学习的政府和学习的网络。①林清江认为学习社会有以下十大特征：①教育、工作及休闲之间的界限趋向模糊，彼此之间的转换日趋频繁，重要性也日益加强；②回流教育制度全面建立，个人有充分的机会在工作一段时间后，重返学校接受教育；③多元的学习通道普遍存在，个人有广泛的学习通道选择权利；④个人的学习权，包括选择学习机会及学习方式的权利得到充分的保障；⑤学校的考试逐渐丧失绝对的意义及价值，个人在某一次考试的失败不会影响其继续学习的机会；⑥通才教育与专才教育的界限日益模糊，再学习的意愿、态度及能力成为二者交流的重要环节；⑦自我导向的学习成为个人最重要的学习方法；⑧个人在学习中扮演积极的角色，负起重要的责任，成为学习成败的关键；⑨人力发展的意义有了根本的改变，从重视人力供求的数量配合，转变为重视人性的发展与潜能的充分发展；⑩无论是政府组织还是民间组织，都逐渐成为学习型组织。②

高志敏认为，学习化社会的要义在于：①学习是每个人的一项基本权利；②拥有终身教育体系，奉行终身教育制度；③超越学校教育范畴，社会共同参与教育；④坚持以学习者为中心，满足学习者的学习需要；⑤既要求有个体对学习的卷入，又要求有群体对学习的参与；⑥既有利于个人的全面发展，又有助于社会的进步。③

另外，还有学者在综合已有研究成果的基础上，将学习化社会的内涵和特性归结如下：①在学习化社会中，学习是每个人终其一生的活动，学习将成为一种人的自身发展的需求，在个人生活和社会生活中占有重要的位置。②学习化社会是人人拥有学习权的社会，学习将成为社会一切成员整个生命期的活动；每个人均可按照个体的学习兴趣、能力和需求，突破时空的限制，选择适合个人的学习活动。③学习化社会是学习机会对社会全体成员开放的民主平等的社会，学习可以在任何地方，以任何形态来进行。④在学习化社会中，学习和教

---

① 黄健. 1999. 世纪之交发达国家（地区）成人教育的发展态势. 教育研究，（7）：37-41.
② 厉以贤. 2004. 学习社会的理念与建设. 成都：四川教育出版社：40-41.
③ 高志敏，等. 2005. 终身教育、终身学习与学习化社会. 上海：华东师范大学出版社：18-19.

育将成为一个结构和功能完整的社会体系，学习化社会整合社会的各种教育资源，促使社会的每一个人都能进行有效率的学习。⑤在学习化社会中，学习和教育不再是一种义务，而是一种责任，一种社会的责任。学习和教育与社会形成互动，密切交织。⑥学习的目的在于人的全面发展、人的潜能的充分发展和人的自我实现，以及提高人的素质和生活质量，推进社会发展。⑦学习化社会是自我导向的社会，通过每个人自我导向学习能力的养成，在学习中提高个人的工作能力、生活品质和自我尊严、自我实现。⑧学习化社会的学习融合了包括家庭的、学校的、社区的，正规的、非正规的、非正式的、社会的、文化的、专业的、生活的等各个方面的学习，打破了学历社会的观念，是教育的根本改革。⑨学习化社会中的各个组织都将成为学习型组织，社会的任何组织和机构在行使自己专业职能的同时，也行使学习和教育职能。⑩学习化社会引导文化认同，促进文化创新和社会变迁。①

学习化社会的思想是伴随终身教育思想的产生而出现的。不过，它与早期的终身教育思想不一样，早期的终身教育思想主要强调了教育机构的改革，突出了教育机构和教育者的作用，以及各种各样的教育机构的整合在人的一生中对人接受教育的意义。学习化社会则更强调社会和社会成员个人的作用。它重在要求社会对教育的参与和社会自身的建设，即整个社会对人们接受教育的条件的创设，以及整个社会对教育的重视。这样的社会不在于要求人们去接受什么教育，而在于为人们提供了什么样的学习机会。同时，它把立足点放在社会成员，即学习者身上。在学习化社会中，社会成员自觉的学习具有特别的价值。一句话，与终身教育理论相比，学习化社会理论看问题的角度已发生了重要变化——从教育部门转向社会，由教育机构转向学习者。它的目的不只是要改造一种教育，而是要塑造一种社会。如果说终身教育更多的是从教育时间的角度思考教育问题的话，那么学习化社会则主要是从教育空间的角度去考虑这一问题。

终身教育、终身学习与学习化社会这几个概念之间既存在共同点，又有一定的差异性。②它们的共同点体现在：①都主张教与学过程的延续性和终身性；

① 厉以贤.2004.学习社会的理念与建设.成都：四川教育出版社：42-43.
② 高志敏，等.2005.终身教育、终身学习与学习化社会.上海：华东师范大学出版社：21-25.

②都主张教与学内容的广泛性和全面性；③都主张教与学空间的开放性和社会性；④都主张教与学目的的双重性。即既服务于人的终身全面发展，又服务于社会的持续发展。

它们的差异性表现在：①目标指向不同。终身教育目标倾向于实现对现行教育制度的超越，要求构建一种充分考虑社会和人生发展需要的，具有持续而全面、有机而开放特征的教育体系。终身学习的目标则倾向于实现对传统教育范畴的超越，即学习不再是一个仅仅属于教育范畴的问题，而且还是一个属于生存范畴的问题。也就是说，学习与生存、学习与生活之间不存在任何界线。学习化社会的目的则是实现社会形态的超越，变少数人拥有学习权利，部分人参与学习活动为学习权利人人保障，学习活动人人介入的理想社会。②战略选择不同。终身教育为了实现对传统教育制度的超越，必然更多地从社会的角度出发，强调一个国家的教育制度应当整合各种资源，为每一个公民创造终身参与各种教育活动的可能性，即把建立为所有公民开放的终身教育体系作为战略选择。终身学习为了实现对传统教育范畴的超越，则又必然更多地从个人的角度出发，强调具备终身学习的态度与能力及人人参与学习的重要性。也就是说，引导每个公民把终身学习作为生存方式，提高其学习自觉性和学习能力，是终身学习理念的战略首选。学习化社会为了实现对现行社会形态的超越，它的战略核心就是努力清除学习障碍，公平地提供教育机会，使社会变成一种学习形态的社会。③实践重点不同。终身教育更多地将注意力集中于改革传统的教育制度，包括对其资源、体系、结构、布局、形式、目标、内容、方法等的系统思考。终身学习更多地将精力放在确立学习者的主体地位、尊重学习者意愿、关注学习者需要、端正学习态度、增强学习信心、提高学习能力、利用学习资源、拓展学习场所等方面。学习化社会则除此以外还关注下列各个方面：落实学习者的学习权利；树立以学习者为中心的观念；构建多元开放的学习网络；动员社会各方的共同参与；促进个人成为学习型的个人、家庭成为学习型的家庭、组织成为学习型的组织、社区成为学习型的社区、城市成为学习型的城市、政府成为学习型的政府等。

由上可知，终身教育、终身学习和学习化社会三者在教与学的时限、内容、空间和目的等问题上的看法是一致的，而在具体的目标指向、战略选择和实践重点等方面又表现出它们的差异性。终身教育从社会角度出发的战略选择是一种自上而下的过程；终身学习从个人的角度出发的战略选择是一种自下而上的过程；而学习化社会的战略选择则是它们两者的集结过程。没有在终身教育思想指导下建立起来的终身教育体系，人人参与学习将是纸上谈兵，学习化社会更无制度保障；没有人人参与终身学习的先决条件和社会基础，终身教育将是空中楼阁，学习化社会更是海市蜃楼。只有在社会和个人这两个层面上相互配合、同步发展的基础上，终身教育和终身学习才有可能变为现实，学习化社会的理想才有可能实现。

二、关于终身教育内涵的基本结论

根据上面的阐述，我们可以给终身教育做出如下界定：终身教育是人们在一生中所受到的各种培养的总和，它包括一切教育活动、一切教育机会和教育的一切方面。

终身教育可以从多个角度进行考察。从横向看，终身教育包括学校、家庭和社会等各个领域的教育；从纵向来看，终身教育指贯穿于人的一生的胎儿期、婴幼儿期、青少年期、成年期和老年期等各个阶段的教育；从教育的内容来看，终身教育包括文化科学教育、职业（专业）教育和生活教育；从教育的形式来看，终身教育包括正规教育、非正规教育和非正式教育。

第二节　终身教育的特点

从各个国家的实践来看，终身教育具有以下几个基本特点。

一、教育时间的终生性

终身教育从纵向看，它要实现使人的一生（从胎儿、婴幼儿、青少年、成年及老年）都受教育，而不是局限于某一个阶段。"欧洲 2000 年规划"（Plan Europe 2000）项目主任贝特朗·施瓦茨对终身教育解释道："终身教育与其说是一整套新的教育目的，不如说是在实现这些目的的过程中要执行的一系列战略计划的总设计（就最近的意义而言）。我们在此把它定义为，通过实施一系列有可能进行整合的手段（机构的、物质的、人力的手段），在一个真实的时空连续统中整合教育的所有阶段的过程。"①终身教育的最大特点是它突破了正规学校教育的框框，把教育看作人从出生到死亡贯穿于人的一生的事情。在现代社会，谁不继续学习，谁就会被社会淘汰。人的教育应当是一个持续的过程，是个终生的"活到老，学到老"的过程。在终身教育体系中，学校教育只是一个环节、一个阶段、一个部分，当然这是一个非常重要的基础环节、阶段和部分。因此，学校教育的重要功能在于激发学生终身学习的欲望，培养其终身学习的能力，为他们的终身学习奠定坚实的基础。

二、教育空间的广延性

终身教育从横向看，家庭、社区、工作场所及大众媒体对人生的每一个时期都在某种程度上发挥着教育的作用，而不是仅仅局限于学校这一种场所。终身教育既包括正规的学校教育，也包括家庭教育、社会教育等校外的一切非正规教育和非正式教育，还包括教育的特殊形式——自我教育。终身教育"并非局限于学校教育。相反，它的影响扩展到学习者的私人生活和公众生活的所有方面——他的家庭和职业关系、他的政治、他的社会活动、他的业余爱好等等。终身教育求助于各种各样的机构：学校，学院和大学，同时还有家庭、社区和工作领域、书籍、出版社、剧场和大众传播媒介"②。

三、教育对象的全员性

终身教育观主张教育的大门应向所有社会成员敞开，实现教育机会均等，

---

① 瞿葆奎. 1990. 教育学文集·教育制度. 北京：人民教育出版社：552.
② 瞿葆奎. 1990. 教育学文集·教育制度. 北京：人民教育出版社：553.

对每个人进行适合其自身特点和需要的教育。终身教育所强调的是面向全体社会成员的全民教育而不是面向少数人的英才教育，好教育要满足全民的基本学习需要，而不是少数人的学习需要。在终身教育观看来，所有社会成员（包括婴幼儿、青少年、中壮年和老年人）都必须不间断地接受教育。因此，终身教育体现了教育的民主化，它是为一切人的教育。

四、教育内容的多样性

就教育内容来说，终身教育包括普通教育、职业教育、生活教育、闲暇教育等，它追求专业（职业）和教养（自我实现）的协调和整合。一句话，凡是人们为了适应当代社会生活和职业所需要的知识、技能、智力、品德、审美等各方面的素养，终身教育都应当予以关注。

五、教育结构的协调性

协调性是终身教育的基本特性。保罗·朗格朗在阐述终身教育的特性时曾经指出：终身教育，其原理之一就是强调发展的综合统一性。[①]联合国教科文组织教育研究所研究员 R. H. 戴维认为："终身教育应该是个人或诸集团为了自身生活水准的提高，而通过每个个人的一生所经历的一种人性的、社会的、职业的过程。这是在人生的各种阶段及生活领域，以带来启发及向上为目的，并包括全部的'正规的（formal）'、'非正规的（non-formal）'及'不正规的（informal）'学习在内的，一种综合和统一的理念。"[②]克罗普利将上述观点概括为"横向一体化"与"纵向一体化"。[③]横向一体化的主要思想是：教育，就学校教育而言，应和与之相关的社会其他各个组成部分相协调。这些组成部分包括家庭、俱乐部、社会团体、工作场所、与同龄人接触等。这种观点还意味着，不应把学校

① 持田荣一，森隆夫，诸冈和房.1987.终身教育大全.龚同，林瀜，邢齐一，等，译.北京：中国妇女出版社：448.

② 转引自吴遵民.1999.现代国际终身教育论.上海：上海教育出版社：13.

③ 阿瑟·克罗普利.1990.终身教育——心理学的分析.沈金荣，徐云，虞绍荣，译.北京：职工教育出版社：25.

以外获得的各种知识与在校获得的知识看作毫不相干的东西；学习的过程不应分为学校与非学校两个部分，所有的知识应被看成是一个相互联系的统一体。所谓纵向一体化，是指学习应贯穿于人的一生，人在任何年龄段都能进行学习。同时，任何年龄段上的学习都是先前学习的部分结果，它部分地影响未来学习的性质和深度。因此，教育机构应注意和利用跨越各年龄段学习的纵向联系。这里所谓的"综合""统一""一体化""协调"，从宏观角度看实际上涉及两个维度：一是时间维度，指把人从学前期到老年期的整个发展过程中所受到的各种教育有机地统一起来；二是空间维度，指把学校教育、家庭教育、社会教育、正规教育、非正规教育、非正式教育有机地结合起来。

六、教育方式的灵活性

人的生活在其一生中是多样的和丰富多彩的，作为与此相适应的终身教育来说，也必须是灵活多样的。终身教育观主张打破传统教育体系中不合理的规定与限制，建立富有弹性的学习制度。终身教育尊重每个人的个性和独立性，重视学习者自主发展。在学习方式、进度、时间与地点等方面可以因人而异，由学生本人自行安排、自主选择，最大可能地减少人为的学习障碍，最大限度地发挥学生学习的主动性和创造性。教育的类型可以采取研讨型、进修型、座谈型与专题型等，教育的方式和途径可以有面授、函授、远程教育等。

第三节　终身教育的目的

按照关于教育目的的常见划分方法，我们可以将终身教育目的分为两个方面，即终身教育的个体目的和终身教育的社会目的。前者指终身教育对个体发展的价值，后者指终身教育对社会发展的作用。

一、终身教育的个体目的

（一）激发学习动机，培养学习能力

众所周知，终身教育强调人的整个一生都要受教育，学习是人的一种生活方式和生存状态，因此，学习的欲望和动机对个人来说就显得非常关键。作为教育，不能只是传授知识，其更重要的职责是培养学习的欲望和动机，使受教育者在离开学校后仍能保持对学习的浓厚兴趣，学习成为他们自觉贯穿整个人生的行动。

"'教育'一词正像已建立的制度所显示的那样，是一种游戏，其规则注定了在此游戏中必定是胜者少、败者多。从童年开始，学生就被分类为将来的第一等、第二等、第三等公民。毫不奇怪，很多学生甚至在青少年时期前就因失败而否定自己，因而既失去了学习的兴趣，也失去了提高自己的愿望……这种由正规学校教育造成的毁损状态，完全可以证明是对继续教育事业的致命打击，因而要求采取紧急的补救方法。"[①]

联合国教科文组织在《教育——财富蕴藏其中》一书中指出："如果最初的教育提供了有助于终身继续在工作之中和工作之外学习的动力和基础，那么就可以认为这种教育是成功的。"[②]

在当今这个瞬息万变的时代，一个人只是通过青少年时期的学历教育已远远不能满足终身的需要。只有当一个人在完成学历教育以后，仍然不断地学习才能跟上时代的步伐。而要做到这一点的一个重要前提是人们必须掌握不断更新自己知识和拓展自己能力的方法。因此，各级各类教育的一个重要的出发点就是培养人们学会如何学习，使他们掌握学习的方法。美国学者刘易斯曾指出：我们应当"鼓励学生对他们自己的学习负起责任来——使他们成为自我定向的、终身的学习者。教育的最终目的是要把追求自身教育的担子转到个体的肩上"[③]。克罗普利也强调说："终身教育的一个重要目的是培养一生都学习的能力。这被看成主要是促进学习意愿产生和引导个人发展适当的技能的问题。因此，终身

---

① 瞿葆奎. 1990. 教育学文集·教育制度. 北京：人民教育出版社：555.
② 联合国教科文组织总部中文科，译. 1996. 教育——财富蕴藏其中. 北京：教育科学出版社：78.
③ 转引自瞿葆奎. 1993. 教育学文集·国际教育展望. 北京：人民教育出版社：385.

教育制度的较早阶段有特定的责任去促进发挥个人终身教育的必要条件，如有利于这种学习的积极动机、价值观、态度和自我形象，以及这种学习所必需的技能。"[①]

（二）培养创造性和判断力

《学会生存——教育世界的今天和明天》一书深刻地指出："人是在创造活动中并通过创造活动来完善他自己的。"[②]不可否认，每个人生来就具有创造的潜能,但要使这种潜能转变为现实的创造能力,则需要长期的有意识的鼓励和培养。《教育——财富蕴藏其中》一书呼吁"为了迎接下一个世纪的挑战，必须给教育确定新的目标，必须改变人们对教育的作用的看法。扩大了的教育新概念应该使每一个人都能发现、发挥和加强自己的创造潜力，也应有助于挖掘出隐藏在我们每个人身上的财富"[③]。

当今时代是一个知识日益膨胀和更新不断加速的时代。在这样一个时代，只是满足于继承已有知识，已远远不能适应需要，只有发展创造性才能与时俱进。创造精神不但是社会发展的动力，而且也是个体幸福生活之源。生活需要不断地创造，只有创造的人生才是有意义的人生、幸福的人生。"构成幸福生活的种种因素只能是一个人所创造的永恒的意义性环境。所有幸福都来自创造性生活，重复性活动只是生存，而生存只是一个自然过程，无所谓幸福还是不幸。诸如爱情、友谊、艺术和真理都是人类最富有创造性的成就，它们都以意义性的方式存在，所以永恒，所以不被消费掉。"[④]创造精神和创造力的发挥，可以使人及其生活世界的发展具有无限的可能性，可以在更高的境界中实现自己的价值理想，生成美好的生活意义。具有创造性的人不时享有自我创造性所带来的成功喜悦的机会。同时，这种创造反过来又促使其积极地对待生活，促使其不断进步，增强自信心，使其更有效地生活。

当今世界已进入信息化社会，信息量不断激增，各种信息如潮涌入，使人

---

① 转引自：瞿葆奎. 1990. 教育学文集·教育制度. 北京：人民教育出版社：580.
② 联合国教科文组织国际教育发展委员会. 1996. 学会生存——教育世界的今天和明天. 华东师范大学比较教育研究所，译. 北京：教育科学出版社：188.
③ 联合国教科文组织总部中文科，译. 1996. 教育——财富蕴藏其中. 北京：教育科学出版社：76.
④ 赵汀阳. 1994. 论可能生活. 北京：生活·读书·新知三联书店：21.

应接不暇；同时，信息本身又良莠不齐，泥沙俱下。如果没有一定的批判精神和良好的判断能力，就会在信息的海洋中迷失方向。在这种情况下，培养人们对信息的判断能力就显得很有必要。《学会生存——教育世界的今天和明天》一书认为，现代人处于一种前所未有的情境中，可方便地获得全部学习资源，这不仅有助于自己解决问题，而且能使自己过更充实的生活，个体应懂得怎样利用这些资源。也就是说，一个信息丰富的社会不一定是一个教育的或学习的社会，除非社会的成员能系统地、有选择地、批判地利用他们所能得到的这些资源。《教育——财富蕴藏其中》一书也指出了培养批判精神的必要性："教育系统承担着重大责任：它应使每个人拥有控制信息大量增加的手段，即有办法本着批判精神，对信息进行筛选，将其分出主次；它还应帮助人们与传媒和信息社会（逐渐变成短暂性和瞬时性的社会）保持一定的距离……教育系统在提供必不可少的融入社会生活的方式的同时，也应为树立适合于信息社会的公民意识奠定基础。"[1]

（三）培养"完人"

终身教育不只是为了提高人们的职业能力和适应职业要求。它的最终目标是培养"完人"。什么是"完人"？保罗·朗格朗解释道："教育的目的是为了适合作为肉体的、智力的、情感的、性别的、社会的以及精神存在的个人的各个方面和各种范围的需要。这些成分中没有一个能够或者应该被孤立，每一个成分都互相依赖。"[2]在保罗·朗格朗看来，"完人"既具有特殊性又具有普遍性，"就其特殊性而言，他感到自己是社会的一员，按照这一要求行动并且分享着一个集体、阶级或国家的感情、传统和生活方式；而就其普遍性而言，能够理解人类在其表达方式的无限多样性中的共同特征，具有同其他人、其他种族和人民的伙伴关系的意识，而且具备一种世界观"[3]。《学会生存——教育世界的今天和明天》从"完人"的反面——"被分裂的人"入手，论述了教育的目的问题。该书认为，目前的社会仍存在有"被分裂的人"的现象。该书在谈到"人

---

① 联合国教科文组织总部中文科，译. 1996. 教育——财富蕴藏其中. 北京：教育科学出版社：52.
② 保罗·朗格让. 1988. 终身教育导论. 滕星，滕复，王箭，译. 北京：华夏出版社：88.
③ 保罗·朗格让. 1988. 终身教育导论. 滕星，滕复，王箭，译. 北京：华夏出版社：88-89.

的分裂"时指出："他在各方面都遇到分裂、紧张和不协调状态……社会分成各个阶级；人与工作的脱离以及工作的零星杂乱；体力劳动与脑力劳动之间人为的对立；意识形态上的危机；人们所信仰的神话的崩溃；身心之间或物质价值与精神价值之间分为两端——人们周围的这些情况看来都在促使一个人的人格产生分裂。"与此同时，"目前教育青年人的方式，对于青年人的训练，人们接收的大量信息——这一切都有助于人格的分裂。为了训练的目的，一个人的理智认识方面已经被分割得支离破碎，而其他的方面不是被遗忘，就是被忽视；不是被还原到一种胚胎状态，就是随它在无政府状态下发展，为了科学研究和专门化的需要，对许多青年人原来应该进行的充分而全面的培养被弄得残缺不全。为从事某种内容分得很细或者某种效率不高的工作而进行的训练，过高地估计了提高技术才能的重要性而损害了其他更有人性的品质"[①]。有鉴于此，《学会生存——教育世界的今天和明天》一书鲜明地提出了培养"完人"的目标，认为教育的基本目的是"把一个人在体力、智力、情绪、伦理各方面的因素综合起来，使他成为一个完善的人"[②]。

二、终身教育的社会目的

（一）实现教育平等

教育平等是人类不断追求的崇高理想。以往人们谈论教育平等问题，一般都聚焦于学校教育，尤其是义务教育阶段。《教育——财富蕴藏其中》一书也无可厚非。因为学校教育，尤其是义务教育是每个现代人所接受的最基本的教育，因此教育的平等首先应当保证学校教育，尤其是义务教育阶段的平等。但是，仅仅做到这一点还远远不够。如果青少年在结束连续的学校教育以后，不能得到各种进一步学习和提高的机会，仍然会在社会生活和职业市场中处于不利的地位。终身教育是贯穿整个人生的教育，它大大延长了人的受教育时间。在这

---

① 联合国教科文组织国际教育发展委员会. 1996. 学会生存——教育世界的今天和明天. 华东师范大学比较教育研究所，译. 北京：教育科学出版社：193-194.

② 联合国教科文组织国际教育发展委员会. 1996. 学会生存——教育世界的今天和明天. 华东师范大学比较教育研究所，译. 北京：教育科学出版社：195.

种情况下，不仅可以在学校教育阶段，而且在人的终身过程中考虑实现教育机会平等。在当今社会，学校以外的教育（如社会教育）和学校以后的教育（如成人教育）早已发展得如火如荼，构成许多人所受教育的非常重要的组成部分。这样一来，教育平等的实现就可以把眼光放得更远一些，而不是局限于学校教育阶段。也就是说，我们可以从一个人一生中全面规划和评价教育平等问题。换句话说，即使由于某种原因，一个人在学校教育阶段所受到的教育是不平等的，但由于终身教育不再局限于青少年时期，以后还有各种机会得到弥补。当然，这种教育平等不会自动地得到实现，它有赖于各级政府和社会各有关部门（尤其是用人单位）拿出切实有效的措施来加以具体落实。正如《教育——财富蕴藏其中》一书所指出的：如果我们认识到教育领域的不平等现象和努力采取有力措施予以纠正，"终身教育就会为那些因种种原因而未能完成全部学业或因学业失败而离开教育系统的人提供新的机会。实际上，只要提高处境不利居民的入学率或加强对过早辍学之青年的非正规教育等，教育机会不均等现象就不会全部地和自动地重新出现"①。

（二）推动社会进步

终身教育是实现社会民主的重要手段和条件。保罗·朗格朗认为，教育把现在的、过去的及未来的一代又一代的人联系起来，向年轻人传播他们的祖先思考过、感受过、创造过的东西，这不仅是为他们自己，而且也具有世界意义。在他看来，终身教育的最终目标是努力建设更美好的生活，而从长远来说，"为寻求更好生活的唯一解决办法，在于社会彻底地贯彻终身教育的原则，并且把教育同社会的进步和成就紧密地联系在一起"②。查尔斯·赫梅尔关于教育对社会的作用说得很中肯："毫无疑问，单单依靠教育是不可能促进发展进程的。但是，同样明显的是，教育是社会发展的基本因素。"③

---

① 联合国教科文组织总部中文科，译. 1996. 教育——财富蕴藏其中. 北京：教育科学出版社：91.
② 保罗·朗格朗. 1988. 终身教育导论. 滕星，滕复，王箭，译. 北京：华夏出版社：18.
③ 查尔斯·赫梅尔. 1983. 今日的教育为了明日的世界——为国际教育局写的研究报告. 王静，赵穗生，译. 北京：中国对外翻译出版公司：124.

（三）促进世界和平

在人类发展的历史上，曾经经历过无数的、大大小小的战争，这些战争给人类带来了不可估量的损失，尤其是 20 世纪上半期所爆发的两次世界大战，更给世界各国人民带来了深重的灾难。历史的教训告诫我们，人类的生存和发展有赖于和平安定的国际环境。要保持和平安定的环境其基本前提是各国人民的相互理解和信任，教育是达到这种相互理解和相互信任的重要途径。联合国教科文组织"组织法"中的名言"战争起源于人之思想，故务须于人之思想中筑起保卫和平之屏障"[①]所表达的正是这个道理。保罗·朗格朗指出，使每个人都热爱和平是任何一种形式的教育的基本目的。他认为，教育应当向人们灌输一种和平精神，在各门课题的教学中要谴责对外国人的侵略心理。在他看来，我们不应"把外国人看作是抽象的实体，看作敌人，而是看作大量的、有着他们自己的悲欢和问题的自决的人类生命的那一切，使我们能够洞悉以不同方式表达人类的共同方面的一切，都有助于唤醒和平的倾向"[②]。

① 查尔斯·赫梅尔.1983. 今日的教育为了明日的世界——为国际教育局写的研究报告. 王静，赵穗生，译. 北京：中国对外翻译出版公司：118.

② 保罗·朗格让.1988. 终身教育导论.滕星，滕复，王箭，译. 北京：华夏出版社：100.

第五章
现代终身教育理论的评价

　　现代终身教育理论自产生以来，人们对它的评价并非完全一致，而是有各种不同的声音。从总体上看，肯定和赞扬的观点占主导地位，但否定和批评的意见也一直存在着。对终身教育理论的评价，不仅关系到终身教育理论本身的未来命运，而且涉及终身教育理论指导下的教育实践的未来走向。

第一节　终身教育理论的基本特征

终身教育理论作为现代教育理论的重要流派，在它的发展过程中具有区别于其他教育流派的独特的特点。概括地说，它的特点主要体现在以下几个方面。①

一、倡导将教育贯穿于整个人生

终身教育理论最主要的特点在于倡导将教育贯穿于整个人生之中。应当说，终身教育的实践并非始自现代，自教育产生之日起就具有终身教育的某些特点。笔者前面引证过瑞士教育家查尔斯·赫梅尔的观点，他说："自从地球上出现了人类，终身教育就存在了。人类成长、思索、饱经沧桑而发展起来，他们获得了知识、经验和实践技能。"②与此同时，终身教育的思想和观念，在古代的东方和西方都已出现过。但是，应当承认，作为一种完整的、理论化的体系并且引起全球性的热烈反应的教育思想和运动，这在历史上还是第一次。

二、关涉教育的各种层次和各个环节

终身教育涉及教育的各种层次和各个环节。终身教育并不局限于教育的某个方面或某个环节和层次，它是教育改革和发展的总的原则或指导思想。教育的目的、内容、方法、手段、时间、空间、制度等，都要贯穿终身教育的精神、都要接受终身教育原则的指导。以往的不少教育流派，往往只是侧重于关注教

---

① 吴杰. 1989. 外国现代主要教育流派. 长春：吉林教育出版社：220-221.
② 查尔斯·赫梅尔. 1983. 今日的教育为了明日的世界——为国际教育局写的研究报告. 王静，赵穗生，译. 北京：中国对外翻译出版公司：22.

育的某个方面或某个层次，而终身教育理论对教育的关注和指导是全方位的。

三、得到国际组织的支持和各国响应

一般的教育理论流派，大多是由学者从理论上探讨或通过实验研究提出并推行的。因此，它们的影响范围和时间都较为有限。而终身教育运动是由以联合国教科文组织为首的众多国际组织，如经济合作与发展组织（以下简称经合组织）、欧洲联盟（以下简称欧盟）、国际劳工组织等直接倡导和推动、各国政府积极响应的全球性的教育运动。

第二节　对终身教育理论的不同意见①

现代终身教育理论自提出至今虽然已 50 余年，但由于问题本身异常复杂，在许多问题上并没有达成共识，甚至还有不少批评意见。全面了解各种不同看法和批评意见，有助于终身教育理论的进一步发展和完善。克罗普利说得好："批评能促进终身教育理论的不断完善。因此，认真对待批判性的评论是终身教育倡导者们应采取的态度。"②"如果我们把批评看成是为了揭示终身教育理论的弱点，弥补其不足，提供有关其主要观点内涵缺陷的反馈信息，我们就可以从这些批评中得到大量有价值的东西。"③

---

① 本部分内容主要参考了吴式颖，任钟印. 2002. 外国教育思想通史（第十卷）. 长沙：湖南教育出版社：440-444；阿瑟·克罗普利. 1990. 终身教育——心理学的分析. 沈金荣，徐云，虞绍荣，译. 北京：职工教育出版社：159-177；克里斯托弗·K. 纳普尔，阿瑟·J. 克罗普利. 2003. 高等教育与终身学习（第三版）. 徐辉，陈晓菲，译. 上海：华东师范大学出版社：171-175.
② 阿瑟·克罗普利. 1990. 终身教育——心理学的分析. 沈金荣，徐云，虞绍荣，译. 北京：职工教育出版社：2.
③ 阿瑟·克罗普利. 1990. 终身教育——心理学的分析. 沈金荣，徐云，虞绍荣，译. 北京：职工教育出版社：159.

一、格拉：终身教育是一把双刃剑

法国学者格拉（A. Gras）认为，终身教育是一把双刃剑。"乐观主义者认为，终身教育给个人提供了总是存在着的再一次机会。但是，对终身教育持有怀疑态度的人则可以大声地反驳：在一个激烈竞争的社会中，终身教育会使竞争加剧……继续不断的进修很可能使狂热地追求生产率的人受益，同时会使技术至上的主张……得以实现……受教育最多的人，将还是学习动机最强、最善于选择收益最高的学习渠道的人。因此，社会各阶层的差别将日益扩大，他们在文化上将出现非同质化，这是推广终身教育而对受教育少的阶级又不采取有步骤的优惠措施所可能产生的结果……不仅学校教育不能保证，即使终身教育本身也不能保证社会公正得以进一步实现。"[①]格拉的上述观点表明，他对终身教育是持保留甚至可以说是怀疑的态度。在他看来，终身教育有可能加剧社会的竞争及社会各阶层的差别。

二、珀切：终身教育是没有确切含义的"弹性概念"

珀切（R. Pucheu，又译为皮休）是法国的另一位学者，他对于终身教育提出了以下问题：终身教育针对什么人？终身教育通过谁来实施？终身教育的课程内容主要是什么？终身教育的目标是什么？怎样实现终身教育的目标？由于对以上问题当时并没有明确的解答，所以他认为终身教育是个没有确切含义的"弹性概念"（elastic concept）。人们对它的使用可以说是随心所欲，需要什么形状就可以拉成什么形状。这说明，珀切对于终身教育也是持消极的态度。他主要是从终身教育实施的角度提出上述问题的。客观地说，他关注的上述问题，在以往的终身教育思想中确实没有十分明确的结论。

三、塔尔特：终身教育是一种乌托邦思想

英国学者塔尔特（M. Tight）在《乌托邦与成人教育》一文中指出，甚至许

---

① 瞿葆奎. 1994. 教育学文集·法国教育改革. 北京：人民教育出版社：221-222.

多发达国家都无法将终身教育真正地付诸实践，更何况经济刚刚起步的发展中国家呢。所以，塔尔特认为，终身教育实际上过去是，如今仍是一种乌托邦思想。对于学习化社会，他同样持怀疑态度。他在《学习化社会的神话》一文中指出，不存在像联合国教科文组织和经合组织所倡导的到处都能获得教育的社会，即使像美国和瑞典这样一些富裕的、试图创造一个学习化社会的国家，仍有众多的人口被排除在受教育的权利之外。因此，他将学习化社会视为"神话"。

四、韦恩：终身教育理论面临困境

美国学者韦恩认为，终身教育理论自提出以来，得到了广泛的传播。但是，他又指出，自 20 世纪 70 年代以来，教育理论工作者对于终身教育问题的关心已不如以前了。他以《国际终身教育杂志》发表的文章为例说明了这个问题。据他统计，在这份关于终身教育的国际性杂志上，有关终身教育的文章较少，而大多是关于成人教育的文章。而这种将终身教育与成人教育等同的做法，不仅对终身教育的发展不利，而且也将有损于成人教育的发展。不过，韦恩又指出，终身教育及学习化社会的提出使成人教育的兴趣扩展到存在于社会环境中的非正式学习中，并且使教育的职责扩展到学校后教育机构之外的社会的所有机构，这一切都极大地丰富了成人教育的思想。因此，在韦恩看来，终身教育理论的发展是很有必要的，但在发展过程中还存在着不少的问题。

五、日本学者对终身教育的批评

日本也有学者对终身教育理论持怀疑或批评态度。他们对终身教育的批判包括两个方面：一是把终身教育论当作由统治阶级通过权力普及的体制性观念，站在这种观念的立场上提出政策。持这种观点的人认为，政府从 1971 年以来相继提出的谋求把学校教育、社会教育、家庭教育有机地综合统一的"终身教育论"，与其说发挥各种教育的独自性，在这个基础上求得有机的联系，还不如说是要贯彻政府的教育政策，作为有效地教化国民的方法，才开展终身教育。二是对于终身教育理论能否真正地与日本国内的实际情况相结合，日本有的学者也表示怀疑。他们指出，如果没有认真地研究终身教育理论与日本的社会、教育之间的联系，就贸然将它引入日本，有可能会出现一些偏差，从而对日本的教育，乃至社会的发展带来不利的影响。当然，随着终身教育思想的进一步传播和有效实施，日本近年来对终身教育的批评逐渐减少。

六、克罗普利对各种批评的综述

克罗普利对以往关于终身教育理论的批判性分析做了一个较全面的综述。在他看来，以往的批判包括以下几个方面。

（一）缺乏新意

批评意见认为，终身教育理论是"新瓶装旧酒"。在批评者看来，把教育和学习看作一个贯穿于人一生的观点绝不是新观点。早在古代的文献中这一基本思想就出现了。另外，教育是培养健全人格要素的观点也不是新观点。"实际上，终身教育最新理论中几乎没有什么全新的成分。"[1]克罗普利对这种批评发表了自己的看法。他说，以往关于终身教育的观点是零散的和不完整的，而现代终身教育理论却对已有的观点加以整理并使之系统化了。他认为，"为了适应现代生活的需要，终身教育理论把许多观点和看法联系起来组成了一个有机的整体，这正是它的独特贡献。由于它把已有的但互不联系的各个部分熔合成了一个新整体，因此也就有了新意"[2]。

（二）缺乏坚实的基础

批评者认为，关于终身教育的不少论述缺乏坚实的基础：①感情用事。在终身教育理论中掺杂有大量与此概念不相一致可称之为不必要的感情成分。许多理论家似乎把"终身教育"用作最起码的赞美之词，只要他们认为教育应该

---

① 阿瑟·克罗普利. 1990. 终身教育——心理学的分析. 沈金荣，徐云，虞绍荣，译. 北京：职工教育出版社：160.
② 阿瑟·克罗普利. 1990. 终身教育——心理学的分析. 沈金荣，徐云，虞绍荣，译. 北京：职工教育出版社：161.

怎样就贴上这个标签，或者只是利用终身教育这一术语为自己认为好的教育思想添加权威性。还有人把终身教育当作"一种包医百病的灵药"。②主要概念不明确。关于终身教育的许多文章论证无力，未能阐明到底什么是"学习"，工作中的学习与生活中的学习有什么联系，学校教育又起着何种作用。这些文章也很少试图系统说明教育、学校教育、学习、个人和社会发展与学校课程之间的关系。③缺乏实验依据。在对终身教育进行分析时，人们很少对实验依据进行仔细分析，以为校内外教育改革所提出的权宜之计实际上会达到预期目的。"人们接受终身教育倡导者的许多看法似乎主要是从表面看有效，或者甚至是共同的想法，而并非以实验依据的分析为基础。同样，即便文献中已提到终身教育实施过程中具体的、能详细说明的目标，但很少论及如何对终身教育的结果进行评估的问题。"①

（三）抽象理论占支配地位

涉及终身学习的文献中占支配地位的是哲学、社会学和政治学的讨论。结果，大量的研讨内容涉及的是诸如具有内在价值的终身教育的重要性，它在建立一个公正人道的社会、改善弱势社会群体的命运、减少社会内部和社会之间社会经济不平等状况方面的重要作用，以及为何它有助于产生民主社会及和平与健康的环境。纳普尔和克罗普利认为，从实践的观点看，有关终身学习的陈述在很大程度上局限于赞美之词，而未能够对在现实情景中究竟如何实现相关的终身学习的理想做出描绘。"虽然理论性陈述的确存在，但它们没有能够以一种不仅听起来合理而且具有科学检验性的方式，提供一个能够确定学习需求、明确教育要求或预测参与者行为的理论框架。"②

（四）无济于解决问题

对终身教育的另一种批评是认为终身教育理论忽视了在着手进行教育改革时需要考虑的实际问题。批评者认为，终身教育没有触及实际问题的要害，它仅仅是提供一种新形式的补偿教育而没有对有碍自学、均等机会等社会情况做

---

① 阿瑟·克罗普利. 1990. 终身教育——心理学的分析. 沈金荣，徐云，虞绍荣，译. 北京：职工教育出版社：163.

② 克里斯托弗·K. 纳普尔，阿瑟·J. 克罗普利. 2003. 高等教育与终身学习（第三版）. 徐辉，陈晓菲，译. 上海：华东师范大学出版社：174.

出分析，以清除这些不利因素。所以，在他们看来，"终身教育就其本质而言，只是一种使人适应一个残忍的和剥削社会的更高明的手段"①。另外，终身教育也涉及两个经济问题。其中之一是如何支付的问题。他们认为，建立一个完整的终身教育体系必将需要额外开支，但在一些国家，尤其是亚、非、拉一些不发达国家还难以得到足够的经费建立传统的基础教育体系。因而，增加费用简直不可思议。在不富裕国家的发展计划中，终身教育应在优先考虑的事项中占据什么位置，这是终身教育倡导者未能充分考虑的第二个经济问题。实施终身教育后的效益可能主要体现在社会方面或精神方面，而不是金钱或物质方面。而在许多国家，社会计划者主要注重食品生产和发展赖以生存的经济，而不注重精神成果。在这种情况下，要求把钱花费在追求像自我完善这样的目标上似乎荒唐。于是就产生了应如何进行费用效益分析的问题。假如终身教育能产生经济效益，那么就需要进行这方面的研究，但当前大多数文章忽略了这类问题。

（五）终身学员与永久性依附

一些作者，尤其是那些提倡非学校化的人（如伊万·伊里奇）认为年轻人的受教育经历已经太官僚主义化和过分组织化了。在他们看来，终身教育将意味着对教育实行集中的、无所不包的统一计划和控制，甚至对个人的发展也是这样。有可能出现这种情况，即终身学习者总是被斥为知识不完善。批评者指出，在一个终身教育的社会，那些不继续学习的人很快会被淘汰。于是仅仅为了避免落后，人人都必须发狂似的从事没完没了的学习。结果害怕知识不完备就变成了学习的主要动机，最终导致人们永久地依附于教育体系，有的学者比喻，这是判人们"终身"入学。"实施终身教育似乎有可能把整个社会不是变成一个大工厂就是将其变成一个永恒的学校。这样，我们就必然会面临这样一个尖锐问题，即终身教育是起束缚人的作用还是解放人的作用。"②不过，克罗普利对终身教育做出了积极的评价。他认为，终身教育的倡导者强调的是自我导向学习、自我评价、自我完善，提高生活质量等。这表明终身教育的主要原则

---

① 阿瑟·克罗普利.1990. 终身教育——心理学的分析. 沈金荣，徐云，虞绍荣，译. 北京：职工教育出版社：164.

② 阿瑟·克罗普利.1990. 终身教育——心理学的分析. 沈金荣，徐云，虞绍荣，译. 北京：职工教育出版社：169.

趋于倡导独立自主和不同的社会体验，而不是倾向于把人限制在一个一成不变的社会经济体中。他特别指出，不能简单地把终身教育看作使人们更具有生产能力，从而成为更好的雇员的一种手段，终身教育更关心的是文化体验、个人发展和使人们获得自由。

（六）理想主义

在克罗普利看来，终身教育的理想主义体现在三个方面：①对人性过分乐观的估计。一些作者认为，根据终身教育建立的教育制度将没有考试、课堂测验，或任何类型的评估。他们声称学习动机来自那种所有人生来具有的对知识的自然渴求。②否定终身教育对就业的作用。有些人认为，就业准备作为一种教育目标将不复存在或变得次要了。相反，自我完善将成为人们受教育的主要目的。在学习不为谋求就业的情况下，为学习而学习将成为一条准则。从事学习将不是为了从中得到任何利益而是为了在参加学习的过程中得到创造的乐趣。③夸大终身教育的作用。在一些人看来，只要实施了终身教育，所有不平等，学习动机不强，疏远学校、学习及其他许多问题都将迎刃而解。此外，还有一些人倾向于把一切从教育的观点来看是好的东西都说成是终身教育的优点。克罗普利主张不受任何倡导者的夸张之词的影响而对终身教育做出恰如其分的评价。

以上所述说明，人们对于终身教育理论及其指导下的终身教育实践，有一些不同的看法和意见。出现这种现象并不足为怪。原因在于，任何一种理论都有一个逐步成熟和完善的过程，由于理论本身存在的不完善性，人们对它产生怀疑和批评，这是很正常的。同时，人们对一种新的理论也有一个认识逐步深化和心理逐步接纳的过程。终身教育理论也不例外，终身教育理论还需要进一步发展和完善，人们对终身教育理论的认识也有待深化。当然，人们对终身教育的批评，还有其他的原因。这正如有的学者所分析的：这与早年人们对终身教育的期望过高，将之视为解决教育问题，甚至是社会问题的幻想不无关系。同时，也与近年来实施终身教育过程中遇到诸多困难密切相关。因此，一方面，我们不能超越现实条件对终身教育提出不切实际的要求，不能将终身教育思想神化。我们应该认识到，终身教育思想不会带来教育领域的突发式革命，不会成为包治百病的万灵妙药；另一方面，我们也决不能因为终身教育思想在现有历史条件下不能得到充分实施而否定它，因为终身教育思想的全面实施必然要以成熟的、完善的主客观条件为基础。[①]

第三节　终身教育理论的影响

终身教育作为当代重要的教育思潮，不仅从理论上冲破了传统教育的桎梏，提出了令人耳目一新的教育理念，而且在世界范围内掀起了教育改革的高潮。

一、终身教育理论对教育研究的影响

终身教育的倡导者在系统考察当代社会变革对人类生存的挑战及人类迎接挑战的需要，并在充分吸取现代教育学、心理学、社会学、人类学、生理学等众多学科最新研究成果的基础上，提出了独到而完整的终身教育理论体系，这是人类教育理论发展历史上具有深远意义的重大变革。正如我国学者所指出的："终身教育是现行教育的超越和升华——终身教育绝非心血来潮的时髦名词，亦绝非对传统教育形式的替代或叠加，更不是一时所需的权宜之计，而是高屋建瓴，饱含可持续发展意识，旨在超越百年传统学校教育之'凡'，脱落现行教育及其各种形式之间壁垒森严之'俗'，实现教育彻底变革以及勾画其未来前景的一种创新思维和系统思考。"[②]

终身教育理论是对教育的全新认识和全新理解。它冲破了旧的传统教育的定义，扩大了人们对教育研究的视野。虽然以往人们也把教育划分为广义和狭义两个层次，但是在探讨教育问题的过程中总是自觉或不自觉地把研究的中心放在学校教育上。"当人们谈起教育问题时，头脑中总是在考虑那四周围墙的校园，整齐划一的教室，按部就班的课堂教学和天真幼稚的儿童们。"[③]显然，这是一种

---

① 吴式颖，任钟印.2002. 外国教育思想通史（第十卷）. 长沙：湖南教育出版社：444-445.
② 高志敏.2003. 关于终身教育、终身学习与学习化社会理念的思考. 教育研究，（1）：79-85.
③ 乔冰，张德祥.1992. 终身教育论. 沈阳：辽宁教育出版社：35.

狭隘的教育观念。它把教育局限于学校之内和青少年之时，束缚了教育理论研究的视野。在这种教育观念指导下的教育理论研究，它关注的只是教育的部分领域（即学校）和教育的某些阶段（青少年时期），缺乏系统性和全局性。在变化缓慢的传统社会里，这种教育观念也许问题不大，但在当今快速变革的现代社会则日显落伍。一句话，传统教育理论对教育的解释力太弱，远远不能适应当代教育改革与发展的需要。终身教育理论则不然，它之所以能成为当代统领全局的教育根本指导思想，原因在于它不再将教育局限于社会的某个领域和人生的某个阶段。在它看来，教育是一个纵横交错、相互衔接，并贯穿于整个人生的活动。这样一来，就最大限度地丰富和拓展了"教育"这一概念的内涵和外延，实现了对传统的教育观念的根本性超越。"这一超越开拓了人们的研究视野，使人们认识到当代教育改革是一项全人类的系统工程，必须自觉地把自己对某一具体教育问题或领域中的研究置于这一大的系统中去思考，才能得出与之相适应的有益的成果。"[①]

此外，由于终身教育大大扩展了教育的时间和空间，因而当代教育理论研究除了继续关注学校教育以外，已把视角伸向众多其他领域，如学前教育、成人教育、老年教育、家庭教育、社会教育（社区教育）、网络教育、企业教育、自我教育等，使这些领域的研究成果不断涌现和日益丰富。

二、终身教育理论对教育实践的影响

终身教育理论不仅对当代教育理论研究具有积极的启示意义，同时对当代教育实践也具有重要的作用。从当代各国教育的实践来看，毫无疑问，终身教育已经成为当代教育改革的基本原则和当代教育发展的根本指导思想。

（一）打破了学校对教育的垄断，促进了非正规教育和非正式教育的发展

终身教育理论要求在改造现有学校教育的同时，把其他各种教育（如家庭教育、社会教育、学前教育、成人教育、老年教育、自学教育等）有机地统一起来。终身教育理论认为，在当代庞大的教育系统中，各个层次和各种类型的

---

① 乔冰，张德祥. 1992. 终身教育论. 沈阳：辽宁教育出版社：36.

正规教育、非正规教育和非正式教育，对于当代人类应付各种纷繁复杂的挑战都具有不可或缺的作用。它把学校教育以外的一切教育因素都包容到教育概念之中，目的在于尽最大可能地弥补学校教育在当代社会发展中日益暴露出来的局限和不足，为人们提供更多的学习的机会，增强人们应付挑战的能力。库姆斯指出："由于高昂的费用……普及正规的义务教育，对于满足一个发展中社会的多种学习需求，未必就是最有效的途径。而且，非正规教育的人均费用，一般会低于正规的学校教育，这也是显而易见的。即使普及初等教育，进而普及中等教育，可算是某种理想，但许多国家也表现出它们可用于教育的经费在国民生产总值的比例正达到最高限度。对这些国家来说，这一理想是不可能实现的。另一方面，一旦认识到极有价值的教育活动可能出现在正规的学校制度之外，就得考虑重新分配资源的方式，以便通过另一种手段进一步扩大教育机会。"[①]正是在终身教育理论的影响下，当代各国的各种非正规教育和非正式教育得到了长足的发展。

（二）推动了学校教育的改革

从全面的观点看，终身教育不仅扩大了教育的范围和延长了教育的时间，而且要求对传统的学校教育进行全面的改革。众所周知，终身教育的提出，其中一个重要原因是传统的学校教育存在着许多弊端。因此，终身教育理论成为整个教育改革的重要指导思想，当然也是当代学校教育改革的基本原则。"在这一原则的影响下，人们把学校的培养目标从单纯地传授知识转变到培养适应社会变革的各种能力，尤其是学习能力上。"[②]当代学校教育努力追求的目标正是要教会人们如何学习，为将来的进一步继续学习打下良好的基础。托斯顿·胡森和波斯尔思韦特主编的《国际教育百科全书》在谈到终身教育影响下学校教育的改革问题时，也曾深刻地揭示道："学校的作用要完全地改变。基础教育应该成为一种序曲，而不是基本上是一个获得知识的过程。它应该使未来的成人掌握自我表达和与别人交流的方法，而不是提供各种不同学科的课程。主要强调的应该是掌握语言、发展注意和观察的能力、知道怎样和在哪里可以获得信

---

① 转引自瞿葆奎. 1990. 教育学文集·教育制度. 北京：人民教育出版社：481.
② 乔冰，张德祥. 1992. 终身教育论. 沈阳：辽宁教育出版社：42.

息、与其他人合作工作的能力。"①

同时，在终身教育思潮的影响下，当代学校已不是传统意义上的自我封闭的教育机构，而是更多地向社会开放，为成人提供各种受教育的机会。此外，一些新型的学校机构不断涌现和快速发展，如开放大学、函授大学、广播电视大学、网络学院等。

（三）有利于人的个性的发展

众所周知，每个人都有自己区别于他人的独特的个性。"每一个学习者的确是一个非常具体的人。他有他自己的历史，这个历史是不能和任何别人的历史混淆的。他有他自己的个性，这种个性随着年龄的增长而越来越被一个由许多因素组成的复合体所决定。这个复合体是由生物的、生理的、地理的、社会的、经济的、文化的和职业的因素所组成的，而这些方面对于每一个人来说，都是各不相同的。当我们决定教育的最终目的、内容和方法时，我们又如何能够不考虑这一点呢？"②但是，事实上，传统的教育很难顾及人的个性的发展。托斯顿·胡森和波斯尔思韦特主编的《国际教育百科全书》对此分析道："目前的教育不考虑人的个性的基本因素。在当前的体制下，也没有时间来考虑这一点。学校教育只在一个固定年龄段进行，又在一个特定年龄段结束，而根本没有考虑这样一个事实，即具有相同智力和能力的个人，他们的进展节奏是不同的，例如有些人可能在 20 岁就成熟了，而有些人却要到 30 岁或者甚至更晚才能达到这个成熟阶段。"在该书看来，考试和评价在使人失去个性的过程中也起了重要的作用。"在学校，评价标准不是带有个性的，不具有他（她）的生物的、心理的、社会的、历史的和地理的特点，而只管他（她）是好学生还是坏学生，这种评价是非常肤浅的，它忽视了每天的现实和个性发展的规律。"③而终身教育则不同，它将教育贯穿于整个人的一生，从而为每个人提供更宽广的发展范

---

① 托斯顿·胡森，波斯尔思韦特. 1990. 国际教育百科全书（第 5 卷）. 中央教育科学研究所比较教育研究室，编译. 贵阳：贵州教育出版社：729.

② 联合国教科文组织国际教育发展委员会. 1996. 学会生存——教育世界的今天和明天. 华东师范大学比较教育研究所，译. 北京：教育科学出版社：195-196.

③ 托斯顿·胡森，波斯尔思韦特. 1990. 国际教育百科全书（第 5 卷）. 中央教育科学研究所比较教育研究室，编译. 贵阳：贵州教育出版社：730.

围和更多的发展机会，同时还由于它的内容和形式的多种多样，因而能适合人们更多的不同的需要。

（四）有助于改变传统的学习成败观

在传统的教育体制下，学生被分为两类：一类是成功者，另一类则是失败者。有时候，一次关键性的考试失败，很可能意味着他终身都丧失成功的机会。正所谓"一失足成千古恨"。而在终身教育理论看来，失败和成功都只具有相对的意义。"如果有合适的教育结构，人们参加了继续教育的过程，不断地学习新的东西，那么失败就只不过是相对的。如果他们在一次特有的冒险行动中没有得到成功，许多其它的机会还是对他们开放着的，他们还可以在那些机会中试试自己的能力。他们没有成为失败者，他们只不过在自己的生活中有过一次失败。同样地，成功也是相对的，仅仅在一系列事业的一桩中有所成就未必一定能证明获得了成功。"①

从以上所述可以清楚地看出，终身教育思想无论是对现代教育理论还是教育实践都产生了重要的影响。我们完全有理由相信，随着时代的不断发展，终身教育理论的影响还会进一步扩大，终身教育的理念必将进一步深入人心，并将日益显示其旺盛而强大的生命力。

---

① 托斯顿·胡森，波斯尔思韦特.1990. 国际教育百科全书（第5卷）. 中央教育科学研究所比较教育研究室，编译. 贵阳:贵州教育出版社：　729-730.

下　篇
终身教育的实践

本篇将要探讨的是终身教育的实践问题。终身教育的实践大致可以分为广义和狭义两种含义。广义的终身教育实践具有非常漫长的历史，甚至可以说自从有了教育，也就有了终身教育。正是在这个意义上，瑞士教育家查尔斯·赫梅尔说道："自从地球上出现了人类，终身教育就存在了。人类成长、思索、饱经沧桑而发展起来，他们获得了知识、经验和实践技能。"①而狭义的终身教育实践，即在现代终身教育理论指导下的终身教育实践，迄今才半个多世纪。

现代终身教育的实践时间虽然不是很长，但却取得了举世公认的成就。在现代终身教育实践的发展过程中，许多国际组织（如联合国教科文组织、经合组织、欧盟、国际劳工组织等）发挥了重要的作用。正是考虑到这个原因，所以本篇首先花了较多的篇幅阐述了上述国际组织对终身教育的关注和推动。终身教育的实践需要政策与法规的支持，这是各国实施终身教育的共同经验。本篇简要分析了美国、英国、法国、德国、日本、韩国和中国对终身教育的政策和法规支持。成人教育是终身教育的重要组成部分，也是各国实施终身教育的重点领域，了解当今世界各国发展成人教育的经验，对于推动成人教育的进一步发展具有十分重要的意义。本篇主要论述了美国、英国、法国、德国、日本、韩国和中国实施成人教育的基本情况。扫盲教育也是终身教育的组成部分之一，同时也是当今世界，尤其是发展中国家实施终身教育的重要领域。了解世界扫盲运动的历史，总结各国扫盲教育的经验，可以给扫盲教育的健康发展提供重要的参考和启示。有鉴于此，本篇在分析文盲和扫盲内涵的基础上，回顾了世界扫盲运动的发展历史和扫盲运动取得的进展及存在的问题，阐述了印度、泰国、巴西、坦桑尼亚、中国扫盲教育的基本情况。

---

① 查尔斯·赫梅尔. 1983. 今日的教育为了明日的世界——为国际教育局写的研究报告. 王静，赵穗生，译. 北京：中国对外翻译出版公司：22.

第六章
国际组织与终身教育

在终身教育的发展过程中，不少国际组织都发挥了重要的作用。联合国教科文组织、经合组织、欧盟、国际劳工组织等国际组织，对促使终身教育在世界的广泛开展付出了许多努力，它们成为推动终身教育发展的重要力量。

第一节　联合国教科文组织与终身教育

一、联合国教科文组织简介

联合国教科文组织是"联合国教育、科学及文化组织"的简称。1945 年 11 月在英国伦敦会议上通过了联合国教科文组织的组织法,1946 年 11 月 4 日正式生效, 当时已有 20 个国家交存了接受书。同年 12 月成为联合国专门机构。截至 2020 年 2 月 3 日, 联合国教科文组织有 193 个成员, 另有 11 个准成员, 共计 204 个。总部设在法国的巴黎。

联合国教科文组织旨在通过教育、科学和文化促进各国合作,对世界和平和安全做出贡献。

联合国教科文组织的主要机构有大会、执行局和秘书处。①大会。大会是联合国教科文组织的最高权力机构, 由全体成员代表组成, 一般每两年举行一次, 负责制定政策和计划, 通过预算, 选举执行局委员, 任命总干事, 向成员提出有关教育、科学、文化的建议。总干事为行政首脑, 一般任期为 6 年(可连选连任)。②执行局。执行局是一个行政机构, 为召开大会做准备, 并负责大会决议的有效实施。一般每年至少开会两次。③秘书处。秘书处是日常工作机构, 由总干事主持工作, 分教育、社会科学、自然科学、文化和交流等部门, 分别实施有关领域的计划, 各部门由一名助理总干事领导。

联合国教科文组织在亚太地区、非洲、拉丁美洲和加勒比海地区设有地区办事处。亚洲及太平洋地区教育办事处设在泰国曼谷。成员一般都设立联合国教科文组织全国委员会, 许多成员还设教科文组织代表团常驻巴黎。中国是联合国教科文组织创始国之一, 1971 年恢复合法地位, 1972 年恢复在该组织的活动。1979 年 2 月, 中国联合国教科文组织全国委员会正式成立。中国自 1972 年恢复在该组织的活动, 首次出席大会即当选为执行局委员, 此后一直连任。

联合国教科文组织的宗旨是通过教育、科学及文化促进各国之间合作，对和平与安全做出贡献，以增进对正义、法治及联合国宪章所确认之世界人民不分种族、性别、语言或宗教均享有人权与基本自由之普遍尊重。联合国教科文组织章程明确地阐述了指导国际教育合作的原则。缔约各国都相信所有的人都应享有完全均等的受教育的机会，都应有不受任何限制追求客观真理，并且自由交流思想和知识的权利。

联合国教科文组织的主要职能是研究、培训人员，提供咨询和情报，促进知识的发展和传播。教育方面的活动包括幼儿教育、普通教育、高等教育、成人扫盲和继续教育，以及课程内容、教学方法、教育规划、教育管理等。自然科学方面有生物圈计划、国际水文学计划和国际地质对比计划等。文化方面有传播文化，保护书籍、艺术品和文化古迹等世界遗产计划。

联合国教科文组织设有下列教育机构：①国际教育局，设在瑞士日内瓦；②国际教育规划研究所，设在法国巴黎；③联合国教科文组织教育研究所，设在德国汉堡；④欧洲高等教育中心，设在罗马尼亚布加勒斯特；⑤联合国大学，设在日本东京。

联合国教科文组织的主要出版物有：①《教科文组织信使》（季刊），以阿拉伯文、中文、英文、法文、俄文、西班牙文、葡萄牙语、世界语和撒丁岛语为世界各地的读者提供服务；②《教育展望》（季刊），提供英文、法文、俄文、西班牙文、阿拉伯文、中文版；③《科学与社会的影响》（季刊），提供英文、法文、俄文、西班牙文、阿拉伯文版；④《自然与资源》（季刊），提供英文、法文、西班牙版；⑤《国际社会科学杂志》（季刊），提供英文、法文、俄文、西班牙文、阿拉伯文、中文版；⑥《版权公报》（季刊），提供英文、法文、俄文、西班牙文、中文版；⑦《博物馆》（季刊），提供英文、法文、西班牙文、中文版。

二、联合国教科文组织对终身教育的推动

联合国教科文组织在终身教育的发展历程中曾经发挥，并将继续发挥重要的推动作用。如果说保罗·朗格朗是终身教育理论的奠基者的话，那么联合国教科文组织则是将该理论进一步完善并在世界范围内付诸实践的最主要的推

动者。"终身教育作为一种教育思潮起源于 20 世纪 60 年代的欧洲，联合国教科文组织三十余年来始终不渝地发展、宣传、推广这一教育思想。终身教育从简单的概念发展为成熟、系统、全面的理论阐述并在世界范围内得到广泛重视并以各种形式付诸实践，是联合国教科文组织对人类教育宝库最卓越的贡献之一。"①

1965 年 7 月 12 日，由联合国教科文组织和国际教育局召集在日内瓦召开了国际公共教育大会第二十八届会议，于 7 月 20 日通过了《扫盲和成人教育建议》。该建议认为，扫盲和成人教育既是社会在经济、政治和文化诸方面进步的基本因素，也是个体在社会、经济、政治和文化诸方面进步的基本因素之一。同时，还可以增进代际的相互理解和提高父母对其子女的教育影响。该建议指出，在所有国家，成人继续教育符合当今这个以历史变化渐增、技术迅速发展和进步为特点的时代的要求，符合人们对公正的渴望和要求，并能满足经济和社会发展对受过教育的合格工人及领导的数量不断递增的迫切需要。②该建议呼吁发展继续教育体系，使成人教育日渐在每个国家的总体教育规划和国家发展规划中占有越来越重要的地位。③

1970 年是终身教育发展历史上的重要一年。1968 年，联合国教科文组织第十五届大会决定将 1970 年定为"国际教育年"，并确定了 12 项重大目标，其中之一就是终身教育。这次大会的决议指出，不管是完成了工业化的社会，还是发展中地区，在对待教育问题时，要把各种教育制度、各种形态的校外教育，甚至连使文化发展的所有政策都包括在内的终身教育观点作为基础，并要求成员根据这个观念着手教育改革。联合国教科文组织还在这一年出版了保罗·朗格朗的《终身教育导论》。在该年召开的联合国教科文组织全体会议上采纳了终身教育的概念，并用它来解释整个教育过程；会议还将终身教育思想介绍给各成员，作为各国进行教育改革的总的指导方针。1970 年教科文组织在着手的 49 项教育工程中，都跟终身教育有关。对国际教育年成果的评价表明，终身教育已经成为这一年教科文组织成员执行的各项题目中的主题之一。

1972 年对终身教育来说又是一个重要的年份。国际教育发展委员会在这一

---

① 周满生. 2003. 世界教育发展的基本特点和规律. 北京：人民教育出版社：26.
② 赵中建. 1999. 全球教育发展的历史轨迹：国际教育大会 60 年建议书. 北京：教育科学出版社：293.
③ 赵中建. 1999. 全球教育发展的历史轨迹：国际教育大会 60 年建议书. 北京：教育科学出版社：301.

年发表的《学会生存——教育世界的今天和明天》建议将终身教育作为各国今后若干年内制定教育政策的主导思想。这个报告更加深入地阐述了终身教育的原则、内容、方法和意义，对世界各国的政府、教师、研究人员和行政官员都产生了重要的影响。值得指出的是，该报告首次将终身教育和学习化社会并提，显示其远见卓识。报告是这样说的："国际教育发展委员会特别强调两个基本观念：终身教育和学习化的社会。由于在校学习已不能再构成一个明确的'整体'，而且也不能在一个学生开始走向成人生活之前（不管这时候他的智力发展水平如何以及他的年龄多大），先让他接受这种学校教育，因此教育体系必须全部重新加以考虑，而且我们对于这种教育体系所抱有的见解本身也必须重新加以评议……如果学习包括一个人的整个一生（既指它的时间长度，也指它的各个方面），而且也包括全部的社会（既包括它的教育资源，也包括它的社会的和经济的资源），那末我们除了对'教育体系'进行必要的检修以外，还要继续前进，达到一个学习化社会的境界。"①

1975 年，联合国教科文组织分别召开了"从终身教育的观点看教师以外的人员对教育活动的贡献"讨论会和"从终身教育看教育内容"专家会议。

联合国教科文组织教育研究所承担了终身教育概念的基础研究及以终身教育为前提对校内、校外教育创新的具体范例的研究。"这些研究强调了在社会经济、技术和文化及个人生活不断发生着迅速的、前所未有的变化的情况下，开展终身教育的必要性和重要性。终身教育被视为包含了正规教育、非正规教育和日常教育，并贯穿个人一生的教育的综合概念，其目的在于使人获得个人、社会，以及职业生活中最充分的发展。它还试图从总体性出发来看待教育，这包括人们为了获取知识和增长知识，在家庭、学校、社区、工厂以及通过大众传播媒介或在其他场合和机构接受教育。"②1975 年，联合国教科文组织教育研究所主任戴夫将终身教育的内涵概括为 20 条，对终身教育的概念、性质、组成部分、基本特征、教育形式和方法以及实施条件等一系列问题做了阐述，使这

---

① 联合国教科文组织国际教育发展委员会.1996. 学会生存——教育世界的今天和明天. 华东师范大学比较教育研究所，译. 北京：教育科学出版社：16.

② 托斯顿·胡森，波斯尔思韦特.1990. 国际教育百科全书（第 9 卷）. 中央教育科学研究所比较教育研究室，编译. 贵阳：贵州教育出版社：380.

个理论更加系统化。这20条的具体内容是①：

1. "终身教育"这个概念是以"生活"、"终身"、"教育"三个基本术语为基础的。这些术语的含义和对它们的解释基本上决定了终身教育的范围和含义。

2. 教育并非在正规学校教育结束时便告结束，它是一个终身的过程。

3. 终身教育不限于成人教育，它包括所有阶段的教育（学前、初等、中等及其他教育阶段）。

4. 终身教育既包括正规教育，也包括非正规教育。

5. 家庭在终身教育过程的初期起着决定性的作用。

6. 社会在终身教育体系中也起着重要作用，这种作用从儿童与之接触时就开始了。

7. 中小学、大学和培训中心之类的教育机构固然是重要的，但它们不过是终身教育机构的一种。它们不再享有教育的垄断权，也不再能够脱离其他社会教育机构而独立存在。

8. 终身教育从纵的方面寻求教育的连续性和一贯性。

9. 终身教育从横的方面寻求教育的整合。

10. 终身教育与英才教育相反，它具有普遍性，主张教育的民主化。

11. 终身教育的特征是：在学习的内容、手段、技术和时间方面，既有灵活性又有多样性。

12. 终身教育对教育进行深入探讨，它促使人们能够适应新的变化，自行变更学习内容和学习技术。

13. 终身教育为受教育者提供各种可供选择的教育方式和方法。

14. 终身教育有两个领域，即普通教育与专业教育。这两者不是孤立的，而是互相联系、互相作用的。

15. 终身教育有助于提高个人或社会的适应能力和革新能力。

16. 终身教育发挥矫正的效能，克服现行教育制度的缺点。

17. 终身教育的最终目标是维持、改善生活的质量。

① 吴式颖，任钟印. 2002. 外国教育思想通史（第十卷）. 长沙：湖南教育出版社：430-431.

18. 实施终身教育的三个主要的前提条件是：提供适当的机会、增进学习动机、提高学习能力。

19. 终身教育是把所有教育加以组织化的一种原则。

20. 在付诸实施方面，终身教育提供一切教育的全部的体系。

1977 年又召开了"使终身教育成为大学正规活动的一部分"的专家委员会会议。

1983 年在德国汉堡又一次举行了"国际终身教育会议"，深入研究了终身教育的有关问题，把终身教育的讨论推向了高潮。

1989 年，联合国教科文组织在北京召开了"面向 21 世纪教育国际研讨会"。大会指出，为了迎接新世纪的挑战，要使社会更多地参与教育和教育更多地参与社会，使学习成为一个终身的过程。大会报告的总标题是"学会关心——21 世纪的教育"。这是对 20 世纪 70 年代"学会生存""学会学习"的补充与发展。终身教育又被赋予"关心"的新内涵。

1994 年 11 月，在联合国教科文组织等的支持下，欧洲终身学习促进会等组织在意大利举行了"首届世界终身学习会议"。参加会议的有 50 个国家和地区的 470 名代表。会议就终身学习的定义及其重要性，它对教育、政府和社会的影响，以及各方面对此应采取的对策等进行了热烈的讨论，提出了面向 21 世纪的终身学习行动议程，并筹建了世界终身学习促进会。

1996 年，联合国教科文组织成立的以"思考 21 世纪的教育与学习"为主要任务的"21 世纪教育委员会"在题为《教育——财富蕴藏其中》的报告中，提出要"把终身教育放在社会的中心位置上"，强调终身教育"是进入 21 世纪的一把钥匙"。[①]该报告除再次重申"学会生存"的口号外，还增加了"学会认知""学会做事""学会共处"等新内容。

前面已提到过，为了推动成人学习的开展，联合国教科文组织分别于 1949 年、1960 年、1972 年、1985 年和 1997 年举办了五届国际成人教育大会。

1998 年 10 月 5～9 日，联合国教科文组织在其总部法国巴黎召开了首次世界高等教育大会。大会通过的《世界高等教育宣言》提出，高等教育要为人们

---

① 联合国教科文组织总部中文科，译.1996.教育——财富蕴藏其中.北京：教育科学出版社：8.

提供更多的学习机会，为终身教育做出更大的贡献。

1999 年 4 月 26～30 日，联合国教科文组织在韩国汉城召开了第一届国际职业技术教育大会，其主题是"终身学习与培训：通向未来的桥梁"。这次大会讨论和通过的各种文件都反复强调技术和职业教育是终身教育体系中的一个内在组成部分。大会决议认为，由于技术的高度发展，势必要出现这样一种趋势，即无论各国的发展状况如何，一个全民继续学习的模式将取代那种有选择的、占主导地位的并集中在较为有限的一段学习时间的学习模式。学习是一种训练，一种终身培训。全部挑战在于将以下思想变成现实：继续培训的思想，以及对个人进行终身培训的思想，使他们掌握对自己的知识提出质疑的能力。学校不再是获取知识的唯一场所，入学学习阶段也不再是唯一的培训时期。大会提议各国要改进提供终身教育和培训的系统，制定灵活的接受终身职业技术教育的政策，建立教育和培训衔接的体系。大会颁发的工作文件指出：绝大多数职业技术教育的毕业生期待在工作场所接受进一步培训或在公私立机构接受进一步培训，教学计划的管理和课程应允许有终生进出的机会。希望通过再培训获取新技能的技术职业教育毕业生需要终身学习的机会。为了促进这些机会的实现，提出的建议包括设计单元形式的课程；引进以能力为基础的评价；使用自定步骤的学习来适应个人的需求；认可培训人获取的经历、知识和能力，等等。[①]会议还强调作为终身教育组成部分的新的职业技术教育体系应具有以下新特点：以学习者的需求为动力，以提高就业与职业能力为目标，以学习者的自我学习为主导，以连续性和经常性的学习、培训为特征，教育与培训相结合，寻求多种技能的发展等。[②]

联合国教科文组织在 1999 年 11 月召开的第三十次全体大会中，决定在 2000 年 9 月举办国际成人学习周的活动。国际成人学习周的目的在于联结各国的成人学习周活动，促进各国交流与经验分享并从中学习他国成功的经验，以增进国际成人学习。据此，联合国教科文组织于 2000 年 9 月 6～8 日，在德国汉诺威的世界博览会中以"建立学习社会：知识、信息与人力发展"（Building learning society: knowledge, information and human development）为题进行全球对话，开

---

① 国家教育发展研究中心. 2000. 2000 年中国教育绿皮书. 北京：教育科学出版社：151-152.
② 周满生. 2003. 世界教育发展的基本特点和规律. 北京：人民教育出版社：218.

启了国际成人学习周的序幕，这是人类史上的第一个国际性的成人学习周。此次的国际成人学习周的全球对话活动，由联合国教科文组织教育研究所、联合国教科文组织德国委员会、世界银行及德国国际发展基金会共同策划举办。这次的全球对话旨在探讨如何通过新的理念与途径发展学习化社会，主要内容围绕日显重要的学习、信息与知识在人类永续发展与克服贫穷中的作用。而在国际识字日当天的全球对话更以"全球学习文化：如何促进个人、社区与社会充分扩展学习潜能？"为议题，进行公共讨论，正式迎接第一个国际成人学习周的来临。成人学习周在某些国家或被称为学习节、终身学习节、终身学习周、成人教育周或继续教育周，名词的使用虽存在差异，但实质内涵与意义则是一致的，旨在致力于发展成人教育，实现全民终身学习的理想。

联合国教科文组织在 2000～2001 年计划与预算草案中把"全民终身教育"（lifelong education for all）作为核心活动内容之一，并且提出，"重点将放在现代信息与知识社会的挑战、'无边界学习'概念和开放式学习体系上"[①]。

联合国教科文组织于 2000 年发表了专门探讨终身教育的重要文献《世界教育报告·2000——教育的权利：走向全民终身教育》。报告认为，由于政治、经济、社会和文化等大气候的有利影响，当前终身教育思想已受到前所未有的重视，其中一个重要表现就是"无论是目前已能广泛提供受教育和学习机会国家，还是目前仍在努力争取消除文盲和使所有的儿童都能上小学的国家，都把'终身教育'和'终身学习'作为教育政策的指导原则"，"'终身教育'和'终身学习'二者以不同的方式表达了当今社会对教育所寄托的期望，也表达了社会对每个人在发展自身潜力中应得到的机会的期望"[②]。

2015 年，在巴黎举行的第三十八次联合国教科文组织大会通过了《教育 2030 行动框架》，启动了未来 15 年世界教育的发展议程。"教育 2030"的总体目标为确保全纳、公平的优质教育，使人人可以获得终身学习的机会。关于"保障终身受教育权"，该文件提出：全民全纳教育应该得到基本的保障，应该通

---

① 转引自国家教育发展研究中心. 2001. 2001 年中国教育绿皮书——中国教育政策年度分析报告. 北京：教育科学出版社：168.

② 联合国教科文组织. 2001. 世界教育报告·2000——教育的权利：走向全民终身教育. 联合国教科文组织中文科，译. 北京：中国对外翻译出版公司：52-53.

过实施具有变革性的公共政策，应对学习者的多样性需求，解决教育机会不平等、少数人群被边缘化、教育质量不一致和人群歧视等问题。"教育2030"特别关注性别和弱势群体歧视问题，努力确保不让任何人掉队。为了实现"教育2030"的目标，需要调动全球各个国家、区域的积极性，形成有效、全纳的合作关系；改善各国教育政策和合作方式；确保全民接受公平、全纳和高质量的教育；调动各方资源，保证教育资金的充足；确保监测、落实并审查所有教育目标的指标。关于"促进终身学习"，该文件提出：所有年龄群体都应该有机会接受教育。各国应通过制度策略和政策，将所有人的终身学习嵌入教育系统，并渗透到教育的各个层级，这要求在所有年龄段和各个教育层级上提供多样、灵活的学习途径、入学机会和重新入学的机会，加强正式和非正式教育机构之间的联系，加强对通过非正式教育机构获得的知识、技能和能力的验证和认证。终身学习还包括接受优质技术、职业教育和培训的公平机会，接受高等教育和研究的公平机会，并得到相应的质量保证。此外，各国应该为所有人，尤其是女童和妇女，提供教育机会，来促进公民的读写和计算能力，使他们能够获得基本的生活技能和体面的工作。重要的是，各国应该利用教育、科学和技术、家庭、职业、工业和经济发展、移民、社会福利和公共财政等部门之间的跨越式合作方式，保证为成年人提供学习、教育和培训的机会。

2015年，联合国教科文组织还发布了《反思教育：向"全球共同利益"的理念转变？》报告书。该报告在导言中特别重申了《学会生存——教育世界的今天和明天》中关于终身教育和学习型社会的观点及《教育——财富蕴藏其中》关于学习的四大支柱的观点。该报告首先肯定了学习的四大支柱中的综合教育理念对于世界各地许多国家的政策辩论、教师培训和课程开发产生了深远的影响，并认为这四大支柱对于综合教育方法依然具有现实意义。因为其具有普遍性，可以根据不同的时代背景，对必要的综合学习类型做出解读。但由于可持续性越来越受关注，因此对于支柱本身可能也需要做出新的解释。例如，学会共处必须超越人际交往的社会和文化层面，涵盖人类社会与自然环境的关系问题。更令人关切的是，由于当前的社会挑战，学习的四大支柱正面临严重的威胁，特别是"学会做人"和"学会共处"这两大支柱，最能反映出教育的社会化功能。在学习过程中强化伦理原则和社会化功能，对于保护人文主义教育观的这些支柱至关重要。①该报告在谈及终身学习时指出，承认和认证通过多种学习途径获得的知识和能力，是终身学习框架的一部分。社会发展为持续终生和贯串各个领域的教育注入了新的相关性。这并不是一个新的概念，但作为以全面和公平的方式系统化和组织学习的一种手段，依然受到重视。这个概念的核心内容是增强各年龄段学习者的能力。鉴于科学技术发展带来的挑战，而且我们已经注意到信息和知识迅速膨胀，终身学习对于应对新的就业模式及帮助学生掌握个人和社会所需要的能力水平和能力类型，都是至关重要的。要落实开放和灵活的终身学习体系，有赖于对各种教育和工作空间中的知识和能力进行承认、认证及评估的机制。②联合国教科文组织总干事伊琳娜·博科娃在该报告书的序言中也强调终身教育的重大意义。她说："学校教育和正规教育是主体，但我们还必须开阔眼界，促进终身学习。"③

2018年10月，联合国教科文组织国际终身学习论坛在上海举行。该次论坛聚焦"终身学习作为实现可持续发展的基本路径：概念、政策及战略"主题，来自25个国家和地区的80名代表参加研讨。大会设置了4个研讨议题，分别为从治理的角度理解终身学习、全部门和跨部门治理终身学习、以多层次的治理方式实现终身学习和以伙伴关系实施终身学习，探讨建立一个新的教育综合治理模式。会议形成的重要共识是：终身学习在推动人们生活发生各种变化上面具有很大潜力，而这些变化正是实现可持续发展未来所必需的。④

联合国教科文组织的上述活动深化了终身教育的认识，也使终身教育成为影响深远的一种重要的国际性的教育思潮，同时还极大地推动了终身教育在世界各国的实践。国际教育发展委员会提交的报告《学会生存——教育世界的今天和明天》中对联合国教科文组织的评价完全适用于它在终身教育发展过程中所起的作用。报告指出："联合国教科文组织在促进各国团结的大量国际活动中，

---

① 联合国教科文组织. 2017. 反思教育：向"全球共同利益"的理念转变? 联合国教科文组织总部中文科，译. 北京：教育科学出版社：31.

② 联合国教科文组织. 2017. 反思教育：向"全球共同利益"的理念转变? 联合国教科文组织总部中文科，译. 北京：教育科学出版社：56.

③ 联合国教科文组织. 2017. 反思教育：向"全球共同利益"的理念转变? 联合国教科文组织总部中文科，译. 北京：教育科学出版社：2.

④ 董少校. 联合国教科文组织国际终身学习论坛举行. 中国教育报， 2018-10-19（2）.

在过去25年中已经进行的经验交流与知识传播的工作中,担任了初创者的角色。它的工作范围和效果, 在它只用相当有限的力量满足了它必须满足的大量需要方面, 显得格外出色。教育的任何一方面的活动几乎没有一个不在这个组织的活动范围内得到了考虑、研究和阐述。我们有理由可以声称: 如果没有一个象(像)'联合国教科文组织'这样的组织, 关于教育理论与实践的许多基本概念就不可能迅速地传遍全世界。而且, 如果没有联合国教科文组织, 许多发展中国家在改进它们的教育体系时, 特别在促使这种教育体系满足社会对教育的极其迫切的需要时, 就可能会遇到更多的困难。"[①]

第二节　经合组织与终身教育

一、经合组织简介

经合组织是由 38 个市场经济国家组成的政府间国际经济组织, 其前身为1948 年 4 月 16 日西欧 10 多个国家成立的欧洲经济合作组织。1960 年 12 月 14日, 加拿大、美国及欧洲经济合作组织的成员国等共 20 个国家签署《经济合作与发展组织公约》, 决定成立经合组织。在公约获得规定数目的成员国议会的批准后,《经济合作与发展组织公约》于 1961 年 9 月 30 日在巴黎生效, 经合组织正式成立, 总部设在法国巴黎。

经合组织的宗旨是: 促进成员国经济和社会的发展, 推动世界经济增长; 帮助成员国政府制定和协调有关政策, 以提高各成员国的生活水准, 保持财政的相对稳定; 鼓励和协调成员国为援助发展中国家做出努力, 帮助发展中国家改善经济状况, 促进非成员国的经济发展。

理事会为最高权力机构, 由每个成员国及欧洲委员会各派一名代表组成。

---

① 联合国教科文组织国际教育发展委员会. 1996. 学会生存——教育世界的今天和明天. 华东师范大学比较教育研究所, 译. 北京: 教育科学出版社: 292.

委员会研究处理理事会交办的各项工作。秘书处负责处理日常事务，由秘书长主持日常工作，为理事会、委员会和其他有关机构服务。经合组织有 200 多个专业委员会、工作组和专家小组，负责审议有关经济、科学、贸易、教育、就业等领域的具体问题。这些机构经常举行会议，讨论研究该组织中各成员国的经济发展现状及其前景，并就国际经济、金融及贸易等各方面关系的变化提出相应的对策和建议。1995 年经合组织与中国建立对话合作关系。

经合组织的出版物有《经合组织活动》（秘书长年度报告）、《经合组织观察家》（双月刊）、《金融统计》、《经合组织经济调研》（各国年报）、《外贸统计》（月刊）、《经合组织经济展望》（每年 2 期）、《主要经济指数》（月刊）、《发展援助进展及对策》（年报）、《农业展望》（年报）、《能源平衡》（季刊）、《金融市场趋势》（每年 3 期）、《高等教育管理》（每年 3 期）、《经合组织就业展望》（年刊）、《科学、技术、工业评论》（每年 2 期）及各种专业报告、工作报告等。

二、经合组织对终身学习的推动

自 20 世纪 70 年代起，经合组织就关注终身学习，并将推动终身学习视为一项重要的工作，对终身学习在全球社会的发展做出了显著的贡献。[1]

（一）倡导回归教育与学习机会平等

经合组织在推动回归教育的历程中发挥了重要的作用。它最初推选出瑞典、法国和南斯拉夫等三个国家，由这三个国家选派出工作组协同工作，拟定回归教育方案。到了 20 世纪 70 年代，回归教育在世界范围内有了比较广泛的发展。对回归教育感兴趣的国家逐渐增多，范围不断扩大。1970 年，上述三个国家的专家在斯德哥尔摩举行了有关回归教育的讨论会。1971 年，在南斯拉夫再次举行有关回归教育的讨论会时，又有德意志联邦共和国、英国及

---

① 参阅托斯顿·胡森，波斯尔思韦特. 1990. 国际教育百科全书（第 7 卷）. 中央教育科学研究所比较教育研究室，编译. 贵阳：贵州教育出版社：522；吴明烈. 终身学习发展的国际脉络及趋势. 台湾中正大学成人及继续教育学系，2005-03-06.

美国的代表参加。1971 年的回归教育讨论会是在经合组织总部举行的。1973年，来自欧洲和北美洲的专家在美国召开了国际回归教育会议。1975 年，西欧国家的教育部长召开了回归教育讨论会。一些国家，如瑞典、挪威、英国、德意志联邦共和国、澳大利亚、南斯拉夫等，一直在为提出回归教育理论结构的研究作准备。越来越多的国家对回归教育产生了兴趣。从理论上看，回归教育最早是在经合组织于 20 世纪 70 年代发表的几份报告中得到确认的。

经合组织于 20 世纪 70 年代连续发表了多个关于回归教育的报告：《回归教育——终身教育的战略》（1973 年）、《回归教育——动向和问题》（1975 年）、《教育休假的发展》（1976 年）、《回归教育——最近的发展和将来的选择》（1977 年）、《劳动和教育的循环》（1978 年）等。《回归教育——终身教育战略》报告给回归教育下的定义是："回归教育是把义务教育或基础教育以后的一切教育都包括在内的教育战略。它的基本特征在于，以回归的方式，即教育和劳动（也包括业余的其他活动和老年生活等）交互进行的方式，把教育分散在个人的一生。"报告进一步解释说："在这个回归教育的定义中，包含着两个重要因素：一是提供变革现行教育体系的新的教育战略。在现行教育体系基础上进行的正规的全日制教育，全是对年轻人的，就是说，这种教育被限定在从 5、6 岁或 7 岁开始到进入社会生活这段时期内。与此相反，回归教育建议，把义务教育后的教育，伸展到个人的终生。在这个意义上说，回归教育接受终身学习的原则。二是为终身教育的组织化提供框架结构。因为，回归教育意味着，有组织地进行学习的那种教育与社会的其他各种活动有效地相互交流和循环。"①这段话的要点概括起来有两个方面：①回归教育主要是指义务教育以后的教育；②回归教育的模式是教育→劳动→教育→劳动，即教育与劳动交替循环进行，直到退休；退休以后，教育和老年生活交互进行，直到生命的终止。

1978 年在经合组织教育委员会召开的首届部长会议上，宣布了部长宣言，指出了回归教育的总目标：要进一步推动回归教育的发展，以便使青少年和成年人在工作了一段时间之后，可以继续接受各种程度的教育。

1994 年 6 月，第三届经合组织国际讨论会在日本召开，会议对日本文部省提出的三项终身学习议题进行了广泛的讨论。同年 11 月，在意大利罗马举行了

---

① 转引自瞿葆奎.1990. 教育学文集·教育制度. 北京：人民教育出版社：543-544.

"首届世界终身学习会议"，会议强调了终身学习对教育、政府和社会的影响，认为如果没有终身学习的意识和能力就难以在21世纪生存。

1996年经合组织发表《全民终身学习》（Lifelong Learning for All）报告。该报告明确指出，终身学习的目标在于促进个人发展、社会聚合（social cohesion）与经济增长。终身学习必须为人人提供，每个人应具有均等的终身学习机会。终身学习更须与生活及工作结合，而为实现全民终身学习的理想，进而建立学习社会，必须动员充分的资源与教育经费，各政策部门间亦须密切合作。

（二）终身学习的政策分析

终身学习不应仅是一项理念或理想，还应是具体的政策与行动。就单一国家而言，自20世纪80年代以来，各国亦陆续发表教育报告书，将终身学习形成重要政策，进而具体实现。发展终身学习是经合组织成员国的一项重要政策。该组织的教育研究与革新中心（Centre for Educational Research and Innovation）在《教育政策分析·1998》中，特别以终身学习为探讨主题，对各国重要的终身学习政策报告书进行分析，这是国际上第一份专对各国终身学习政策进行分析的重要文献。该书从政策导向的角度阐述了终身学习的特征与使命。该书指出，终身学习具有如下特征：①学习者与学习者需求中心，即面向教育与培训的"需求方"的取向，而不是仅仅提供学习机会；②强调自我指导学习及与此相关的"学会学习"的要求，以"学会学习"作为终身学习的必不可少的基础；③承认学习可以在许多场景下进行，既可以在正规场景中，也可以在非正规场景中进行；④长期性观点，这种观点考虑到个体生活的整体性。[1]关于终身学习的使命，该书指出："终身学习承认了教育与培训的多重使命——培养独立提问精神，促进个体发展与自我实现，为工作生活与合格公民作准备，丰富社会与文化生活，等等。其中最主要的是强调发展个体学习的动机与能力，而这种动机与能力在任何时候都可以促进个体目标的实现与雇主、社区及社会目标的实现。"[2]

《教育政策分析·1999》《教育政策分析·2001》继续以终身学习为主题。

---

[1] 经济合作与发展组织.2002.教育政策分析·1998.刘明堂，等，译.北京：教育科学出版社：4.
[2] 经济合作与发展组织.2002.教育政策分析·1998.刘明堂，等，译.北京：教育科学出版社：5.

《教育政策分析·1999》重点探讨了终身学习的资源问题，认为在实施终身学习过程中，由于公共资源有限，故需要有大量私有资金来补足资源需求。但由于私人教育投资只有在未来的某个阶段产生回报，所以在此投资持观望态度的人多，而采取实际行动的人少。因此，要吸引更多的私人投资，就需要制定相应的金融政策来鼓励和刺激人们来投资。而且所有政策都要考虑到雇主、学习者个人及其家属的投资心态，向他们保证其投资利益的可靠性。《教育政策分析·2001》阐述了终身学习体系的五个关键特征：①认同所有形式的学习，而不仅仅是正规课程教育。②终身学习需要成人尤其是那些初始教育较差的人具有良好的基础技能。学生的学习动机必须是首要的。这需要从根本上改变课程与教学法，关注内容掌握的同时强调学习的主动性和积极性。③需要从终身角度来看学习机会与公平问题。这需要优先考虑学前儿童和成人这两个特殊群体。教育机会的质量问题同样重要，要采用各种学习方法、课程和情境来满足多样的学习需要。④国家必须依据终身需求来评估资源，并进行有效配置。除需要补充公共资源外，还要采取新的激励措施来吸引私人资源。⑤终身学习不只是某个部门的事情。需要进行政策协调以使社会各方参与其中。[1]该书还论述了全民终身学习的政策导向、全民终身学习的评估、教育平等、知识经济所需的能力及学校的未来等问题。

（三）学习社会中的知识管理

近年来，国际上兴起了一股知识管理（knowledge management）的热潮，这股热潮亦被称为知识管理运动。在教育领域中探讨知识管理是新近之事。经合组织于2000年对该问题进行了仔细的探讨，并出版了《学习社会中的知识管理》（Knowledge Management in the Learning Society）一书，这是迄今教育领域中较系统地探讨知识管理的代表之作。这部著作提到教育体系经常面临两种压力：一是需要适应社会的变迁，当社会逐渐转变成为学习社会时，人们对于教育有了更高的期望；二是学校作为"知识的殿堂"（house of knowledge）正明显面临与其他知识来源的竞争压力，包括信息与娱乐及将本身定位为知识生产者与传递者的个体。学校与其他的教育机构于是面对处理知识与学习的双重挑战。首

---

① 经济合作与发展组织.2003. 教育政策分析·2001. 谢维和，等，译. 北京：教育科学出版社：3.

先，学校是否能够在一个"以知识为基础的社会"（knowledge-based society）中重新定义其角色，否则学校将被社会所疏离？在一个正在兴起的学习社会中，有哪些功能是学校与其他机构相形之下，更能妥善且合理的实践？而当学校在实践这些功能时需要进行哪些革新？其次，学校体系需要更具高度的绩效与能力并作自我调适以迎接不时兴起的种种挑战。

（四）知识经济与学习经济

随着知识经济时代的来临，知识与学习的相关议题近年来越来越受到重视。经合组织在1996年发表了题为《以知识为基础的经济》（The Knowledge-based Economy）的报告，自此知识经济的理念广受国际社会的高度重视，而有关知识经济的文献探讨，更是在近几年间明显增加。"以知识为基础的经济"这个术语的出现，显示了人类对于知识与科技在经济成长中所扮演的角色有了更充分的认知。知识蕴含于人力资本与科技中，向来处于经济发展的核心地位。在知识经济时代中，知识具有前所未有的高度价值，而知识管理则是促进组织竞争力与持续发展的核心要素。知识经济的兴起提出了有关教育与训练的效率及公平性问题，而这也必然是一种学习经济。而经合组织在2000年所出版的《学习社会中的知识管理》一书中亦指出，在学习经济中，有些知识明显地快速衰退，个人与组织需要学习如何决定哪些知识应该遗忘及哪些知识需要记忆及储存。由此观之，知识经济与终身学习有极其密切之关系，透过终身学习，个人与组织得以不断累积知识，形成珍贵的智慧资产，进而促成经济的繁荣与发达。

如前所述，知识经济与终身学习关系密切。而经合组织在1996年及2000年分别阐述知识经济与知识管理的理念之际，均提及了学习经济这个概念。随后更在2001年出版《新学习经济中的城市与地区》（Cities and Regions in the New Learning Economy）研究专辑，以阐明学习经济的理念。学习经济的发展涉及经济与社会历程的复杂状态。学习经济一方面希望提升生产力与促进生活品质；另一方面则意味着个人与组织在面对较大的挑战时，仍能适应新情况。

在学习经济的理念之下，个人学习与组织学习的重要性与影响性日益增加。基于此理念，学习型组织、学习型城市与学习型地区均应获得充分的发展，而这则可促进经济的持续发展，尤其是在新经济时代中，个人与组织的学习力，也就是一种竞争力与进步的内驱力。学习经济理念的兴起，为终身学习的发展注入了新的活力。

近年来，经合组织又积极提倡"全民终身学习"的理念。这一理念的基本精神是：①强调学习是所有人的权利，而不是青年人的"特权"。离开学校后的教育与早期教育同样重要。早期教育必须为终身学习打下坚实的基础。②要求实现各级各类教育的"整合"，促进教育机会间的横向联系与纵向衔接。③要求提升学校外教育、非正规教育的重要性，注重家庭、工作场所、社区与社会作为学习场所和资源的巨大价值。该组织还提出了衡量终身学习发展和参与程度的若干方面：①鼓励个人持续地学习；②提供个人必要的认识力与技能以完成个人主导的学习；③个人可持续地获得学习机会；④个人可得到学习所必需的财政及文化上的鼓励与支持。①

经合组织将现代人所需要的基本能力划分为三大类别：使用工具交流互动的能力、在社会异质群体中互动的能力以及自主行动的能力。在此基础上进行的国际成人能力评估调查结果对于引导和指导各国制定终身教育政策、开展终身学习活动发挥了很大作用。该组织还提出了终身教育要实现"个体成功生活"和"建设健全社会"的双重发展目标。后者不仅指促进社会整体生产力的提升，而且还包括增进社会的凝聚力、民主进程和促进社会公平。近年来，绿色、环保、低碳等新理念不断融入终身教育实践，发展终身教育又与促进社会可持续发展密切联系在一起。②

第三节　欧盟与终身教育

一、欧盟简介

欧盟，其前身为欧洲共同体，是由原欧洲共同体成员国家根据《欧洲

① 周满生. 2003. 世界教育发展的基本特点和规律. 北京：人民教育出版社：218-219.
② 黄健. 2014. 国际终身教育发展的七大趋势. 上海教育科研，（4）：14-17+22.

联盟条约》（也称《马斯特里赫特条约》）组成的国际组织。1950 年的六个创建国为法国、德国、意大利、荷兰、比利时、卢森堡，目前拥有 27 个成员国。

欧盟的宗旨是促进和平，追求公民富裕生活，实现社会经济可持续发展，确保基本价值观，加强国际合作。起初推动欧盟建立的力量是第二次世界大战后对损失惨重的欧洲重建的渴望，以及防止欧洲再度陷入战争泥潭的愿望。这个主体最初是共同市场，然后变成欧洲共同体，然后是欧盟。现在，欧盟已经从一个贸易实体转变成一个经济和政治联盟，是目前最强大的地区性国际组织。在某些方面成员国已经将部分国家主权交给了该组织（如货币、金融政策、内部市场、外贸），使欧盟越来越像一个联邦制的统一国家。然而欧盟本身还不是真正的国家，成员国依然是《欧洲联盟条约》的最终裁决人，欧盟本身无权行使各成员国的主权。目前欧盟的最高法律是 2003 年通过，2004 年 1 月 1 日开始实施的《入盟条约》（Treaty of Accession 2003）。有的学者认为根本不应该把欧盟看作一个国际组织，而应看作一个独特的实体。

二、欧盟对终身学习的推动

欧盟未来所面临的主要挑战之一是促使所有的公民意识到学习是生活中的一个组成部分，并促进学习与教学成为未来的一项主要社会活动，据此以开发人类潜能，能够具有创造性地解决问题的智慧。

（一）学习社会白皮书

20 世纪 90 年代欧盟共发表了三份与终身学习的发展有关系的白皮书，这些白皮书具有两个共同特点，分别为提升经济竞争力与避免社会排斥，而这则涉及终身学习的概念。这三份白皮书分别为 1993 年的《成长、竞争力与就业：迎向二十一世纪的挑战与途径》（Growth, Competitiveness and Employment: The Challenges and Ways Forward into the 21 Century）、1994 年的《欧洲社会政策：欧盟的未来之路》（European Social Policy: A Way Forward for the Union）、1995 年的《教与学：迈向学习社会》（Teaching and Learning: Towards the Learning

Society），其中后者与终身学习关系最为密切。

欧盟为推动终身学习运动，特将 1996 年定为欧洲终身学习年（European Year of Lifelong Learning）。欧洲终身学习年的主要目的有三个：推动终身学习的理念、反省终身学习的意义、为欧洲人民实现终身学习的理想。欧盟委员会为进一步"推动终身学习以建构学习社会"，特地在欧洲终身学习年来临之前，推出了《教与学：迈向学习社会》白皮书。该书指出，未来的社会必将是一个学习的社会，在这种社会形态中，知识和技能将扮演重要的角色。迈向学习化社会的具体途径为[①]：①促进知识的获得。鼓励人们通过广泛的学习机会，运用各种方法在各种学习情境中获得新知识，建立弹性的学习认可制度。②促进学校和企业界的紧密结合。可行途径包括教育对工作世界的开放、企业为民众提供训练机会、学校和公司之间的合作等。③排斥对学习机会的不平等，促进社会的统合，照顾不利群体。可行途径包括规划第二次学习机会、给低教育者提供学习机会、建立欧洲志愿者服务体系。④熟练三种欧盟成员国语言。以学习不同语言来促进个人增长见识，拓展以不同的文化视野来看世界的能力，增进国与国之间的了解与交流。⑤兼顾资本投资和人力训练投资。人力资本的投资可以提升竞争力和就业能力，改进企业内的教育训练。

（二）《终身学习备忘录》

人类已迈入 21 世纪，学习社会理念与实务的发展，亦随着 21 世纪的到来，而不断求新。欧盟于 2000 年在里斯本召开的高峰会议中，强调要促使欧洲成为世界上最具竞争力与活力的知识基础经济（knowledge-based economy）体系，而且经济能够持续成长，拥有更多更好的工作与更完善的社会统合。为达成上述目标，其中的一项重要策略是促进全民终身学习，使欧洲成为学习社会。据此欧盟委员会于 2000 年 10 月提出了《终身学习备忘录》（A Memorandum on Lifelong Learning）以引发整个欧洲对于终身学习实践策略的积极讨论，而各成员国则于 2001 年 7 月之前对这份终身学习文件提出具体意见。而后欧盟则以此讨论结果与意见为基础，进而提出具体的政策与措施，于 2001 年秋季发布欧洲终身学习报告书，作为 21 世纪实践欧洲全民终身学习理想的蓝图。以德国为例，

---

① 转引自厉以贤.2004.学习社会的理念与建设.成都：四川教育出版社：33.

德国成人教育研究所受联邦教育与研究部的委托负责对《终身学习备忘录》提交国家报告，该机构透过调查、研讨会及设置网页等方式，让各界人士能对这份文件发表意见，进而整合公众意见提出报告。

欧盟的《终身学习备忘录》中提到，终身学习是一种有意的学习活动，具有促进知识增加、技能与能力提升等目的，能增进就业能力和促进社会统合；终身学习不仅是教育与训练的一个层面，还是提供、参与继续学习脉络中的指导原则。未来的十年应目睹这个愿景的实现。所有居住在欧洲的人民，应该拥有平等的机会以适应社会与经济变迁的要求，以及积极地参与塑造欧洲的未来。《终身学习备忘录》进一步提到，促进积极的公民权与就业力同等重要且其互为终身学习的目的。在终身学习的体系之下，各类的教学与学习应该被整合。

《终身学习备忘录》提出了一些议题作为开放讨论实现终身学习的一个架构。这些议题系汇集了欧洲的一些社区方案与欧洲终身学习年的经验：①人人具备新基本技能。保障人们普遍且持续地学习，以习得并更新技能，进而促进其在知识社会中的参与度。新基本技能系指积极参与知识社会与经济中所需之能力，包括信息科技能力，外语、科技文化、就业能力及社会技能等。②更多的人力资源投资。明显提升人力资源的投资层级，将欧洲人民视为最重要的资产并将之置于首要地位。③教学与学习的革新。发展有效率的教学与学习方法、环境，以达到处处都能从事终身学习的目标。④评鉴学习。广泛地开辟途径以便促进学习参与及学习成果受到认可，尤其是非正规学习与非正式学习。⑤学习辅导与咨询的再思考。确保人人在各种场合中获得适当的学习机会信息与学习咨询。

《终身学习备忘录》还提出了五项与社会有关的目标：①尽可能地为学习者提供终身学习的机会，使他们在自己的社区合理利用基于信息与传播技术的设备；②建立包容型社会，这个社会为所有人提供终身的、平等的学习机会，并根据个体的需要提供教育和培训；③调整提供教育和培训的方式及工人工资的支付方式，以使人们能在他们的一生中都参与学习，并且能为自己的学习、工作和家庭生活制订合理的计划；④所有部门在所有教育和资格层次上达到较高的成就，保证提供高质量的教育和培训，同时保证人们的知识和技术跟得上工作和职业、工作场所组织以及劳动手段变化的需求；⑤通过鼓励和武装使人们再一次更主动地参与现代公共生活的所有方面，特别是社区所有层次上的社会和政治生活，包括欧洲层面。[1]

（三）《实现终身学习的欧洲》[2]

2001 年 11 月,欧盟委员会发表了一份重要宣言——《实现终身学习的欧洲》（Making A European Area of Lifelong Learning A Reality）。作为欧盟历史上规模最大、范围最广的一次研讨征询活动的成果,《实现终身学习的欧洲》为欧洲未来十年教育培训领域发展改革确定了总体原则,也为欧盟其他领域的发展战略提供了一个指导思想。它将终身学习看作一项社会系统工程,认为其实施绝不仅仅依靠教育领域的努力就能够实现,相反它涉及培训、就业、社会流动、研究等诸多领域,终身学习战略的落实需要得到其他很多项目、工程、计划的配合和很多机构组织的积极支持。它提出了要对欧洲终身学习战略实施统一规划,建立一个全方位、多领域、立体层次的终身学习实施体系。《实现终身学习的欧洲》指出,终身学习的发展不是意味着一个新的发展进程,它也不涉及制定新的法律、法规来予以配合。它只是要求更为协调一致地、更为经济地利用现存的各种资源和工具,包括开放式合作的方法。

欧盟成员众多,各国国情、文化大不相同,在这样一个大的范围内同步实施统一的终身学习战略,难度当然不小。因此,通过加强统计信息服务,确立评估指标,建立监控体系,就显得十分必要。为了配合"实现终身学习的欧洲"的战略,在《实现终身学习的欧洲》宣言发表七天后公布了一份名为《终身学习实践与指标》（Lifelong Learning Practices and Indicators）的文件。该文件充分阐述了统计信息和监控指标的重要性,并就宣言所列五个优先行动分别列出了具体的监控指标,如"学习评价"相对应的进展监控指标是"学习领域里的证书数量","加大对学习的时间和金钱的投入"的进展监控指标则有三个,分别为"公共教育开支占 GDP 的比例""企业教育/培训开支占劳动力成本的比例""家庭教育开支在总开支中的比例",而"为全民提供基本

---

① 诺曼·朗沃斯.2006. 终身学习在行动——21 世纪的教育变革. 沈若慧,汤杰琴,鲁毓婷,译. 北京：中国人民大学出版社：10-11.

② 刘小强.2005. 新世纪欧洲终生学习的新战略. 继续教育,（10）：55-57.

技术"则由"18～24 周岁年龄段中已从低级中学毕业但目前又没接受教育培训的人口比例"和"25～64 周岁年龄段人口中参与教育和培训的比例"等指标来进行监控进展。[①]

（四）推进终身学习的若干措施

近年来，欧盟委员会在教育领域启动了一系列内容丰富、形式多样的教育计划。主要有以下几种。

1. "苏格拉底计划"

该计划是一个中长期的教育发展项目。其主旨是通过成员国之间的教育合作，提高各国人的欧洲意识，促进教育质量的提高。它的根本出发点是为了迎接知识社会的挑战，加快终身学习的步伐，因此它鼓励人人平等的接受教育的权利及就业技能、升学资格的取得。该计划分先后两期：第一期 5 年（1995～1999 年）；第二期 7 年（2000～2006 年），并拟斥资 18.5 亿欧元。上述两期计划由 8 个子行动计划构成，其中包括一个发展成人教育的专项。该项目旨在提高成人全面、积极参与社会的能力和跨文化的意识；通过获得或更新其通用能力的方法，改善成人的就业能力；增进成人进入或回归正规教育的机会与能力。

2. "莱昂拉多计划"

该计划旨在贯彻落实欧盟制定的职业培训政策，支持和帮助各成员国采取的职业培训方面的行动和彼此间的合作。其目的在于提高欧盟各成员国职业培训的规模和质量，为 21 世纪的欧洲培养具有国际竞争力的新一代劳动者，同时支持各成员国的职业培训体系的改革。该计划优先关注三个领域：促进职业培训力量的整合、提高培训质量和增加培训机会、促进培训领域的革新。该计划亦分为两期：第一期（1995～1999 年），该计划的一项重要内容是对接受首次教育的青年人、接受继续教育的青年工人及外语教师提供帮助，也支持致力于教育者的培训和继续教育的跨国探索计划。5 年间，该计划总投入 6.2 亿欧元。第二期 7 年（2000～2006 年），拟投资 11.5 亿欧元。

---

① 刘小强. 2005. 新世纪欧洲终生学习的新战略. 继续教育，（10）：55-57.

3. 欧洲电子学习行动计划

2000 年 3 月，欧盟在里斯本召开会议，为在信息技术领域追赶美国，加速欧洲一体化进程，各国政府协调一致、共同合作，提出了 10 年经济发展计划——"欧洲电子学习行动计划"。该计划的重点是加强新技术的教育和培训。具体目标是：到 2000 年底，欧盟各国的学校要实现互联网连接；到 2002 年，成立专门的教师培训机构，培训出足够的信息技术和互联网方面的教师，对成年人开展终身教育，使大部分公民掌握在信息化社会中生活和工作的能力。为实现上述目标，欧盟各国政府要求加大通信和互联网基础设施的投入，加大对人力资源培训开发的投入，建设开放式学习中心，为社会成员提供良好的虚拟学习环境，提供更丰富的网络学习内容和服务。在欧盟，网络学习分为学历教育与职业教育两大体系。所以，职业教育计划中的课程主要是针对社会各类人员开发和设置的，充分体现全纳性的成人教育思想。该计划强调受教育权利的平等，强调为每一个社会成员提供良好的虚拟学习环境，强调针对弱势群体——老年人、残疾人、少数民族、妇女、狱中犯人开展网络培训。

目前，欧盟国家在跨越边界理念的指引下，正在积极探索在成人教育领域形成合力的模式，探讨整合各方面力量解决各国面临的主要障碍和问题，并试图通过建立有组织的合作网络，促进各国设施和不同资源建立互利互惠的伙伴关系，使双边或多边的利益主体在联合行动中获益；同时，欧盟也为跨越东西两极——为实现全球化的知识管理与共享而努力。尽管欧盟各方力量的联合，出于不同的动机、不同的利益和不同的背景，但地区间及国际范围内的合作已蓬勃展开。

4. 《2010 年欧洲教育与培训：不同的制度，共同的目标》

终身学习远不局限于教育培训领域，而是涉及社会各个方面的社会综合系统工程。但是教育培训确实是实现终身学习的一个主要领域，该领域的改革是终身学习思想的直接体现和主要战场。2001 年 3 月 23～24 日召开的斯德哥尔摩欧洲理事会通过了一份名为《未来教育和培训的具体目标》（以下简称《目标》）的重要文件。应该说该文件是欧盟在贯彻终身学习指导思想下对未来 10 年内欧洲教育和培训系统所做的一个总体规划，为该领域的改革发展提供了一份远景蓝图。文件提出了未来十年教育和培训系统改革发展要紧紧围绕的三个战略目标：提高教育和培训系统的质量、增强学习机会的便利性、促进教育和培训面向世界。此后，根据斯德哥尔摩欧洲理事会会议的要求，欧盟委员会和教育理事会研究制定了一份有关实现《目标》的详细的工作方案。详细工作方案在2002年2月14日的欧洲教育理事会上通过，随后又被作为一个重要的主题提交给了2002年3月15～16日在巴塞罗那召开的欧洲理事会并获得通过，且改名为《2010年欧洲教育与培训：不同的制度，共同的目标》(Education and Training in Europe: Diverse Systems，Shared Goals For 2010)。这份文件既是教育培训系统为实现里斯本战略所采取的行动，又是实现终身学习的欧洲之理想的具体体现；既是欧洲面向未来对教育和培训系统的展现豪情的总体筹划，又是基于现实、应对挑战的应对之策。

5. 欧洲社会基金会

欧洲社会基金会（European Social Fund，ESF）是支持欧洲就业战略的主要财政工具。但该基金会对终身学习同样提供了很大的财力支持，如在2000～2006年欧洲社会基金会提供的600亿英镑的总预算中，总共至少有120亿英镑是拨给实施终身学习的。根据1994～1999年ESF拨款趋向的考察，其支持学习的领域主要有：①发展公民的基本技术、更新现有技术；②培育企业培训文化，发展继续培训(continuous training)；③建立发展各种资格、证书的互认框架；④通过开放学习和模块化学习（modular learning）开放新的学习途径；⑤帮助改革技术性的职业培训课程；⑥加强教育与工作场所的联系；⑦提高职业信息和指导的服务质量。

6. 平等社会行动

"平等社会行动"（Equal Community Initiative）是针对里斯本战略中"创造更多更好就业机会"而建立的，亦由ESF资助的一个欧盟活动计划，旨在探索解决工作场所存在或求职者所经历的歧视和不平等。它的活动主要是围绕着欧洲就业战略（EES）的几个主要宗旨来开展的。这样就促进公民平等地接受教育、培训及提高终身学习在解决劳工市场不平等问题上的作用的意义而言，该行动计划实际上包括了对终身学习的强调。2000～2006年，欧盟分配给该项目的资金预算可达2.842亿英镑，再加上各个国家的配套资金，其活动经费也较可观。同时各个成员国都将终身学习作为该项目的第二大主题享受这笔资金，使"平等社会行动"这一项目对于欧洲实施终身学习具有重要的意义。

进入 20 世纪 90 年代以后，欧盟加紧了在教育领域的合作行动。欧盟委员会在此期间，接连发布了一系列有关促进欧盟各成员国文化教育合作的文件——如《欧洲教育绿皮书》（1993 年）、《普通教育和职业教育绿皮书：跨国流动障碍的考察》（1996 年）、《为了一个知识的欧洲》（1997 年）等，而且启动了前文所述的一系列教育计划。其目的是重建欧洲意识，形成欧洲一体化概念，使欧洲成为世界领先的、充满活力的、富于竞争力的知识社会。重建"欧洲意识"理念的提出，始于 1993 年《欧洲教育绿皮书》。该绿皮书为跨国教育行动提供了有关政策，认为教育是为青年人在一个更为广阔的社会和经济领域行使自己的责任而做准备，并指出引入"欧洲意识"的努力必须被认为是教育适应新的经济、社会、文化环境的一个重要因素。《欧洲教育绿皮书》还提出，跨国教育的主要任务是人员交流、教师培训、外语教学、远程教育、教学改革、信息交流和推广欧洲学校的经验等。

7. 2007～2013 年终身学习整体行动计划①

2006 年，欧洲理事会和欧洲议会批准了欧盟委员会关于发起"2007～2013 年终身学习整体行动计划"的议案。自此，欧盟有了一个涵盖各级各类教育改革与创新的综合性计划。该计划所包括的四项支柱计划为夸美纽斯计划、伊拉斯莫斯计划、达·芬奇计划和格龙维计划，分别面向基础教育、高等教育、职业教育和成人教育领域，受益人群从婴幼儿、青年人到各年龄段成年人，从社会主流人群到社会边缘人群，涵盖学生学习、教师发展、成人培训及老年学习等各方面，关注每个人终身发展的需要。

2006 年欧盟发布了 8 项基本关键能力：母语交流能力，外语交流能力，数学、科学与技术的基本能力，信息能力，学习能力，社会和公民能力，创新精神与创业精神，文化意识与表达，并要求"2007～2013 年终身学习整体行动计划"的推行能够围绕培养欧洲公民上述关键能力而实施。

---

① 黄健. 2014. 国际终身教育发展的七大趋势. 上海教育科研，（4）：14-17+22.

第四节　国际劳工组织与终身教育

一、国际劳工组织简介

国际劳工组织系联合国专门机构。1919 年根据《凡尔赛和约》作为国际联盟的附属机构成立，1946 年成为联合国专门机构。截至 2019 年，国际劳工组织有 187 个成员。

创立国际劳工组织首先是出于人道的目的。工人的工作条件日益恶化，大量的工人遭受剥削，雇主根本不考虑他们的身体、家庭生活和他们的个人发展。《国际劳工组织章程》在序言中鲜明地反映了人们对这种情况的关注，并且指出现有的劳动条件使大量的工人遭受不公正、苦难和贫困。其次是出于政治目的。如果不改善工人的工作条件，那么随着工业化进程的发展，工人的人数将不断增加，还可能因此出现社会不安定现象，甚至出现革命。序言指出，不公正造成了如此巨大的不安定，竟使世界和平与和谐遭受危害。最后是出于经济目的。由于改善工作条件不可避免地给生产成本带来影响，任何进行社会改良的行业或国家可能会发现自己被置于与竞争对手相比不利的地位。序言指出，任何一国不采用合乎人道的劳动条件，会成为其他国家工人劳动状况改善者的障碍。

第二次世界大战中期，来自 41 个国家的政府、雇主和工人代表出席了在费城召开的国际劳工大会。代表们通过了《费城宣言》，它作为《国际劳工组织章程》的附件，至今仍然是关于国际劳工组织宗旨和目标的宪章。

国际劳工组织是联合国的一个专门机构，旨在促进社会公正和国际公认的人权和劳工权益。它以公约和建议书的形式制定国际劳工标准，确定基本劳工权益的最低标准，包括结社自由、组织权利、集体谈判、废除强迫劳动、机会和待遇平等及其他规范整个工作领域工作条件的标准。国际劳工组织主要在职业培训和职业康复、就业政策、劳动行政管理、劳动法和产业关系、工作条件、管理发展、合作社、社会保障、劳动统计和职业安全卫生领域提供技术援助。

它倡导独立的工人和雇主组织的发展并向这些组织提供培训和咨询服务。在整个联合国系统内，国际劳动组织拥有独特的三方结构，即工人和雇主代表作为与政府平等的伙伴参与本组织的活动。

国际劳工组织主要通过国际劳工大会、理事会和国际劳工局这三个组织机构开展工作。①国际劳工大会。国际劳工组织成员于每年6月聚集在日内瓦参加国际劳工大会。每个成员派两名政府代表、一名雇主代表和一名工人代表参会。通常由各国负责劳工事务的内阁部长担任团长，并代表其政府在大会上发言，阐述其政府的观点。国际劳工大会起着非常重要的作用，它制定和通过国际劳工标准，并作为一个论坛讨论全球重要的劳工和社会问题。大会也将通过本组织的预算和选举理事会成员。②理事会。理事会是国际劳工组织的执行机构，每年在日内瓦召开三次会议，讨论决定国际劳工组织的政策。理事会制定计划和预算，再提交国际劳工大会讨论通过。理事会还选举国际劳工局局长。理事会由28位政府理事、14位雇主理事和14位工人理事组成。其中的10个政府理事席位由主要工业国担任。其他政府理事则每三年由劳工大会在考虑区域平衡的基础上选举产生。雇主和工人分别选举自己的代表。③国际劳工局。国际劳工局是国际劳工组织的常设秘书处和所有活动的联络处，它受理事会的监督并接受国际劳工局局长的领导，局长的任期每届为5年，可以连选连任。国际劳工局雇用的官员有1900多人，来自110多个国家，他们在日内瓦总部和全球40个办事处工作。此外，还有600多位专家分布在世界各地执行技术合作项目。国际劳工局还拥有一个研究和文献中心及一个出版社，广泛出版专题研究论著、报告和期刊。其主要出版物有《国际劳工评论》（International Labour Review）、《正式公报》（Official Bulletin，双月刊）每年三期、《劳工统计公报》（Bulletin of Labor Statistics）（季刊）、《劳工统计年鉴》（Year Book of Labor Statistics）、《劳动世界》（World of Work，双月刊）。以上刊物除《劳动世界》出中文版外，其余均用英文、法文、西文出版。

二、国际劳工组织对终身学习的推动

终身学习与劳动政策及就业市场关系密切，因此国际劳工组织与国际劳工局对于终身学习的发展也很关心。前者在20世纪70年代即极力倡导带薪教育

假（paid educational leave）制度，后者则于 2000 年针对终身学习发表了《21
世纪的终身学习：教育人员的角色变迁》（Lifelong Learning in the Twenty-First
Century: The Changing Roles of Educational Personnel）报告书，对于终身学习在
国际社会的发展都做出了积极的贡献。

（一）带薪培训假

自从国际劳工组织于 1974 年将带薪培训假的观念、原则及实施方式等形成
文件并做出明确的陈述后，带薪培训逐渐受到许多国家的重视。带薪培训假被
视为一种社会权利与人权，可以促进教育机会的均等及协助个人适应社会的变
迁。因此，带薪培训假的实施正好与终身学习的理念相符。

带薪培训假的立意虽然很好，但各国却一直面临社会大众甚少使用带薪培
训假的现象。造成这种现象的原因在于缺乏宣传、透明度与咨询，以及雇主的
排斥与在职人士担忧因使用带薪培训假而造成工作不保。有鉴于此，目前欧盟
正试图透过多种途径以改善带薪培训假的使用情况。

（二）《21 世纪的终身学习：教育人员的角色变迁》报告书

国际劳工局近年来对于终身学习也高度重视，并于 2000 年针对终身学习发
表了《21 世纪的终身学习：教育人员的角色变迁》报告书。报告书首先就终身
学习的定义、概念、政策、经费、组织及评鉴进行探讨；其次分析行政、教学
及支持人员的角色与功能，尤其是教学方法，人员的基础教育与继续训练及他
们的专业与生涯发展；此外，报告书中对于教学与学习环境的安排也提出了不
少观点；而如何扩大参与层面并提供一个完善的参与架构，以形成终身学习的
政策并促进终身学习的发展，在报告书中也有所阐述。

终身学习乃是当前政策的指导原则，同时具有促进经济繁荣与竞争力、就
业力、自我实现、民主发展及社会聚合等多种目的。由《21 世纪的终身学习：
教育人员的角色变迁》报告书的内容观之，国际劳工局对于终身学习已有高度
的认同。国际劳工局还指出，对于教育与训练的经费投资，应以不低于占国民
生产总值（GNP）的 6%为标准。而在这份报告书中亦特别强调教育人员的角色
与责任，进而指出教师及他们执行工作的方式，是任何成功的终身学习改革策
略的核心要素，而这则需建立在教师的专业化之上。

第七章
终身教育的政策与法规

通过政府来推进终身教育，是各个国家实施终身教育的重要举措。各国政府在推动终身教育的过程中，通过颁布相关的政策和法规，把终身教育列入经济、社会和教育的整体规划之中，赋予政府推动终身教育的权利和义务，明确终身教育的目的、基本原则和管理体制，规定有关部门和个人在终身学习过程中的权利、义务和责任，使终身教育有法可依。由于各国实施终身教育的重点是成人教育，因此本章在阐述各国终身教育立法的时候，也会论及成人教育方面的法律。

第一节   美国的终身教育政策与法规

一、《成人教育法》的颁布及修订

美国是世界上最早发起并积极推行终身教育的国家之一。早在 1966 年 11 月 3 日，美国联邦政府就颁布了《成人教育法》(The Adult Education Act)，从法律上为美国成人教育的发展提供了保证。《成人教育法》规定："成人"一词表示任何一名年龄达到 16 岁的人。"成人教育"一词表示向下列成年人提供的、低于大学水平的教学或服务：①所受基本教育不足，使他们不能有效地为社会服务，或没有中学毕业文凭和没有达到同等教育水平者；②现在未能进入学校者。①该法指出，制定《成人教育法》的目的是扩大成年人受教育的机会，鼓励制订成人教育计划，以使所有成人学到为社会服务所需的基本技能，使希望继续受教育的成年人能至少提高到中等教育毕业水平，使成年人有受培训和教育的机会，以便使他们成为更能受雇用、更有才能、更负责任的公民。关于成人教育的组织，《成人教育法》规定，各州推行成人教育主要依靠企业、工会、图书馆、高等院校、公立保健机构及贫困计划和社区组织等机构和组织。另外，志愿者组织、州和地方劳动培训机构、互助组织等都可以举办成人教育活动。为了指导全国和各州的成人教育活动，《成人教育法》规定，成立"国家成人教育咨询委员会"和"州咨询委员会"。为了适应不同时期社会和成人教育发展的需要，美国《成人教育法》自 1966 年颁布以来，进行了多次修改（修改的时间分别是 1968 年、1970 年、1972 年、1974 年、1976 年、1978 年和 1984 年）。修正主要集中在以下几个方面：①将法案的目标拓展到中等教育；②向成人提供社会必要的技能；③将教育的重点转向提高成人能力而不是教育年限；④将参加学习的成年的最低年龄由 18 岁改为 16 岁；⑤划拨固定比例的可自由支配的

---

① 这里及下文采用的是 1978 年 11 月 1 日的《成人教育法》修正案内容。

资金用于发展推广（示范）项目、研究项目和教学培训；⑥制订针对特定人口（包括移民和老年人）的教育计划。①

1972 年，当时的美国教育总署（美国联邦教育部的前身）就为联合国教科文组织第三次国际成人教育会议起草了一份题为《美国成人教育观及未来发展计划》的报告。该报告讨论了 20 世纪 60 年代美国成人教育的状况，并对成人参与终身学习的趋势做了展望；还阐述了与终身学习相关的一些问题，如职业与劳动力市场的变化对教育需求的影响、基本的读写能力对开发资源的重要性、技术在学习上的重要职能、非传统高等教育的扩展及技术在其发展中的作用、独立于现存教育机构之外的新的组织的发展对学习的影响、作为终身学习提供者的社区学院的发展及如何将义务教育的原则发展成为义务终身学习的原则。

1973 年，美国卡内基高等教育委员会编写的《迈向学习社会》（Toward A Learning Society）一书中提出了构建学习社会的具体构想，包括回流教育、远程教育、开放大学、社区学院等。1974 年该委员会又发表了题为《以学习化社会为目标——面向生活、工作及服务活动的多样途径》的报告，阐述了保障终身学习机会的重要意义。

二、《终身学习法》的规定

1975 年，美国国会议员蒙代尔向国会递交了"蒙代尔议案"（Mondale Bill）。国会最终于 1976 年 10 月 12 日通过并将其作为《高等教育法》修正案第一节的 B 部分予以实施，新法尔后亦被正式命名为《终身学习法》（Lifelong Learning Act）。

该法对终身学习的范畴做出了定义，指出终身学习大约包括 19 种课程类型（从成人基础教育到为家庭需要和个人发展而设计的活动）。同时对如何实施终身学习做出了一系列规定，包括建立教育中介机构，研究为终身学习提供资助的方法，增加非学校学习的机会，分析阻碍终身学习的因素，分析联邦、州和地方的不同的角色等。《终身学习法》从法律上确立了终身学习在美国的地位，并从各个方面对终身学习的实施做出了规定与计划，从而为美国终身学习的发

---

① 赵红亚. 2004. 美国成人教育立法及其对我国的启示. 陕西师范大学继续教育学报，（1）：19-23.

展奠定了坚实的基础。

三、20世纪80年代以来终身学习的政策动向

　　1981年8月26日，美国总统里根授权教育部部长贝尔，遴选18位专家学者成立了国家高质量教育委员会（National Commission on Excellence in Education，又译为"国家教育优异委员会"或"国家卓越教育委员会"），并指示该委员会调查美国的教育质量，在一年半的时间内向政府及他个人提交一份报告书。历经一年半的调查研究，并经过了1.2万名教育界人士的讨论，征求了2000多位政界人士和工商界人士的意见及部分教师、家长、学生等的意见以后，于1983年4月最终完成，这就是《国家处在危险中：教育改革势在必行》（A Nation at Risk: The Imperative for Educational Reform）。该报告专题讨论了学习社会问题。报告首先论述了创造学习社会的必要性，认为在一个竞争日益激烈、工作场所的条件变化日益加快、危险性越来越大和那些对迎接危险有充分准备的人的机会越来越多的社会里，教育改革的中心应以创造一个学习的社会为目标[①]。报告还重点阐述了学习社会的内涵，认为学习社会主要包括两层意思：一是这种社会要恪守一系列价值观和始终不渝地奉行这样一种教育制度，即让每个人都有机会充分运用他们的头脑，从幼年到成年不断地学习，随着世界本身的变化而不断学习。这种社会的基本指导思想是教育之所以重要并不仅仅因为它对人的事业目标做出贡献，也是因为它给人的生活质量增添了价值。二是在学习社会中，受教育的机会远远超过了传统的学习场所——中小学和大学。学习机会发展到家庭、工作场所、图书馆、美术馆、博物馆和科学中心，甚至于发展到在工作和生活中个人得以发展和成熟的一切场所。[②]

　　1984年，美国高等教育和成人学习者委员会发表了题为《成人学习：国家未来的关键》的报告。该报告明确肯定了成人学习的重要性，认为成人学习者是国家未来发展的关键力量。同时，报告也强调各级部门在成人学习中的作用，指出国家教育的发展需要联邦、州和地方机构之间的合作。

---

① 吕达，周满生.2004.当代外国教育改革著名文献（美国卷·第一册）.北京：人民教育出版社：7.
② 吕达，周满生.2004.当代外国教育改革著名文献（美国卷·第一册）.北京：人民教育出版社：7.

20 世纪 90 年代以来，美国的终身学习政策又有了新的发展。1991 年 4 月，布什签发了美国教育改革的纲领性文件——《美国 2000 年教育战略》。文件特别强调了学习的重要性，指出我们要学习更多的知识，才能成为更好的家长、邻居、公民和朋友。①它要求美国成年公民"回到学校中去"以使美国成为"全民皆学之邦"，它敦促每个美国公民要在其一生中继续不断地学习，采用行之有效的正规与非正规的方式去获得更进一步的知识和技能。

1993 年，美国成立了"终身学习者之国委员会"（Commission for A Nation of Lifelong Learners），该委员会的主要职责是研讨终身学习问题，制定相关的政策和计划，发挥终身学习在美国社会中的作用。经过两年的调查研究，委员会于 1997 年发表了题为《国家学习：展望 21 世纪》的报告。该报告认为，美国社会将越来越多地与终身继续学习的需要结合在一起。社会各界、各个群体都应重视终身学习的发展并为其提供有力的支持。

1994 年，克林顿政府通过了《2000 年目标：美国教育法》，该法案尤其强调培养儿童的"终身学习能力"，强化教师的"继续教育"意识，以及号召社会各部门要担负起创造"终身学习环境"的责任，并为建立完善的社区学院系统而努力，最终意在通过对各种教育形态的关注，提供更多的学习机会，力求达到拓展社会成员终身发展潜力的目标。为了确保上述目标得以实现，美国教育部还专门成立了"终身学习研究所"，就成人开展终身教育的相关问题进行研究和讨论。为了该法的具体实施，克林顿又在 1997 年的美国国情咨文中提出了"四大目标"和"十大原则"，"四大目标"的最高目标是使每个美国成年人都能够达到终身学习，"十大原则"的第九原则是每个公民都有终身学习的机会。为了落实以上举措，同年 8 月开始实施"终身学习税收信贷计划"（lifetime learning tax credit program），这主要是为成人教育提供财政支持的一项政策。统计资料表明，自从有了这项政策，美国政府对成人教育的资助从 1991 年的 2.01 亿美元增长到 1998 年的 3.6 亿美元，许多成人学习者从这项政府财政政策中得到了支持。②1998 年 3 月，克林顿又发表了一份关于通过远程技术提高学习与教育质量的行政报告，他提出要制订联邦计划为终身学习提供财政支持，从而充分利用由现代科

---

① 吕达，周满生. 2004. 当代外国教育改革著名文献（美国卷·第三册）. 北京：人民教育出版社：218.
② 兰岚. 2018. 试析法、美终身教育立法的嬗变及启示. 终身教育研究，（2）：24-32.

技所带来的新的学习机会。

进入 21 世纪，美国的教育立法和国家政策进一步巩固了 20 世纪终身教育的发展成果。2001 年 1 月 23 日，布什通过了《不让一个孩子掉队法》（NCLB Act）。该法案包括十一部分，其中第二部分至第九部分具体规定了政府、学校的责任及学校课程的设置等；第十部分规定了政府的财政援助，法案增设了大量的基金、教育经费，旨在帮助地方教育改革及社区学习活动；在最后一部分内容中，政府着重强调了要鼓励各种办学方式，进一步促进终身教育的发展。到了奥巴马执政时期，政府进一步加大了对教育的投入。2009 年 2 月 17 日奥巴马签署《美国恢复和再投资法案》（The American Recovery and Reinvestment Act，ARRA）生效，该法案将大量资金投入到教育事业，由此在资金方面充分保障了终身教育在美国的发展。[①]

第二节　英国的终身教育政策与法规

一、终身教育制度的发展历程

在英国，作为终身教育重要组成部分的成人教育制度的确立，可以追溯到 1919 年由成人教育复兴委员会提交的一份"最终报告书"。这份报告书论证了成人有接受教育的可能性，同时还从制度上确认每一个人的教育都应该予以重视。报告书号召各地方教育行政当局和民间团体应齐心协力，共同推动成人教育制度的建立。1924 年英国制定了《成人教育章程》，其中就政府通过补助金的方式对成人教育援助的事项具体地做出了规定。后来，根据 1943 年公布的教育白皮书的精神和 1944 年《教育法》的规定，成人教育在英国各地方教育行政机构中，作为以继续教育为中心任务的教育活动，最终在制度上确立了地位。从此成人教育作为国家教育制度的组成部分在英国全国各地展开。

---

① 兰岚. 2018. 试析法、美终身教育立法的嬗变及启示. 终身教育研究，（2）：24-32.

1972 年，英国出台的《拉塞尔报告》提出了"永久教育"的说法，建议重新组织英国的教育体系，以适应人们对终身教育的需求。

1986 年，英国制定了国家职业技能标准，随后在全国建立了终身职业教育体系。

1997 年英国全国高等教育研究委员会编写的《学习社会中的高等教育》中指出，学习社会的发展将成为今后 20 年英国所追求的目标，而高等教育的改革对学习社会的发展将发挥积极的作用。同年，英国全国继续教育与终身学习顾问小组发表了题为《21 世纪的学习》的报告书，其中指出，英国目前仍然不是一个学习社会，但是需要发展出一种"全民终身学习文化"，将学习社会的前景予以实现。

二、《学习与技能法》的规定

20 世纪末，英国工党政府对人民终身教育给予了高度重视。1998 年发表了《学习的时代》（The Learning Age）绿皮书，提出要复兴英国的成人教育。绿皮书认为，英国正处于一个新的时代，要迎接这个时代的挑战，必须发展一种新的学习文化，这不仅要打牢家庭和学校教育的基础，同时还要在人的一生中通过各种形式推进学习，并提出如何为求学者提供高质量的学习机会。1999 年 6 月，英国政府发布了《学会成功》（Learning to Succeed）白皮书，副标题为"16 岁之后的学习框架"，并提交国会审查。白皮书分为十章论述，即迎接新世纪的目标、为什么必须改变、成立学习与技能部、16 岁后学习成功的框架、增进品质、青年的教育与训练、支持成人学习者、鼓励学习事业、实施计划的安排与进度、咨询建议。总之，英国政府认为，要建立终身学习体系就必须改变当前提供给 16 岁以上公民的学习框架，继续改革其提供给义务教育后的终身学习机会。因此，需要将原有的比较僵化的、不能适应需要的补助政策、执行机构、督导制度加以改革，从而建立反应灵活、适应地方需要、质量保证的新制度。

为了实现上述新制度，英国政府于 2000 年 2 月拟定《学习与技能法》（Learning and Skill Acts）草案，提交国会审议，于同年 7 月 28 日完成立法程序，并正式实施。《学习与技能法》的主要内容有三点：一是成立中央一级的学习与技能委员会，取代原来的继续教育基金委员会，对继续教育机构进行资助与指导。这不仅充分整合了政府与民间组织的资源，而且扩大了对成人学习活动的资助。二是建立地方的学习与技能委员会，并加强与社区教育组织的联系。三是设立成人学习督导制度，促进各地方成人教育活动，以平衡发展成人学习的机会，保证课程与活动质量。计划建立一个全国、地区和地方的计划、组织和投资体制，以及设立一个投资 16 岁以后教育与培训的全国学习与技能委员会。

第三节　法国的终身教育政策与法规

一、成人教育和终身职业教育法规

法国是世界上最早实施有组织的成人教育的国家之一。早在 19 世纪初，法国就设置了学校后继续教育的机构，通过夜间定时制的方式为成人提供技术教育。

1836 年 3 月 22 日，法国颁布了有关成人教育的一项法令，这是法国早期开展成人教育的一项重要法令。这项法令规定申请开办成人班级者，必须具备"道德行为良好证书"、学业证书和本学区区长的准许证，同时还须持有当地行政部门的审批意见，以及具备教学场地和课程计划。

1919 年法国制定了《阿斯杰法》（Loi Astier），该法被称为法国第一个技术教育宪章。按照该法的规定，国家应全面负责整个职业技术教育，各地行政机关也应为本地的商业和工业学徒、成年工人和职员组织补习班和职业讲座；对 18 岁以下的男女青年，应保证他们有自由参加职业讲座和补习班的学习机会。他们每周占用 4 小时工作时间参加讲座，每年至少要保证 100 小时。虽然该法的条文并没有被全部实施，但是从这时起法国政府开始注意成人的初等职业教育，并使之得到逐步发展。

1947 年，法国"教育改革委员会"向议会提交了《教育改革方案》。该方案严厉批评了当时的法国教育现实，建议对法国教育进行彻底重建，以使每一个人都有机会使自身能力得到最大限度的发挥，使所有的人都得到某种训练。

1956 年，法国政府提出了"终身教育草案"。该草案第一次在官方文件中正式使用"终身教育"概念，并提出终身教育的使命是在各个不同方面，延长、保持和补充学校教育；保持和发展各种水平的职业知识；使劳动者在职业和社会的不同层次上得到提高，尽可能地开拓高等教育途径；为成人适应和重新适应因经济环境变化和技术进步而引起的职业变化创造条件。这个草案对二战后法国成人教育的理论和实践发展均产生了较大的影响。

20 世纪 70 年代，法国现代工业和科学技术的发展水平已进入世界先进行列。第六个教育规划（1971～1975 年）进一步要求教育与经济、社会发展相协调，首先是使人力的开发、利用与就业教育训练之间相协调，因而把加强职业技术教育放在优先考虑的地位。法国议会于 1971 年 7 月通过了《职业教育方向法》。该法规定，终身职业培养是国民义务教育的组成部分，其中包括入门培养和参加职业以后的继续培养。终身职业培养要由国家、地方集团、公私立学校、职业团体、家庭和企业部门共同负责。接受终身职业教育是国民的一项权利，并且规定工作两年以上的雇员有权申请培训假，每年的带薪培训假不少于 100 个工时。

二、职业继续教育法的规定

法国是较早采用立法形式确立终身教育地位的国家。1968 年颁布的《高等教育方向法》在规定高等教育任务时指出大学应该向国家输送各方面的干部，参与各地区的社会和经济发展，以满足国家的需求。高等教育应向已经毕业的大学生和没有机会继续求学的人开放，使他们能根据自己的能力，增加在本岗位晋升的机会或改变职业。大学应促进为各类居民及其各种目的服务的终身教育。在这里，尤其要利用传播知识的新工具。1968 年以前，法国的成人教育主要限于初等、中等教育程度。但从《高等教育方向法》颁布以后，国家要求成人教育也应当具有高等教育这一层次。

1971 年 7 月 16 日，法国国民议会通过了《继续职业教育法》。该法包括四项法律，即《终身继续教育法》《职业训练法》《技术教育法》《企业承担初等阶段职业技术教育经费法》。《继续职业教育法》是第二次世界大战后法国在职业技术教育和成人继续教育方面的一项十分重要的法律。它以国家法律的形式把继续职业教育确定为国民的义务和权利，以适应技术和工作条件的变化，加速经济的增长和工业化进程。这是一部比较完善的成人教育法，不仅明确了继续教育在国民教育体系中的作用和地位，而且还就一些相关的政策做出了具体的规定。比如规定受雇人员享有"带薪学习假期"的权利；对于受雇的劳动者在接受职业继续教育时所需的经费，明确规定由企业和国家来共同承担等。该法还明确指出终身职业教育是国家的义务，继续职业教育是终身教育的一部分。

1975 年颁布的《教育基本法》再次明确指出学校教育是终身教育的基础。国家设立"国立终身教育开发局"（ADEP），协调促进社会各领域中的终身教育活动。

1984 年 2 月 24 日，法国议会又通过了新的《职业继续教育法》。该法进一步明确重申了带薪培训假制度：企业每年应拿出相当于全年工资总额 1.1% 的经费，用于各种形式的培训，其中 0.1% 的资金要上交国家统一安排。该法同时规定，对 18～25 岁的青年分期进行工学交替的职业培训，每期 6～12 个月；违反有关法律者要受到处罚。另外，这部法律还对 1971 年的《继续职业教育法》中关于带薪参加学习和接受培训的假期问题做出了若干限制性的补充规定，如为了照顾企业主的权益，规定受雇人员参加培训的时间，全日制不得超过一年，部分时间的培训累计不得超过 1200 小时。参加培训的人必须在本行业至少工作 24 个月；其中在企业工作应当在 6 个月以上；同时参加培训的人数，不得超过本企业职工总数的 20%。

2004 年 5 月 4 日，法国颁布了一项关于继续教育的新法，即《终身职业培训和社会对话法》。这一新法的首要一点是确认了"个人接受培训权"。法律规定："所有履行不定期合同的劳动者，每年可以享有接受 20 小时培训的个人权利。这一年度权利可以累积 6 年，即 120 小时。"[1]新法律创建了新型的"职业化合同"，以代替过去的青年与成人职业资格合同、职业适应合同和职业定向合同。新的单一合同，便于成年求职者通过普通教育、技术教育、职业教育与企业活动的结合，获得公认的职业资格。

2008 年，法国政府又出台《法国职业教育与培训》政策报告，就相关政策

---

① 转引自兰岚. 2018. 试析法、美终身教育立法的嬗变及启示. 终身教育研究，（2）：24-32.

内容提出了终身教育的全纳性。^①如"学校未来规划""洞察男女教育平等问题"等，使终身教育的适用对象和范围更加广泛，更加接近终身教育的内涵与理念。通过十年的努力，目前法国政府已将终身教育对象的范围拓展到了包含即将踏入社会的青少年及成年人、残疾人、外籍工作者等几乎所有生活在法国的人。此外，法国政府还准备制定相应的法律和政策，加大与各国中介机构的合作，以此达到欧洲各国教育和培训的一体化，建立起职业教育、培训与劳动力市场的桥梁。

三、高等教育法和教育方针法对终身教育的规定

1984 年高等教育法在规定高等教育的四项任务中，第一项就要求高等学校"进行起始教育和继续教育"，并提出继续教育的对象应包括所有已就业者或尚未就业者。为搞好高等学校的继续教育，职业界应参与这方面的工作，企业和经济界应派代表参加制订课程计划，企业的实际工作者参加教学活动。继续教育的教学实习可安排在国有企业、私立企业或行政部门，还可以在这些部门组织工读交替制的教学。

1989 年的教育方针法又明确规定，终身教育是使每个人有可能提高其教育程度、适应经济发展和社会变迁，并使其掌握的知识具有有效性的活动。^②

第四节　德国的终身教育政策与法规

在德国，作为终身教育重要组成部分的成人教育一直受到政府的重视和关注。德国教育委员会于 1960 年 1 月发布的评议报告《关于德国成人教育的状况及任务》是一份重要的教育政策文献。它要求国家承认成人教育，将其作为公

---

① 兰岚. 2018. 试析法、美终身教育立法的嬗变及启示. 终身教育研究，（2）：24-32.
② 兰岚. 2018. 试析法、美终身教育立法的嬗变及启示. 终身教育研究，（2）：24-32.

立教育事业中自由的和不可或缺的一部分，应为其提供财政支持，并在适当时候为此建立法律基础。

一、20 世纪七八十年代的成人教育政策

德国教育委员会于 1970 年在其《教育事业的结构计划》中第一次将继续教育纳入国家教育事业的整体规划。该计划强调了继续教育的地位并明确了继续教育的范围：持之以恒的继续教育的概念，包含了将有组织形式的学习延伸至生活的晚年……有必要将结构化的继续教育建设成为校后补充性的及全面的教育领域。继续教育作为一种持续的或者重新开始的有组织的学习，与学前教育及学校教育的教学过程构成了一个相互关联的整体。继续教育包括了培训、改行教育和成人教育。它对于传统的独立的学习课程是一种补充，并在校后的条件下持续下去。同时，继续教育还试图减除社会上出于对教育需求和教育要求的不满而造成的对教育事业的压力。①

在 1973 年的教育事业整体规划中，进一步要求将继续教育建设成为教育事业的一个重要的领域，并认为不能将继续教育看作一种任意的私人事务或某一群体的利益。20 世纪 70 年代末期和 80 年代中期，石勒苏益格-荷尔斯泰因州、黑森州、不来梅州、巴伐利亚州、北莱茵–威斯特法伦州、莱茵兰–法尔茨和巴登–符腾堡州等，都相继颁布了关于综合管理成人教育和继续教育的法规，对继续教育的任务和目的进行政策纲领性表述，并列举了国家能够对继续教育机构予以承认和赞助的条件。

1985 年，联邦教育和科学部对当时"关于继续教育的命题"提出了重点要求，即"每一个人都要终身学习"。只有不断提高所有公民的素质，才能实现经济、技术和社会结构的变化。为此，第一次教育是不够的。继续教育对每一个人来说，已成为必要的前提和伴随终生的任务。因此，应唤起公民参与继续教育的最大积极性。高等院校要为继续教育开设新的课程，而且要向未曾获得高校入学资格但掌握了一定技能的劳动者开放。

---

① 福尔.2002.1945 年以来的德国教育：概览与问题.戴继强，等，译.北京：人民教育出版社：257.

二、20 世纪 90 年代的继续教育法规

自 1990 年联邦德国和民主德国统一后，原民主德国的继续教育结构完全消失了。以原来老州为榜样，新州也颁布了关于继续教育的法律规章。典型的例子是勃兰登堡州 1993 年 12 月 17 日颁发的《关于管理与促进继续教育法》，其第二款将继续教育的权利看作人格自由发展的基本权利的组成部分。1993 年底，勃兰登堡州实施区域划分改革，新成立了 14 个县及 4 个州辖市。根据《关于管理与促进继续教育法》第五款和第六款的规定，各市必须举办继续教育。当地的继续教育委员会协调继续教育的发展。州继续教育顾问委员会负责在继续教育的原则问题和经费问题上为州政府提供咨询。

第五节　日本的终身教育政策与法规

一、大学函授教育的政策

日本是实施终身教育最早和最为热心的国家之一。早在终身教育提出之前，日本就颁发了关于大学函授教育的文件。1947 年 12 月 15 日，日本大学基准协会颁发《大学函授教育基准》。该文件首先阐述了大学函授教育的宗旨，指出大学函授教育依据教育民主化的精神，实施广泛开放的大学教育；函授教育的课程和本科的课程一样，也是一种正规的课程；大学函授教育既要保证大学函授教育的最低基准，又要体现函授教育的特殊性。接着，该文件具体规定了大学函授教育的要求。基本的要点是：大学函授教育要和全日制大学的课程一样，在同一水准上进行教学；实施函授教育的大学要设立适当的负责函授教育的机构；实施函授教育的大学要根据函授教育的特殊性，配备一定的指导力量；教师的任免、教师资格、身份、待遇等完全依据大学基准执行。此外，文件还就学生定员、学分、考试等问题做出了明确规定。[①]

---

① 瞿葆奎.1991. 教育学文集·日本教育改革. 北京：人民教育出版社：80-81.

二、中央教育审议会关于终身教育的建议

1965 年，日本政府就派遣代表参加了联合国教科文组织主持召开的第三届国际成人教育会议。此后，为了广泛宣传终身教育，日本中央政府出版了大量有关终身教育的文献（含译著、建议、调查报告等）。在中央政府的重视及积极推动下，日本地方行政当局也纷纷响应。据 1973 年统计，当时正在编制长期教育计划的 14 个都道府县中，有 8 个县已把终身教育纳入了计划之中，另有 5 个县则把终身教育包含在社会教育的领域之中予以积极推行。

日本政府从 20 世纪 70 年代初就决定进行教育体系的第三次改革，并明确以终身教育为前景，贯彻"从终身教育的观点出发，对整个教育体系加以综合的整顿和发展"的方针，从学前阶段一直改革到成人教育阶段。

日本政府自 1971 年以来召开了多次教育审议会，每次会议的内容几乎都涉及终身教育。1971 年 4 月召开的教育审议会，首次以"处在社会构造的急剧变化之中社会教育应具有的模式"为题，并指出，为了最大限度地开发每个国民的个性和能力，学习的终身化极其重要，终身教育观念的导入也极为必要。这次审议会以后，终身教育作为社会教育的扩充，其功能和地位开始被正式确立。

1981 年 6 月 11 日，日本中央教育审议会直接以终身教育为主题发表《关于终身教育（咨询报告）》，系统地阐述了终身教育的意义及实施终身教育的基本方针。报告包括五章，分别论述了"终身教育在我国的意义""我国终身教育的现状和今后的课题""成人以前的教育""成人期的教育""老龄期的教育"。在谈到终身教育的意义时，该报告指出："当今，在变化激烈的社会中，人们为了充实、启迪自我，丰富生活，正寻求着适当而又丰富的学习机会。这些学习，以尊重个人意志为根本，按照需要，自己选择适合自己的手段、方法，且贯穿终身……在我国，社会往往过分评价个人在人生较早时期获得的学历，即所谓的偏重学历的社会风气，其结果导致了激烈的考试竞争……今后，应该改变这种倾向，整个社会要广泛地立足于终身教育的思想，尊重个人为提高自己所作的终身努力，并给其以公正的评价，亦即向所谓的学习化社会的方向努力。"[①]

---

① 瞿葆奎. 1991. 教育学文集·日本教育改革. 北京：人民教育出版社：327.

报告要求充实家庭的教育职能，向成人开放学校教育（含大学教育），振兴社会教育，充实面向劳动者的教育和训练，向老年人提供学习的机会。报告还号召终身教育有关机构（含家庭、学校和社会）进行密切的合作。

1984年8月至1987年8月的三年间，日本政府临时教育审议会完成了教育改革方案，先后提出四次咨询报告。贯穿教育改革的基本思想主要是两条：一是重视个性的原则；二是逐步向终身学习体系过渡，建立终身学习的教育体系。

1985年6月26日，日本临时教育审议会提出了《关于教育改革的第一次审议报告》。报告提出了"向终身教育体系过渡"的教育改革原则，认为随着人口寿命的延长、国民生活水平的提高、人们余暇时间的增多，以及为了适应今后信息化和国际化社会的发展，"建设能够为人们提供终身学习机会的'终身教育社会'和尊重个性的多样化生活方式的'又工作又学习的社会'是非常重要的"[①]。

1986年4月23日，临时教育审议会提出了《关于教育改革的第二次审议报告》，该报告就"向终身教育体系过渡"问题提出了具体建议：为了逐步向终身教育体系过渡，满足人生不同阶段需求，应从新的角度来综合地整顿完善家庭教育、学校教育、社会教育等教育体制及学习机会；作为终身教育的起点，要努力恢复家庭的教育作用；学校应担负起作为终身教育机构的作用；根据社会与经济的诸项变化，逐步将大学、高中等调整、完善为社会在职人员也可进行学习的场所；要明确家庭、学校、社区等各教育领域在终身教育体系中的作用与责任，加强它们之间的相互联系。

1987年4月1日，临时教育审议会提出了《关于教育改革的第三次审议报告》，这个报告再次审议了"向终身教育体系过渡"问题，重点是"评价的多元化"和"为终身教育体系奠定基础"。在"评价的多元化"部分，报告提出评价的基本方向应着眼于发展每个人的创造性、个性，为此，必须从根本上改革只着重分数、只着重学历的评价方式；应使评价多元化，为此，必须改革旧的教育制度，建立终身教育体系。[②]报告还提出要改变学校教育与职业生活之间的关

---

① 吕达，周满生.2004.当代外国教育改革著名文献（日本、澳大利亚卷）.北京：人民教育出版社：11.

② 吕达，周满生.2004.当代外国教育改革著名文献（日本、澳大利亚卷）.北京：人民教育出版社：56-57.

系，要为插班学习、转学、调动工作、中途录用等广开方便之门，大力促进学校与地区、工作岗位之间的交流，以期有利于消除人们的封闭感，缓和人们为取得学历而在集中的年限内进行激烈竞争的做法。在"为终身教育体系奠定基础"部分，报告提出，为使每个社会成员都能过上充实的生活，应开辟多种多样的学习活动和学习场所，编写信息化、国际化、高龄化时代所需要的终身学习大纲，创造良好的学习环境，使人们都有选择适合自己愿望、兴趣和方法的学习机会，从而为建立终身学习的教育体系奠定基础。①

1987年8月，临时教育审议会在总结过去三次审议报告的基础上，提出了第四次也即最后一次审议报告，报告再次强调了"向终身学习体系过渡"的目标。报告指出，为了主动适应社会的变化和科技的发展，满足人们新的更高的学习需要，必须改变以学校为中心的想法，综合性地重新组成以向终身学习体系过渡为枢纽的教育体系。②关于完善终身学习体系的具体措施，报告重申要克服学历社会的弊端，使评价多样化；要求家庭、学校和社区相互合作，建立和健全终身学习的基地——在地区、街道的整体上着手建立与健全终身学习的体系，并在全国推广，开创终身学习的道路。报告在谈到完善终身学习的基础时，特别强调要建设有利于终身学习的社区。报告指出，为了完善同终身学习社会相适应的学习基础，建设能够发挥自身特色的、富有魅力和活力的社区，应当在全国范围内完善社区的终身学习体制，以使人们充实自己的生活，主动地开展多样化的活动。③

三、《关于振兴终身学习实施政策及完善推进体制的法律》和《我国的文教施策》的规定

1990年6月，日本国会通过了颁布与实施第71号法律的文件，即《关于振兴终身学习实施政策及完善推进体制的法律》（简称《终身学习振兴法》），这是

---

① 吕达，周满生. 2004. 当代外国教育改革著名文献（日本、澳大利亚卷）. 北京：人民教育出版社：57.

② 吕达，周满生. 2004. 当代外国教育改革著名文献（日本、澳大利亚卷）. 北京：人民教育出版社：68.

③ 瞿葆奎. 1991. 教育学文集·日本教育改革. 北京：人民教育出版社：633.

日本国内第一部关于终身教育的法律。该法于 1990 年 7 月 1 日正式实行，主要内容如下：其一，为振兴终身学习，各都道府县教育委员会要相互协作，确立以终身学习为中心的工作理念；其二，各都道府县具体制定终身学习计划并报文部大臣及通产大臣批准；其三，文部省设立终身学习审议会，审议与终身学习有关的各项计划；其四，各都道府县亦设立相应的终身学习审议会，以推动地方性的终身学习。

1992 年，终身学习审议会进一步提出了"关于适应今后社会变化的终身学习振兴方策"的咨询报告，提出终身学习不仅是国家行政的事业，而且是教育委员会、相关部局、企业、地方公共团体等共同的事业，因此需要国家各行政部门、社会各类团体广泛合作，才能推动终身学习的发展。此后，日本文部省设置了由各局局长等组成的"终身学习振兴政策推进会议"，以负责有关咨询报告措施联络、调整工作，并在国家一级设置文部省与其他省厅进行联络协议的场所。1996 年 4 月，日本文部省公布了《关于充实社区终身学习机会政策的咨询报告》，这份报告总结了日本国内历年来开展终身教育活动的经验，并在此基础上提出了一系列有关实施终身教育的新观点、新建议及新的措施和方法。日本国会于 2002 年对《终身学习振兴法》进行了修订，最终于 2002 年 3 月 31 日以实施第 15 号法律的文件形式，完成了该法律修正案。

1992 年，日本文部省在《我国的文教施策》报告中深入阐发了终身学习问题。报告认为，"今后的学习可以说是以个人的自发意愿为基础，个人根据需要，选择与自己相适应的手段和方法，贯穿其整个一生去进行的。这种学习是作为在除了获得专门的知识技术和提高实际的能力外，还包括体育活动、文化活动、闲暇娱乐活动、社会服务活动等指向自我充实，在活动当中发现乐趣的主体性活动在内的整体来构筑的"。报告强调在提供学习机会上有关行政机构、学校及有关设施应当携手合作。关于学校在终身学习中的作用，报告明确指出学校应当承担两个最为重要的职能：一是培养人们终身学习的基础。人们为了终身能持续不断地进行学习，需要打下相应的基础。为此，在今后的初等和中等教育阶段，需要使受教育者彻底地掌握好基础的和基本的东西，学校在进一步加强发挥个性的教育的同时，应重视培养学生自我学习的欲望和能主动地适应社会变化的能力。二是向社会成员提供多种多样的学习机会。学校要面向社会，接受社会成员进入学校继续进行学习，学校要为社会成员举办开放性讲座，其设施设备也要向社会开放。①

1996 年，教育白皮书的题目是《我国的文教政策——终身学习社会的课题和展望》，再次将终身学习作为文部省政策的中心内容。

四、实施终身教育的组织机构

为了便于教育当局开展终身学习（教育），文部科学省设立了下列实施各种政策和措施的机构。②

（一）设立终身学习（教育）局

为了推动终身学习体系的发展，文部省调整与完善了组织体制，于 1988 年 7 月将社会教育局改组为"终身学习局"，成为它 12 个主要局级机构之一。该局除了社会教育局原有的社会教育课、青少年教育课、学习情报课、妇女教育课外，还增设了"终身学习振兴课"和"专修学校振兴室"。终身学习局企图以终身教育的观点为基础来统筹、协调学校教育、社会教育及文化和体育运动的振兴，并与有关终身学习的其他行政机构进行沟通和协作。这样一来，终身学习局从原来不起眼的排在第五位的社会教育局一跃而成为文部省的第一大局。该局对发展全国的终身教育运动做出了很大贡献。2001 年 1 月，随着日本中央行政机构的改革，终身学习局改称为"终身学习政策局"。现在在文部科学省位居首位的终身学习政策局主要从事发展社会教育团体，援助民间文化教育事业；提供学习信息，建立学习信息网；促进学校向地区、社会开放，以及制定有助于创建终身学习体系的方针政策。③

（二）在地方教育机构设立有关的科室

文部科学省一直鼓励地方教育当局设立负责开展终身学习的司、处、科等

---

① 王义高. 1998. 当代世界教育思潮与各国教改趋势. 北京：北京师范大学出版社：208-211.

② 吕达，周满生. 2004. 当代外国教育改革著名文献（日本、澳大利亚卷）. 北京：人民教育出版社：338.

③ 陈永明. 2003. 日本教育. 北京：高等教育出版社：246.

机构。所有地方当局早已在教育部门设立负责终身学习的处或科。

（三）成立终身学习理事会

1990 年 8 月，日本成立了"全国终身学习理事会"，作为文部科学省的咨询机构。该理事会在 1992 年 7 月向文部科学省提交了第一个政策报告，提出了以下四个方面的具体措施建议：①成人的高层次的继续学习活动；②自愿的学习活动；③儿童和青年的校外活动；④作为"当代任务的学习活动"。该报告也鼓励地方当局设立"地区终身学习理事会"，目前在 47 个地区中已有约一半的地区设立了这类理事会。

（四）各类地方设施

文部科学省一直为各地区建立"地区学习中心"给予财政、技术上的支持。约有一半的地区已建立了此类中心。作为地区综合的中心设施，它一般具有以下职能：①收集和传播有关终身学习的情报资料；②培训人员、专家和教育者；③开发学习计划和材料；④在有关地区开展研究和调查；⑤建立计算机化的情报资料网络。文部科学省还资助地方教育当局按其规划建立计算机化的情报网络。一般主机设在上述"地区学习中心"，而微机终端分布在各城市或有关机构（即社会学习中心）。此类网络提供的情报资料有具体的学习机会和计划，各类教育、运动和文化设施，有关的组织和小组，各区现有的专家和教师等。虽然终端数量还很有限，但为了尽快给社区人民、专家、行政管理人员提供可能的有关资料，预期这类网络在将来会得到进一步的发展。

第六节　韩国的终身教育法规与政策

在韩国，教育改革与教育立法是同步的，以教育改革推进教育立法，又以教育法规的修订与完善保证和推进教育改革。在确立和推广终身教育方面，也是如此。这里将涉及终身教育的主要法规条款作一简要介绍。[①]

一、《大韩民国宪法》和《韩国教育法》的规定

《大韩民国宪法》公布于 1947 年 7 月 17 日，曾经历 6 次修订。1983 年颁布的修订宪法第三十一条第五款规定"国家要振兴终身教育"，标志着终身教育在韩国的正式确立；第六款规定"包括学校教育及终身教育的教育制度及其运营、有关教育财政及教师地位的基本事项以法律来规定"。

《韩国教育法》于 1949 年 12 月公布，截至 1992 年 12 月，已经修订了 34 次。1992 年 12 月颁布的《韩国教育法》在其第九、十、十一条等条款中体现了终身教育理念，如第九条第三款规定："为使在职人员便于学习，采取夜间制、季节制、学时制等其他特殊教育方法。"第十条规定："国家和地方自治团体，采取适当教育措施对未能接受义务教育的超龄者及一般国民进行民主国家公民所必要的教育。"第十一条规定："工厂、企业及其他教育所能利用的一切设施，在不妨碍其本来用途的条件下，都可以用来办学。"[②]

二、20 世纪八九十年代的政策与方案

1980 年 7 月，政府公布以消除"过分课外补习热"为目的"使教育正常化的方案"。其中进一步强调终身教育理念。从此，在韩国教育历史性大转变中，终身教育每次都作为一个重要课题被提到议事日程上。

1985 年 3 月，韩国成立了直属总统的"教育改革审议会"。它经过三年的广泛调查研究，提出了教育改革的十大课题，对终身教育做了具体规定，如加强大学生的继续教育课程，开设非正规和非学位课程，允许大学收取讲课费和注册费，确立继续教育和委托教育体制，扩大单位、住宅小区文化空间和青少年余暇文化设施，建立专设教育广播电视台体制等。

1989 年 2 月，韩国政府为了建立适应现时代的教育制度，又成立直属总统

---

① 转引自方正淑. 1997. 韩国终身教育的现状与课题. 外国教育研究，（4）：48-53.
② 转引自方正淑. 1997. 韩国终身教育的现状与课题. 外国教育研究，（4）：48-53.

的"教育政策咨询会议"。该会议强调,要大力加强继续教育和社会教育,普遍提高国民素质。具体规定:要确立专设教育广播电视台体制,制定自学学位(学士、硕士)认可制度,建立各种社会教育机构等。

1995 年 4 月,金泳三出席韩国教员团体总联合会在汉城召开的全国教育者大会,会上提出题为《实现世界化的新教育》的新教育构想十大课题。其中第一大课题就是建设一个人人都可以终身学习的社会,以保证国民根据自己的意愿在工作单位和学校之间自由出入进行学习。

1995 年 5 月 31 日,韩国教育改革委员会提出了第一个教育改革方案,该方案中与终身教育有关的是建立开放的学习社会,又称为"教育理想国"(edutopia)。在教育理想国中,每个人都有时时可学和处处可学的机会。为了实现终身学习的社会,有几项重要配套措施:一是利用高等教育招收部分学生,通过学分银行制(academic credit bank system)来扩充学习机会;二是为妇女和高龄者提供再训练的机会;三是运用科技媒体来推动远程教育。

1996 年 2 月 9 日,教育改革委员会提出了第二个教育改革方案,其中包含两项措施:一是建立新的职业技能教育体系;二是制定新的终身学习法,以取代旧有的成人与继续教育法,以便为通过媒体、组织、百货公司等扩充成人学习机会做好准备。

三、《终身教育法》的颁布与实施

韩国于 1999 年 8 月 31 日正式施行《终身教育法》。韩国是世界上第四个为终身教育专门立法的国家。第一个是法国,1972 年制定;第二个是美国,1976年制定;第三个是日本,1990 年制定。1998 年 11 月 26 日韩国内阁讨论通过《终身学习法》送国会审定批准,国会讨论认为所有条文都跟教育有关,就批准以"教育"的名称立法。所以 1999 年 8 月 31 日正式实施时法律名称定名为《终身教育法》。《终身教育法》共分五章三十二条。五章的标题分别为"总纲""中央与地方政府的职责""成人与继续教育者""终身教育的实施""补充条文"。第一章描述本法立法目的、终身学习的界定、终身学习的机构、终身学习设施、终身学习原则、建立终身学习设施的角色等。该法将终身学习界定为所有学校教育之外各种形式有组织的学习活动。该法还提出了终身学习的四项原则:①保障每位公民都有均等的终身学习机会；②终身学习是基于学习者自由地参与和志愿地学习；③终身学习不可用来作为倡导政治或个人偏见的手段；④个人学习的终身教育课程应得到社会适当的认可。第二章中规定了中央与地方的职责，特别是财政的支持、终身教育中心及终身学习信息中心的管理。第三章规范成人与继续教育者的地位和责任，主要是终身学习课程的规划、执行、分析、评鉴和教学。第四章说明终身教育的主要设施为各级学校、企业大学、空中学院、职场、非政府组织、媒体等。第五章是补充条款，规定学分时数的计算和行政管理。

韩国《终身教育法》实施以来，取得了较好的成绩。韩国舟城大学教授兼系主任朴福仙博士综合为四个方面：一是为了准备国家层次的终身教育支援方案，政府制订了"终身学习振兴综合计划"，扩展终身教育全面负责及支援机构的运作，包括加强了以成人学习者为对象的学分银行制的运作，充实和完善了有关的法令。二是以《终身教育法》为依据，在教育发展司下设中央终身教育中心，在全国16个大市、道设16个地区终身教育资讯中心，20个乡镇市郡、区成立终身学习中心、终身学习馆。筹备和扩充终身教育设施，其中有9个网络大学、25个公务员教育训练机构、15个人力资源发展中心。在三所大学和三所学院开设终身教育主修课程，一所大学成立终身教育系。三是发展远距离教育，2001年设立了9所新远距大学，2002年设立6所。为扩大老人和弱势阶层的终身学习机会，给予财政上的支援并举办老年教育专责人员的进修教育。四是开始了企业教育的革命。以前在社会上不被认定的企业大学毕业证书，在《终身教育法》公布后得到社会的承认。著名的三星电子、LG半导体、韩国通信等10多家大企业内企业大学所取得的学位已被承认，企业大学以企业所需的技术为教育重点，更有实用价值。

当然，《终身教育法》还存在不少问题。在历经韩国终身教育学会、执政党与在野党提出的全面修正案后，于2007年12月14日公布了修正的《终身教育法》。修正的《终身教育法》主要变更内容为明确终身教育范围、制订终身教育振兴基本计划及重组终身教育支援体系、培育终身教育专职人员及强化设置标准、新增文解（识字）教育相关规定等。这次修正不仅明确了终身教育的范围，而且也使中央与地方的职责与权限更加清晰，因而有利于调动地方的积极性。上述修正使韩国的终身教育向前迈进了一大步，中央和地方政府皆积极着手推进终身学习的发展。中央于 2008 年 2 月成立了"国家终身教育振兴院"（National Institute for Lifelong Education）；各地方自治体方面，广域自治团体（市、县地方政府）纷纷加速制定终身教育振兴条例，而基层自治团体（市区、乡镇）也陆续开始制定终身学习条例。《终身教育法》修正的意义表现在：首先，它明定终身教育的范围为正规学校课程之外所有有关补习教育、成人基础·读解教育、职业能力提升教育、人文素养教育、文化艺术教育、公民参与教育等有组织的、系统的教育活动。这就使终身教育的领域更加明确，而且正如从成人基础·读解教育中所看到的那样，其在某种程度上也反映了教育福祉的观点。其次，它新增加了有关终身教育振兴基本计划的条款，并透过重组终身教育支援体制，力图建构更加系统且有效率的终身教育行政与财政支援体制。修正法第九条规定，教育科学技术部长官每 5 年必须要制定终身教育振兴基本计划；第十一条规定，市与道长官必须每年制定与实施终身教育振兴执行计划，这一规定强化了国家及地方自治体振兴终身学习的义务。国家及市道级别终身教育振兴院及终身教育协议会等机构的设立促进了一般行政和教育行政之间合作关系的建立，有利于终身学习事业的开展；另外，在培育终身教育专职人员及强化设置标准等方面的举措不仅明确了"终身教育士（专职终身教育工作者）"的具体配置标准，而且有助于提升终身教育工作者的专业化水平及能力。[①]

第七节　中国的终身教育政策

一、对终身教育的接受过程

中国对终身教育思潮的反应相对较晚。终身教育思想是 20 世纪 70 年代末

① 李正连，王国辉. 2014.《终身教育法》修正后韩国终身教育振兴政策的动向及特征. 现代远程教育研究，（1）：49-54+112.

引入中国的。1979 年，华东师范大学比较教育研究所将联合国教科文组织国际教育发展委员会发表的报告《学会生存——教育世界的今天和明天》翻译成中文出版。同年，张人杰在人民教育出版社出版的《业余教育的制度和措施》一书中发表了介绍终身教育的论文《终身教育——一种值得注意的国际教育思潮》。1986 年，保罗·朗格朗的《终身教育导论》一书也由中国教育科学研究院的周南照等翻译成中文出版。尽管教育理论界对终身教育有一些介绍和讨论，但在 20 世纪 90 年代以前，中国的教育政策文件中却从未使用过终身教育的概念。

直到 1989 年联合国教科文组织在北京召开的"面向 21 世纪教育国际研讨会"上，中国国家教育委员会（以下简称国家教委）才在提交的报告中首次阐发终身教育的基本思想。报告提出教育将伴随一个人的一生，将越来越成为全社会所关注的事情；教育结构将更加多样、更加灵活，教育将形成一个覆盖全社会的纵横交错的网络。①

二、相关法律和文件对终身教育的规定

中国在教育政策文件中第一次正式使用终身教育的概念，是在 1993 年 2 月 13 日中共中央、国务院颁发的《中国教育改革和发展纲要》中。该文件将成人教育与终身教育并提，指出成人教育是传统学校教育向终身教育发展的一种新型教育制度，对不断提高全民族素质，促进经济和社会发展具有重要作用。尽管这里强调的是发展成人教育，但把终身教育作为对传统学校教育的拓展，并与成人教育的概念相区别，是概念理解上一个显著的进展，也是中国向终身教育迈进的历史性的一大步。

1995 年颁布的《中华人民共和国教育法》在总则第一章第十一条中明确规定："国家适应社会主义市场经济发展和社会进步的需要，推进教育改革，促进各级各类教育协调发展，建立和完善终身教育体系。"第四十一条规定："国家鼓励学校及其他教育机构、社会组织采取措施，为公民接受终身教育创造条件。"第十九条还就现代终身教育关注的重点——职业教育和成人教育，做了具体规

---

① 张泰柏. 1990. 论电大教育系统管理中的新观念. 现代远距离教育，（3）：34-37.

定："国家实行职业教育制度和成人教育制度。各级人民政府、有关行政部门以及企业事业组织应当采取措施，发展并保障公民接受职业学校教育或者各种形式的职业培训。国家鼓励发展多种形式的成人教育，使公民接受适当形式的政治、经济、文化、科学、技术、业务教育和终身教育。"

1996年，国家教委在制定《全国教育事业"九五"计划和2010年发展规划》时提出，要进一步发展各种类型的职前、职后培训和继续教育，基本形成学历教育和非学历教育并重，不同层次教育相衔接，职业教育和普通教育相沟通的职业教育制度和体现终身教育特点的现代社会教育体系。

1996年颁布的《中华人民共和国老年人权益保障法》阐述了老年教育的问题。其中第三十一条明确规定："老年人有继续受教育的权利。国家发展老年教育，鼓励社会办好各类老年学校"，使"老有所养，老有所为"，满足他们增长知识和技能、学以致用、服务社会及丰富生活、增添快乐、抗老益寿、陶冶情操以及完善人格等方面的需要。

1999年发布的两个重要的教育政策文件——《面向21世纪教育振兴行动计划》和《中共中央国务院关于深化教育改革，全面推进素质教育的决定》对终身教育的内涵做出了进一步的比较全面而深入的阐述。1998年出台的《面向21世纪教育振兴行动计划》中提出了"构建终身教育体系和学习化社会"的目标任务和工作思路。该计划强调，"终身教育将是教育发展和社会进步的共同要求"，还明确提出要"建立和完善继续教育制度，适应终身学习和知识更新的需要……依托现代远程教育网络开设高质量的网络课程，组织全国一流水平的师资进行讲授，实现跨越时空的教育资源共享……发挥高等教育和中等专业教育自学考试制度的优势，不断扩大社会成员的受教育机会"，要求在2010年基本建立起终身教育和终身学习体系。1999年，《中共中央国务院关于深化教育改革，全面推进素质教育的决定》从终身教育的实施及其体制的完善的角度提出："高等学校和中等职业学校要创造条件实行弹性的学习制度，放宽招生和入学的年龄限制，允许分阶段完成学业。大力发展现代远程教育、职业资格证书教育和其他继续教育。完善自学考试制度，形成社会化、开放式的教育网络，为适应多层次、多形式的教育需求开辟更为广阔的途径，逐渐完善终身学习体系。"该决定还提出要"运用现代远程教育网络为社会成员提供终身学习的机会"。

三、21 世纪的政策动向

2001 年，全国人民代表大会九届四次会议通过了"十五"计划纲要，确定了在今后五年及更长一段时期内"逐步形成大众化、社会化的终身教育体系"的奋斗目标。

2001 年，中共中央宣传部办公厅下发了《2002—2005 年全国人才队伍建设规划纲要》，其中提出"开展创建'学习型组织'、'学习型社区'、'学习型城市'活动，促进学习型社会的形成"。

2002 年 11 月，党的十六大报告把形成全民学习、终身学习的学习型社会作为实现全面小康社会的重要目标之一。报告对教育的发展提出了明确的要求："人民享有接受良好教育的机会，基本普及高中阶段教育，消除文盲。形成全民学习、终身学习的学习型社会，促进人的全面发展。"

2003 年 10 月，党的十六届三中全会决定再次强调要"构建现代国民教育体系和终身教育体系，建设学习型社会"。

2003 年 10 月，《中共中央关于完善社会主义市场经济体制若干问题的决定》进一步要求深化教育体制改革。构建现代国民教育体系和终身教育体系，建设学习型社会，全面推进素质教育，增强国民的就业能力、创新能力、创业能力，努力把人口压力转变为人力资源优势。

2004 年 9 月，《中共中央关于加强党的执政能力建设的决定》中，明确要求"营造全民学习、终身学习的浓厚氛围，推动建立学习型社会"。

2006 年 10 月，《中共中央关于构建社会主义和谐社会若干重大问题的决定》再次提出要"深化教育改革，提高教育质量，建设现代国民教育体系和终身教育体系"。

2010 年 7 月，中共中央、国务院颁发《国家中长期教育改革和发展规划纲要 2010—2020 年》（以下简称《纲要》）。《纲要》强调指出要构建灵活开放的终身教育体系，并提出了具体的要求：发展和规范教育培训服务，统筹扩大继续教育资源。鼓励学校、科研院所、企业等相关组织开展继续教育。加强城乡社区教育机构和网络建设，开发社区教育资源。大力发展现代远程教育，建设以卫星、电视和互联网等为载体的远程开放继续教育及公共服务平台，为学习者提供方便、灵活、个性化的学习条件。《纲要》还提出要搭建终身学习"立交桥"，促进各级各类教育纵向衔接、横向沟通，提供多次选择机会，满足个人多样化的学习和发展需要。健全宽进严出的学习制度，办好开放大学，改革和完善高等教育自学考试制度。建立继续教育学分积累与转换制度，实现不同类型学习成果的互认和衔接。

从以上所述可以看出，我国已将终身教育纳入教育改革和发展的长期规划。为了保障终身教育理念转化为实践行动并得以切实有效地推进，终身教育必须有法律护航，尽快立法已成为当务之急。[①]终身教育包括学校教育和学历后继续教育两大部分。目前，学校教育已有多部法律，但学历后继续教育作为终身教育的重要部分却至今没有一部专门的法律。出台终身教育法将完善我国现有的教育法律体系，并进一步推动终身教育的实践。

由上可见，政府通过立法或行政手段来推动终身教育的实施是各国推行终身教育的共同经验。各国政府都认识到，终身教育是开发人力资源，提高劳动者素质，保持较高劳动生产率和竞争力的重要支柱，这是终身教育能够迅速发展的根本原因。

---

① 丁红玲，张利纳. 2014. 关于我国终身教育立法的建议与思考. 教育理论与实践，（21）：17-19.

第八章
终身教育中的成人教育

保罗·朗格朗指出，在为保证终身教育实现所采取的各项措施中，成人教育的发展是至关重要的，"因为成人教育看上去是整个终身教育的'火车头'"[①]。《学会生存——教育世界的今天和明天》一书同样强调成人教育的重要意义，认为"教育过程的正常顶点是成人教育"，"成人教育在任何社会中再也不能是无关紧要的活动部门了，我们必须在教育政策和教育预算中给予它应有的地位"。[②]作为工业革命产物的现代成人教育已有200多年的历史。但是到了第二次世界大战，尤其是20世纪60年代以后随着新技术革命和终身教育思想的广泛传播，成人教育才得到迅速的发展。本章试图通过介绍和分析美国、英国、法国、德国、日本、韩国及中国的成人教育实施情况，来了解当代世界推进终身教育取得的进展与经验。

---

① 保罗·朗格朗. 1988. 终身教育导论. 滕星，滕复，王箭，译. 北京：华夏出版社：142.

② 联合国教科文组织国际教育发展委员会. 1996. 学会生存——教育世界的今天和明天. 华东师范大学比较教育研究所，译. 北京：教育科学出版社：247-248.

第一节　美国的成人教育

美国国家教育统计中心关于成人教育的定义为：成人接受的业余教育，包括非学术教育及攻读学位的教育活动。《1981年成人教育学院情况调查》中指出，成人教育是指参加所有课程的学习和参加有组织的教育活动，但不包括那些全日制学生参加的为了获得中学毕业文凭或获得学位的课程，也不包括那些6个月或更长一些时间的职业培训课程。成人的定义限定为年龄在17岁或17岁以上的人，参加业余成人教育活动的全日制学生也包括在成人教育参加者之列。

一、美国成人教育的基本特点

（一）重视成人教育的政策与财政支持

成人教育立法是成人教育发展的重要保证，也是各国政府干预、管理和控制成人教育的一个重要手段。美国政府同样非常重视成人教育立法。例如：1914年颁布的《史密斯-莱威尔法案》、1917年颁布的《史密斯-休斯法案》、1966年颁布后又多次修改的《成人教育法案》。1993年，国会通过了《政府业绩与成果法》，要求联邦政府为每一项终身学习计划制订发展策略与制度成就评估方案，并且建立相应的衡量指标和尺度——国会将根据这些措施的实施来评估计划的有效性，决定资助的水平。这一计划使联邦政府不再只是为终身学习计划提供充足的援助，它还必须保证并监督这些计划取得良好的效果。1998年，美国政府还通过了《成人教育与家庭读写能力法》，此法授权教育部提供远程教育方面的支持，促进教育技术在课堂上的应用，促进学习机会的不断扩展。

据统计，从1991年到1998年，美国政府对成人教育的资助从1991年的2.01亿美元增长到1998年的3.6亿美元。大多数成人获得的财政支持来自联邦教育部的中等后教育发展基金计划。1997年开始实施的"终身学习税收信贷计划"

主要为成人的中等后教育与学习提供财政支持。另外，为促进终身学习的推广，美国在财政资助上还设有各种奖学金及助学金，如佩尔助学金、帕金斯助学金、联邦直接助学金、传统黑人学院补助金等。发放奖学金和助学金既提高了学习者的积极性，也为一些处境不利群体开辟了新的学习机会。

（二）广泛运用现代教育技术

科学技术的进步特别是现代信息技术的飞速发展，极大地推动了成人教育手段的现代化。在成人教育领域利用因特网、卫星等先进的通信技术，使成人参与教育活动在时间安排、内容选择、与指导教师之间的交流等方面更加方便和灵活。成人可以根据自身的特点，更加积极主动、创造性地学习。同时，正是因为与传统的教学手段相比有明显的优点，因特网等先进的教学手段在成人教育领域才得到广泛的运用和推广。有资料表明，远程教育在美国已实施多年。以下是几个有代表性的例子：①"国民技术大学"（National Technological University），这是专门从事远程教育的机构，成立于 1984 年。它直接向公司办公地点传送培训课程和硕士课程。参加提供课程的有包括许多著名大学在内的48 个单位，如哥伦比亚大学、普度大学、加州大学伯克利分校、斯坦福大学、马里兰大学等。硕士学位课程设有化工、计算机工程、计算机科学、电机工程、技术管理、材料科学等 13 个专业。②斯坦福大学。该大学的远程教育实施机构为斯坦福职业发展中心（Stanford Center for Professional Development），技术平台为教育电视网与互联网，也采用录像带和 CD-ROM 课件。它所提供的课程有三类：一是硕士学位课程计划。在职人员可以一面工作一面学习，合格后能得到硕士学位。二是研究生课程进修证书。它只允许在职人员申请，主要目的是提高学习者的知识、技能水平，需要学完 12～18 学分的研究生课程，成绩为良好及以上者可申请证书。三是旁听计划。它不需要参加考试，不能获得成绩和学分，仅作为个人进修。斯坦福大学远程教育的工科学位课程有 250 多门，在全国有 200 多个办学站，每年在读学生超过 5000 人。③加州大学伯克利分校。该校的远程教育由学校的扩展部实施。扩展部在伯克利镇中心区有一座 4 层的办公大楼，有雇员近 400 人，每年各种形式继续教育的收入超过 5000 万美元。该校的继续教育学员中绝大部分为本科以上学历人员，学员中已具有硕士学位者接近 40%，具有博士学位者 10% 左右，他们所接受的大多数属于非学历、非学位的培训，是大学后的继续教育。该校的远程教育主要采用网络教育形式，可提供 1400 门以上的网上课程，并且有 6 个以上的证书计划，专业领域为计算机信息系统、电子商务、项目管理、远程通信、市场、工程及其他。④麻省理工学院。该校的工学院、斯隆管理学院与工业界联合于 1997 年启动了一个培养新的一类以技术为背景的领导者的创新研究生学位计划，该计划的名称为系统设计和管理，可利用设在麻省理工学院的先进的互动式远程教育技术平台，使学员在他们的工作地完成课程学习要求。①根据美国 New-Promise 公司的统计，截止到 2002 年 12 月 18 日，有 415 所大学开设的 4216 门课程在该公司登记上网，上网的课程覆盖了美国半数以上的州。②

（三）学历层次越高参与成人教育的比例越大

　　根据美国联邦教育部的统计报告，2001 年全国参与成人教育的人数共有 8509.1 万人。其中，受过高等教育的有 6365 万人，占参与成人教育总数的 74.8%；受过高中教育或同等程度职业技术教育的占总数的 20%；受过高中以下教育的有 429.1 万人，只占参与成人教育总数的 5%。在 2346.8 万名已获学士学位的职工中，有 1515.9 万人参与成人教育，占同类职工总数的 64.6%；在 1096.2 万名已获硕士学位的职工中，参与成人教育的有 789.7 万人，占同类职工总数的 72%；在 353.7 万名已获博士学位的职工中，参与成人教育的有 215 万人，占同类职工总数的 60.8%。而在受过高中或高中以下教育的 5003.1 万名职工中，只有 1934.2 万人参与成人教育，占同类职工总数的 38.7%。从上述数据可以看出，受过中等教育的职工参与成人教育的比例大大低于受过高等教育的职工参与成人教育的比例。③为了满足人数众多的具有高等教育学历的职工接受成人教育的需要，美国政府十分重视对大学后成人继续教育的投入。据统计，2000 年底美国共有 18 056 个各种类型的大学后成人继续教育中心，其经费、师资、校舍等都得到了政府和企业的资助。为了实施高层次的大学后成人继续教育，美国创建了国家技术大学。这个由 45 所著名大学联合创办的新型学校，利用卫星进行硕士研

　　① 孙学伟，刁庆军.2001. 美国远程教育发展情况及其启示. 现代远程教育研究，（1）：45-48.
　　② 肖利宏.2005. 当前美国成人教育发展的主要特点. 继续教育，（1）：58-59.
　　③ 肖利宏.2005. 当前美国成人教育发展的主要特点. 继续教育，（1）：58-59.

究生教育和短期课程继续教育，目前设有 280 个教学点，主要分布在大企业、研究机构和重要的国防基地，在欧洲也设有教学点。

（四）成人教育的主要目的是提高自身的素质与能力

在人们的传统观念中，接受教育获取学历和文凭是受教育者的主要目的。但随着社会的进步和时代的变迁，这种状况在美国成人教育中已发生了很大的变化。当前成年美国人接受教育的目的已不再是追求学历和文凭，更注重的是提高自身的素质与能力。美国商务统计局调查表明，1992 年至 1993 年 3 月，25 岁以上的成年美国人有 4/5 完成了高中学业，1/5 完成了大学本科学业，达到了美国历史上的学历教育最高普及水平，结果出现了"高学历、高失业率"的严重问题。因此，现在美国人的教育消费很注重实用性，他们参与成人教育的主要目的不再是获取学历和文凭，而是提高自身的素质与能力。根据美国联邦教育部最近的调查统计，在总共六种成人教育活动中，成人参加与工作有关的课程学习的人数占成人总数的 23.1%，参加个人发展课程学习的人数占成人总数的 22.8%，参加中等后教育学历文凭教育的人数只占成人总数的 9.4%，这表明成人更多的是愿意参加与工作有关的课程学习和个人发展课程学习。[①]

二、美国成人教育的实施机构

（一）社区学院：美国成人教育的重要机构

社区学院是指设立于社区，由地方教育行政机构认可并接受其督导的，主要为所在社区成员提供高等教育、职业技术教育或社会性的文化生活教育等方面服务的教育、培训实体。美国的社区学院最早创办于 1901 年，迄今已有 100 多年的历史。1892 年，芝加哥大学首任校长哈珀首先实施大学一、二年级与三、四年级的分离，并把前者称为"学术学院"（academic college），后者则称为"大学学院"（university college）。以后两部分又分别称为"初级学院"和"高级学

---

① 肖利宏. 2005. 当前美国成人教育发展的主要特点. 继续教育，（1）：58-59.

院"。20世纪上半期，初级学院迅速发展。第二次世界大战后，公立初级学院称为社区学院。20世纪60～70年代是社区学院快速发展的时期。1966～1976年公立社区学院的数量增长了82%（从565所增加到1030所），大约每隔一个星期就有一所新的社区学院成立。同期学生数的增长更快，从130万上升到大约400万，增长率约为200%。最新资料显示，目前美国两年制学院学生数大约为1040万，其中540万学习学分课程，500万学习非学分课程；63%为部分时间制学生，37%为全日制学生。社区学院学生占全美大学生总数（本科及本科以下）的44%，占美国高校新生的45%。美国共有社区学院1172所，其中公立社区学院992所，非公立两年制学院148所，两年制部落学院[①]32所。[②]在美国，社区学院在终身学习的发展中起着重要的作用。原因在于它具有以下优点。

一是立足社区。主要反映在以下几个方面：它是该社区基础教育阶段学校体系在社区内的延伸，是该社区学校体系的一部分；是该社区高等教育、成人教育的重要阵地，是社区成员享受终身教育的重要实体；它所开设的课程与本社区的经济、社会发展结合紧密；学员主要来自本社区。

二是不设门槛。社区学院是一种开放性的高等教育机构，其对成人的开放性已达到了几乎没有什么限制的地步，因此有人称之为"开门学院"。它不需要一般的入学资格如考试成绩等，只要具有高中毕业程度或同等学力即可，不受年龄限制，不论以往成绩。

三是内容适用。社区学院专业、课程和教学内容，都很实用。转学课程严格按照州政府和四年制普通大学的要求来安排，以便使尽可能多的学生能够转学到普通大学三年级；职业技术教育类课程密切结合社区内的企业和其他单位对雇佣人员的要求，毕业后可以立即上岗；社会文化生活类课程紧密结合社区居民日常家庭生活、文化生活或体育健身实际，学用结合，立竿见影。

四是教学灵活。专业、课程、教学方法和教学组织形式都较灵活、适用。大批社区学院都有权开设相当于普通大学一、二年级的某些课程，更可以开设各种短训性质的或文化娱乐性质的、面向青壮年甚至老年人的各种培训、补习、

---

① "部落学院"是指美国专为土著人举办的两年制高等学校。
② 万秀兰. 2003. 美国社区学院的改革与发展. 北京：人民教育出版社：8-9.

研修课程等，教育、培训服务的层次较多。既可以采用课堂教学，也可以采用远距离教学，有些课程还可以安排在实验室、工厂、车间、农场等处请老师或技术能人"现身说法"。既可以白天上课，也可以晚上上课；有的课在校本部上，也有的课在分部或租借当地中学、图书馆等场所上课；学生一次可以选一门课，也可以选数门课；可以读一个学期，也可以读一年到两年；可以根据自己的时间和精力随时来读或随时停读。

五是交通便利。社区学院设于社区内，学生上学很方便，特别是方便了走读的学生，以确保为尽可能多的公民在其短时间所及的范围内提供接受高等教育的机会，至少提供接受高等教育前两年的机会。社区学院无处不在，能够满足各地、各类人群对终身学习的需求，并能够根据他们的需求提供相应的服务。美国的社区学院遍布全美各地，仅加利福尼亚州就有 106 所社区学院。加州最大的社区学院，即旧金山社区学院有注册学生 85 000 余名，下设 9 个分部，100 余个服务点。即使在一些偏僻的小城镇也建有自己的社区学院或办学点。社区学院的办学宗旨，就是为全体社区居民提供良好的教育服务，最大限度地满足社区所有成员的学习需求。

六是学费低廉。尽量让任何想进入社区学院学习的人不因经济困难而受阻，是社区学院的基本目标之一。即使是在社区学院学习大学前两年的课程，所需费用也要比四年制大学的前两年低廉得多。学院所需经费，约 39% 来自州政府的税收，18% 来自当地政府拨款，30% 来自联邦政府拨款，其余来自学费、企业资助和校友捐赠等。相对而言，政府对社区学院支持的力度明显大于对大学的支持力度，正是由于政府对社区学院的大力资助，社区学院的学费标准大大低于大学的学费标准。美国公立社区学院的每年学费约为 1300 美元，仅相当于公立大学学费的一半。家庭经济状况不好的学生，如付不起学费，可以享受助学金、补助或其他形式的帮助。在有些州，如加利福尼亚，社区学院对本州学生全免费。

（二）高等学校的成人教育

美国的大学和学院一般都进行成人教育，而且形式多样。据美国大学委员会统计，1988 年在全美四年制大学中攻读各种学位的成人学生共计 600 余万人，占注册攻读学位学生总数的 45%，加上非攻读学位的成年学生，总数高达 1200 万人，其中在职人员占 70%，妇女占 40%。1972 年，美国高等教育中只有 29% 的大学生超过 24 岁，而六年之后这一比例上升到 35%，目前的比例已达 50% （平均年龄超过 34 岁），其中 70%是部分时间制学生。^①美国成年人教育委员会办公室于 1989 年发表的一份调查报告说，在他们调查的 1000 户家庭中，每户在过去的二年内至少有 1 名年龄在 25 岁以上的成年人在大学里攻读某种学位。^②

（三）工厂企业的继续教育

美国是世界上最早对企业人员进行继续教育的国家。美国卡内基基金会 1985 年发表的一份报告说：越来越多的美国工商企业重视智力投资，对雇员进行教育和培训。据统计，在 1990 年这项教育经费达 2000 亿美元，与美国正规学校系统的教育经费大致相当。

美国工厂企业继续教育的办学形式主要有两种^③：①工厂企业自己办学。不少工厂企业为了培养本单位的在职职工，都自己举办教育。据统计，85%的美国大企业都开展这类培训。近年来还把注意力放在高等教育这一层次。在企业自办的高等学校中，还设置有授予协士、学士甚至硕士学位的课程。现有 100 多家企业开办的 1100 多种课程经美国教育理事会批准为学分课程。据 1987 年统计，能授予博士、硕士学位的企业大学就有 21 所。国际商用机器公司每年用 9 亿元办高等教育，由本公司的职员任教，讲解本公司的产品性能及生产经营管理之道，定向培养本公司所需要的技术人员。通用汽车公司也创办了通用汽车公司工程和工业管理学院，设有机械工程、工业工程、电机工程和工业管理等 4 个专业，学制 5 年，培养本公司所需要的工程技术和工业管理人才。学生入学后实行半工半读，一边学习系统的基础学科，一边在公司的有关单位工作。②工厂企业与高等学校协作为职工提供进修机会。其协作途径大致包括以下几种：一是高等学校根据需要为企业职工提供可在本企业内修完的各类课程，

---

① 克里斯托弗·K. 纳普尔，阿瑟·J. 克罗普利. 2003. 高等教育与终身学习（第三版）. 徐辉，陈晓菲，译. 上海：华东师范大学出版社：63.

② 转引自陆有铨. 1997. 躁动的百年——20 世纪的教育历程. 济南：山东教育出版社：604.

③ 顾明远，梁忠义. 2000. 世界教育大系·职业教育. 长春：吉林教育出版社：315-316.

甚至提供全套学位课程。其他教育机构，如中等学校则为企业职工提供基础教育、高中实习和职业训练。二是由企业和学校共同授予学分和学位。许多有影响的大企业和高等学校一起对学员进行考核，根据学分积累而授予各级学位。其中在职人员的工作经历和经验也算作学分积累的一部分，而且在授予学位时还把对实践的考察作为一项重要内容。三是由企业出资供在职人员到企业外的高等学校去进修，学习本企业急需的专业知识和技术。企业和学校联合办学。这种办学形式一般由工厂企业资助办学经费，依托学校开展教学工作。设在科罗拉多州的全国技术大学就是企业与高校合作办学的一个典型。这所大学由 18 家企业和 20 所名牌大学联合开办。企业提供办学经费，学校提供固定的师资、教学场所和设备，在该校脱产进行的在职人员，经 3 年培训可达到硕士水平。

三、校外毕业证书计划与学位制度

在校外毕业证书计划（external diploma program，EDP）中，对成人学习者不再采取传统的测验方式，而是依据其在实际生活中获得的知识与经验水平决定是否发给中学毕业证书。这对鼓励成年人参加学习起了很大的推动作用。该计划在实践中遇到了一些困难，如该计划主要是与人们的职业能力相关，但缺乏一个统一的评价标准，故该文凭虽然得到了教育部门的认可，但有些大学或学院会要求申请入学者参加另外的测试。尽管如此，其推动作用仍然不可低估，如 2000～2001 年参加这项计划的人数达到 260 万人，其中参加成人基础教育的占 37%，参加文化或公民教育的占 42%。[①]

此外，1970 年美国纽约州还创设了"校外学位制度"，对通过自学或其他方法学完高等课程的人，州教育行政最高机关采用适当办法，对其进行检测、评价，合格者授予学位。与此相关，美国有的州（如纽约州）还实行"学分银行""大学资格认定考试"等办法。学习者参加这种考试，取得一定学分，存储在"银行"，再通过校外学位制度取得学位。

---

① 王洪才. 2008. 终身教育体系的建构——全面小康社会的呼唤与回应. 厦门：厦门大学出版社：95.

第二节   英国的成人教育

英国的成人教育可追溯到19世纪中叶成立于牛津大学的皇家专门调查委员会，当时的剑桥大学也有同样的调查委员会，后来又成立了数家专门调查委员会。调查委员会的许多报告促使大学产生了一系列变化，其中之一便是使大学与更大范围的学生及大学院校外的各地方和国家社区发生联系，把大学带给那些要求接受教育的大众。《1944年教育法案》的颁布实施则标志着英国的成人教育逐步走向规范与成熟。[①]

英国成人教育的主要机构如下。

（一）国家推广学院

英国国家推广学院（National Extension College）于1963年创建。学院从一开始就采用远距离教学形式。该学院由于发展模式与函授学院及开放大学相类似而陷入了困境。1977年决定与伯纳德继续教育学院联合成立弹性学习（flexi study）中心，到1983年，开设弹性学习中心的学院已达130个，学生约万人。现在国家推广学院已在200多个学院建立了弹性学习中心。学生要参加弹性学习，首先需就近在地方学院（local college）注册远距离学习课程，学院为其选择的科目提供教材、安排作业指导教师和面授教师，提供上机与实验的机会、考试设备与咨询等。然后，学生在家里学习，邮寄作业。远距离学习材料由国家推广学院为地方学院提供。通过这种方式，国家推广学院将一般难以协调的远距离教育、开放学习与当面指导较好地统一了起来。到1988年，在国家推广学院注册的人数已超过25万。在课程设置上，国家推广学院既设有普通课程、职业课程、专业课程，也设有中等、高等及学位外课程，层次多样，覆盖面广，因而充满生机和活力。

---

① 陶成，崔军. 2005. 英国成人教育的历史发展. 继续教育，（5）：57-59.

（二）英国开放大学

英国开放大学是 20 世纪下半叶成立的一所新型高等学校。该校以远距离教学为基础，招收部分时间制成人攻读高等教育课程。1969 年 6 月，英国开放大学正式宣告成立，成为有权授予学位的独立自治大学。1971 年，招收第一期学生，人数为 19 581 人，平均年龄 35 岁。在成立典礼上，首任校长克劳瑟勋爵（Lord Crowther）提出了学校的办学理念：对学习者开放、学习地点开放、学习方法开放和观念开放。正是遵循这一著名的"四开放"理念，英国开放大学向所有的大学求学者打开了求学之门：不管种族、国籍、性别、宗教信仰、原文化程度、入学动机等差异，只要本人有注册入学学习的愿望，向学校的地区教育中心提出申请，根据学校现有的教学名额及指导教师，任何公民都可以按报名次序的先后录取，成为其学生。学生可以自己选择学习内容、学习地点、学习时间和学习方式，自己确定学习进程，按自己专业兴趣和学习条件制订自己的学习规划，开展自己的学习活动。英国开放大学的主校区在英格兰中部的弥尔敦肯尼斯，下设 13 个地区中心（英格兰 10 个，苏格兰、威尔士和北爱尔兰各 1 个）和 260 个分散在当地高等教育机构的学习中心。据 1996 年统计，英国开放大学有专职员工 3000 名，内含教师 800 名，行政管理人员 1700 名，影视制作人员 200 名。另在开放大学各级学习中心兼职指导教师、顾问 7000 名。

英国开放大学的全方位的彻底开放性，从根本上打破了传统教育中学习者的身份限制、校园围墙教室空间时间限制、集中课堂教学的模式限制和专门化、专职化甚至特权化的教育观念限制，使受教育者真正成为自立、自由、自愿、自律的能动学习主体，成为随时随处都能学习的终身学习者。全方位的彻底开放使大学不再是一种等级身份的象征，公民进入大学不再是一道被严格筛选阻隔的门槛，学习意愿成了人们选择开放大学的唯一资格。所有这一切，都充分地体现了现代教育的终身化、学习化、民主化和生活化的根本特征和发展趋势，极大地鼓舞和激发了人们投入大学学习生活的热情和愿望。

英国开放大学办学模式灵活多样。学生可参加脱产的住校学习，也可采取不脱产的方式学习。英国开放大学几乎所有的学生都是成年人，超过 80%的人在学习期间仍然就业。这种学习、工作两不误的教学形式吸引了广大成年学生，对残疾人、上班族、家庭主妇、老年人来说，开放大学是更方便、更有效的学习场所。另外，开放大学在专业学科、教育层次、学习方式等方面灵活多样，其学科有理、工、农、医、教育、人文等；学历层次上有专科、本科及研究生，学士、硕士到博士学位均可授予；就连研究生也有业余和全日制两种学习方式。

英国开放大学虽然办学方式灵活，但其教学质量却保持在高水平上。主要原因在于它拥有高水平的教师、先进的教学手段及对学生的严格要求。开放大学对教师的选聘向来十分严格。所聘教师一般都是各大学的优秀教师或某一行业、领域的专家、学者。所以，开放大学始终拥有一支高素质的教师队伍。开放大学的教学手段先进。1995 年初，开放大学向所有学习者提供了 CoSy 会议系统，即学生利用计算机通过电子邮件或者上网进行学习。这种学习方式可以使学生快速获取信息，学生通过互联网同教师讨论，并获得教师的帮助。教师通过网络评判学生的作业并迅速返还给学生。开放大学质量高还由于对学生学业的严格要求。在开放大学，学生每周必须自学指定的文章，收听、收看广播电视讲座，完成教师布置的作业，要顺利毕业必须获得相应的学分。研究生在某个指定领域进行研究，写出合格论文。开放大学设有大学评定委员会，负责制定教学条例并进行监督及抽查，发现问题及时解决，这对教学质量起了强有力的保障作用。

（三）产业大学

"产业大学"（University for Industry，又译为"企业大学"）一词最初是由英国的一个民间研究机构——"公共政策研究所"（Institute for Public Policy）提出的。1996 年，政府发表了《产业大学，创建全国学习网》报告书，提出应该创建学习时代教育组织的新方式。1998 年英国政府发表《学习的时代：一个新的不列颠的复兴时代》绿皮书，在该绿皮书有关学习型社会的设想中，明确提出了创建"产业大学"的计划。英国的教育与就业部为此专门制定了一份《英国的产业大学——使人人都参与终身学习》的计划书，对产业大学的设立进行了全面而具体的规划。在政府和社会各界的大力支持下，英国的产业大学迅速由理念转化为现实，由前期研究机构的试点转化为政府促动的全面性推广。为了启动产业大学，政府在 1998～1999 年度投资了 1500 万英镑，2000 年秋产业大学正式开始业务运营。

从严格意义上说，产业大学不是传统意义上的大学，而是一种开发和推行开放及远距离学习的组织。它提供的学习产品和服务虽然主要面向产业界，但并不局限于产业界人士，实际上产业大学是面向所有人，帮助个人和组织认识自己的学习需要，并把它们与最适当的学习资源联系起来的新型学习机构。它拥有信息通信技术系统，利用其所创造的各种机会来解决人们面临的各种学习问题。从 1998 年开始，政府计划 5 年内让产业大学在学习革命中发挥领导作用，使它成为英国建立学习型社会的标志。英国政府认为产业大学计划的实施，关系到英国的前途和命运。产业大学不是传统意义上的教育机构，它也没有传统意义上的学生和教师，而是广泛利用信息通信技术与国家学习网络紧密合作，并通过各地的公立和私立的合作者，形成一个在因特网支持和推动下的社会化学习体系，开展与学习服务相关的活动①：

一是分析市场的需求和潜在的用户。产业大学积极加强与政府、企业的合作，帮助分析市场需求，及时调整决策和实施计划。分析和决策的内容包括就业技能方面的缺陷、学习者对学习的态度、可以使用的合适的资源范围等。

二是通过大量的推销和宣传，推动学习的需求。产业大学充分利用广播、电视、报刊、在线等手段，开展大规模的有关终身学习和产业大学的宣传活动。建立会员资格制，鼓励人们与产业大学建立终身的联系；发放印有产业大学标记的"俱乐部卡"，该卡按学习者参加的零散学习给分，可以折换成个人学习账户或者"学习手册"，手册上印有完成一项学习计划的标记；产业大学还努力使学习者的会员资格与最新的信息与通信技术所支持的"个人学习账户"相衔接，鼓励人们为学习而储蓄；在网站上设立"兴趣小组"，供学员提问题和参加讨论。

三是为学习者提供学习指导和服务。这主要是借助全国电话求助热线（telephone help line），建立数据库和资料名录，设置有关当地职业及学习的信息与指导网络，为全国范围内不同程度的学习者提供学习指导和服务。与产业大学有联系的个人或机构学习者可以在以下五个不同的阶段获得帮助：①在最

---

① 吴雪萍，金岳祥. 2004. 英国的终身学习政策述评. 比较教育研究，（2）：55-59.

初的咨询阶段，学习者可以拨打产业大学免费的学习指导求助热线，访问产业大学网站或直接找学习中心指导人员咨询；②注册登记会员资格时，产业大学将帮助学员确定自己的学习需要，提供资料帮助学员确定自己可能感兴趣的学习机会；③寻找特定的学习机会时，会员可以在任何时间与产业大学联系，以获得关于学习机会的建议，提供适合他们的课程；④在注册学习一门课程时，产业大学的教育提供者提供学习资源，用户可以在线预约该课程，产业大学将保留每个用户参与学习方式的综合记录；⑤在完成一门学习课程时，用户学完一门课程，教育提供者就向产业大学发出信息以更新该学员的记录，正式评定将由有关机构确认。

四是加强与教育提供者之间的合作伙伴关系，保证用户获得高质量的学习项目。产业大学的合作组织或机构是多种多样的：①国家培训机构、雇主、各行业的主要公司和专业机构；②各种按行业或地域等组织起来的机构，如培训与企业委员会、地方企业团体、企业协会、继续教育和高等教育机构及地方开发署等；③与特定的顾客群体一起工作的组织，如工会、商业与就业联合会、志愿者组织和社区组织；④其他的公共机构和法定机构。

五是委托有关机构开发新的学习内容，以填补供求方面的空档。产业大学可以通过委托开发新的学习内容，向特定的群体提供新形式的学习。新开发的学习内容包含多媒体成分，可以把工作场所、家庭和公众可进入的场所（图书馆、学校、学院及其他学习中心）加以联合使用。

六是为通过产业大学得到的学习产品和服务提供质量保证。产业大学设法为学习产品和服务质量的审核提供可靠的依据，并向用户说明质量标准；产业大学不断吸取客户反馈，及时改进服务质量，形成产业大学及其服务的特性，创造出产业大学的品牌效应。

作为一种为个人学习提供服务的机构，产业大学有其明显的优点：将各种教育举办者凝聚在一起，组织成为一个更加完整、连贯而有效的整体，使教育的资源得到最大限度的利用和开发；可以大幅度地减少教育成本，降低学习费用，使更多的人在经济上可以承受学习所必须支付的费用；有利于充分发掘学习市场，使学习信息和服务满足学习者的需要；使学习者可以在任何地方、任何时间进行学习；可以节约学习时间。

（四）企业的继续教育①

英国是世界工业大国之一，拥有众多著名的企业公司。为了保证企业能在国内外市场竞争中不断发展壮大，英国政府、企业和个人均从不同角度重视企业人员的继续教育。英国政府认为，发展经济，一靠技术进步，二靠降低成本，二者均建立在高水平的人力资源上，故必须进行人力投资，建立人力资本，对企业的在职人员进行继续教育。企业重视继续教育，主要为提高企业效益。企业把对在职人员的继续教育与企业的经济发展联系起来。据有关统计，企业对在职人员进行继续教育的投入与产出比是1：20，英国企业投资于继续教育的经费一般基于工资预算的10%，越是效益好的企业，越将对人的投资与对机器设备的投资视为同样重要。企业员工个人重视继续教育，主要因为继续教育与个人发展紧密相连。在英国，每个员工每年都有机会接受继续教育，多则2～3个月，少则1天，企业人员可以通过继续教育得到提高，由低级工升为高级工，一般人在本职岗位上任职3年就可以得到提升。因此，职员在上任的第一年就积极提高自身的素质和能力。在英国，开展继续教育的机构有行业协会、高等院校和企业本身。英国承担企业继续教育的机构主要有以下几种。

一是行业协会。英国行业协会是由代表某一专业领域的专业人才自由组成，并在实践中取得威望的专业联合体。现在，英国已有近百家行业协会。行业协会承担了英国大约1/3的培训任务，因此而成为对专业技术人员进行继续教育的重要力量。另外，由行业协会所组织的专业资格考试和资格认定，对企业和个人来说都是一件极其重要的事。企业认为其员工参加行业协会的继续教育能提高素质，对企业发展有益，因此企业与行业协会保持密切联系，并从中招聘人才，索求咨询；个人认为参加行业协会的继续教育，通过考试而取得专业技术资格，既可在职业上不断发展，又能受到行业协会的保护。

英国工商界的许多专业机构和职业团体为专业技术教育做出了重要贡献，其中技术教育协会（Technology Education Council，TEC）和商业教育协会（Business Education Council，BEC）在技术人员的培养和训练方面发挥了重要的作用。

---

① 刘思安. 2004. 日本、美国、英国对企业人员的继续教育. 继续教育，（1）：19-20.

TEC 于 1973 年 3 月正式建立。其成员来自继续教育、高等教育、工业职业团体、鉴定机构、地方当局、产业训练委员会和工会等。其职能是确立标准、审批课程、颁发证书及推动技术员教育的发展。TEC 授予四种资格：普通证书、普通文凭、高级证书和高级文凭。这四种资格是相互衔接的四个等级，它们既表示了不同的操作水平，又表现了不同的学历。课程的形式有全日制、部分时间制、连续性间断脱产学习制、阶段性间断脱产学习制、工读交替制或夜间制等。在学习 TEC 资格课程的学生中，学习普通证书课程的占大多数。注册学习这类证书课程的条件是学完 5 年中学课程，达到课程委员会所要求的标准。TEC普通文凭课程的注册条件和技术教育内容与普通证书课程很相近，只是学习的范围相对更广一些。注册学习 TEC 高级证书课程和高级文凭课程的入学要求是，TEC 普通证书或普通文凭的持有者。一般要完成 TEC 高级证书课程需花 600 个学时，要完成 TEC 高级文凭课程则要花 1200～1500 个学时。

BEC 于 1974 年 5 月成立。该协会的成员约一半来自教育界，另一半来自商业界。BEC 的职能与 TEC 很相似，负责规划、管理和检查为就业于商业和公共管理部门的人提供的那些全国统一的非学位课程及其实施。BEC 授予三级资格：普通证书和文凭、国家证书和文凭、高级国家证书和文凭。这些资格的授予对象主要是 16～21 岁的学生和一些年龄稍大的在职人员。BEC 课程的学习途径有全日制和部分时间制的课程，还有"有指导的自学课程"和函授课程。学生可以根据自己的情况自由地选择。

TEC 和 BEC 对英国专业技术教育的发展产生了重要影响，为英国工商业培养了大批技术人才。据统计，到 1983 年为止，学习 TEC 课程的学生总数达 27万人，学习 BEC 课程的学生总数达 18 万人。

二是企业与高校合作。英国的高校与企业密切联系，与企业一起开展对企业人员的继续教育，在时间上从短期到长期均有。高校举办继续教育，把最新的知识和技术传授给在职企业人员，同时对有关的科学技术问题和社会经济问题与企业一起进行研究和向企业提供咨询。英国对企业高层次工程技术人员的继续教育，是采取企业与大学联合培养的合作教育方式进行的。其具体做法是由企业选派工程技术人员并与附近专业对口的大学联系，制订具体的相当于研究生层次的继续教育培养计划，培养年限为 2～3 年。这些受训的工程技术人员在大学教师和企业专业技术人员的指导下，对企业提出的课题进行研究。企业为他们提供科研条件，如实验室、实验设备等，研究成果则要用到企业的生产中去。此外，英国有很多技术学院、夜校和开放大学，它们的学习方式更加灵活多样，并强调职业性，从经营管理和新技术应用的角度为企业人员开展继续教育，对英国的经济和技术发展做出了很大贡献。

三是企业内部的"人力资源开发部"。英国企业内部设有"人力资源开发部"，负责制订企业的人力与继续教育计划，把对企业人员的继续教育与技能审计、绩效评估结合起来，以鼓励员工提高素质。企业开展继续教育的主要内容有提高员工的文化素质、培养员工的合作精神、增加员工的专业知识、提高员工的工作技能等。对于管理人员，还要学习管理知识、领导艺术，提高协作能力、团队意识和竞争性。企业开展继续教育的主要方法有企业内部培训、送到总部或姐妹厂协作培训、在工作实践中学习、轮岗学习等。

（五）终身学习的投资体系：个人学习账户[①]

2000 年 9 月，个人学习账户在全国范围内推行。个人学习账户向每一个 9 岁以上的人开放，尤其面向在职和参加部分时间制学习的人。2001 年 10 月，已经有 250 万人在学习账户中心（Learning Account Centre）注册学习，大约有 9000 个组织成为提供学习机会的机构。

实行个人学习账户有两个主要原则：一是学习内容和学习方式更加满足个人需要；二是投资学习的责任是共同承担的，学习的费用由个人、雇主和政府分担。个人学习账户资金主要包括公共学习投资资金、个人投资资金和雇主投资资金三个部分。首先，政府提供个人学习账户的前期投资，最早启动了 100 万个账户；政府还宣布了一项个人学习账户的激励措施，鼓励个人和雇主投资学习。最先启动的 100 万个账户，第一年，每个人就可获得 150 英镑资金；从第二年起，每年课程费用达到 500 英镑时，一部分课程费用可享受 20% 的优惠；其他的一些课程如计算机语言可享受 80% 的优惠。雇主不能把税强加到雇员头上，如果雇员在个人学习账户上开户，雇员就不需要缴税；只要雇主把免税扩大到企业中最低收入的雇员身上，政府将给予雇主减税的好处。其次，个人对自己的学习进行投资。个人对自己的学习进行计划和管理，在学习账户中心注

---

① 吴雪萍，金岳祥. 2004. 英国的终身学习政策述评. 比较教育研究，（2）：55-59.

册，把钱存入自己的账户里。最后，雇主为雇员的个人学习账户提供资助。雇主在鼓励自己员工开设个人学习账户中起到关键作用。政府鼓励雇主对自己的员工进行投资，不仅刺激个人的学习需求，而且通过提高员工的素质和基本技能，加快企业技术更新和产品升级换代，提高企业生产效率，实现企业跨越式发展。1999 年，雇主就投资十亿英镑用于雇员的教育和培训。

个人学习账户在发展对学习的公共投资与个人、雇主投资之间的新型伙伴关系中发挥着重要的作用。它既可以增加个人的选择，又可以通过刺激个人和企业与政府一起投资学习而增加投资的总量。随着个人学习账户的日益完善，推行个人学习账户势必成为英国福利制度改革的一个重要组成部分。在新的福利制度下，缓解贫困不只是财政资助问题，还是人们获得谋生所需的技能问题。

（六）创建学习型社区

在英国，一般认为，学习型社区是指为个体和群体提供正规和非正规学习机会的地区，目的是使社区成员获得知识、技能、态度方面的成长，形成价值观，从而促进经济的可持续发展并增进社区的整合和凝聚力。

英国从 1995 年开始尝试建立"学习型城市"，1997 年"学习化城镇"已经成为英国开展社区教育、鼓励全民终身学习的重要途径。英国教育与就业部为促进实践的顺利开展，还资助学术界出版了一系列有关学习型社区的研究专著和报告。其中，题为《学习型城镇，学习型城市》(1997) 的研究报告对英格兰、苏格兰、威尔士的 19 个学习型社区案例进行了全面介绍。该报告还指出了学习型社区发展所面对的一系列问题，并提倡大力发展学习型乡村、学习型部落或者是学习型郊区等小型社区的建设工作，因为人们通常更认同他们自己所居住的社区，所以小型学习社区的建设比大型社区更加有效。到 1998 年，英国已经有伯明翰等 20 多个城市加入了"学习城镇网"(learning cities and towns)。这个终身教育网源源不断地为成人教育工作者提供着最新信息，为各个城镇的成年学习者不断提供学习资料。1997~1998 年，这个网站还为各地终身学习活动的发展提供了"学习城市建设的 3P-3 层次评估体系"。其中，3P 是指成年人终身学习的参与度 (participation)，城镇中各种类型、职能、性质的机构在学习教育方面的合作度 (partnership)，各种教育和学习活动的绩效 (performance)。在评估的过程中，3P 的每个方面都设三个评定水平，从而确定每个城镇的学习型城镇的建设发展水平。英国的学习型城市/社区及城镇的创建活动发展很快，到2002 年已经拥有超过 40 个学习型城市大约 75 个试点工程。为推动学习型社区的发展，英国政府还建立了学习型社区专家意见中心以便为学习型社区的发展提供理论支持和研究性资助。

（七）伦敦大学的校外学位制度

1849 年，英国伦敦大学首创校外学位制度。1858 年修订后的校外学位制度更趋开放，规定所有在英国国内或海外居住的男性公民，无须通过入学考试和资格审查，只要能通过规定的考试，都可获得伦敦大学的校外学位（医学除外）。这种制度一直延续到现在，成为历史最悠久的自学考试制度。

第三节　法国的成人教育

一、继续教育的投资

1971 年，法国通过的《继续职业教育法》规定，凡雇佣从业人员在 10 名以上的企业，为了对这些企业从业人员实施职业继续教育，企业必须拿出相当于本单位工资总额 0.8% 的经费用于继续职业培训（1984 年将这一比例提高到1.1%）。有能力自行组织培训的单位（企业），可用这笔费用开展职工培训活动。否则，就将经费交纳国家或培训基金会，或专门培训机构，由它们负责培训本单位（企业）的职工。从法国各企业具体执行的情况看，20 世纪 70 年代，国家和企业对继续教育的投资均有较大的增加。1972 年国家和企业的继续职业教育经费预算分别为 17 亿法郎和 28 亿法郎，到 1978 年分别提高到 68 亿法郎和 86亿法郎，分别增长 3 倍和 2 倍。企业用于职工培训的费用从占工资总额的 1.35%增加到 1.81%，大大超过国家规定的 0.8% 的比例。企业接受培训的人数由占职

工总数的 10.7%上升到 17%。^①

二、成人教育的主要机构

（一）大学远距离教学中心

大学远距离教学中心是法国高等学校从事成人继续教育的重要机构。最初，远距离教学中心是为那些由于各种原因不能到校学习的大学生开办，以期通过函授教学帮助他们完成学业的一种方式，后来发展成为进行成人继续教育的一种机构。1963 年，第一批中心在巴黎、里尔、波尔多、南锡和斯特拉斯堡的 5 所大学开办。20 世纪 60 年代中期又有一批大学开办了这类中心。到 20 世纪 90 年代，全国有 20 余个这类中心。20 世纪 90 年代初，参加中心学习的人数达数万人，其中一半为在职人员，年龄从 20 多岁的青年到年逾古稀的老人。中心招收高中毕业生或同等学力者，主要从事高等教育。中心开设大学各阶段课程。在中心注册的学员中，20～29 岁年龄阶段人数最多，其次是 30～34 岁的成人。中心实行收费制，一个学分收费 100～350 法郎。教育部根据各大学中心的招生情况提供补贴，1990～1991 年度提供的补贴为 2600 万法郎，1995 年增加到 5600 万法郎。^②

（二）国立远距离教育中心

国立远距离教育中心是法国又一重要的继续教育机构，创办于 1939 年。最初为全国电视教学中心，后改为全国函授中心，1986 年定为现名。1993 年，该中心将总部设在法国中西部古城普瓦捷，下设 7 个教学中心。这些机构不以培训班的方式开展教育活动，它们充分利用现代信息传播手段进行远距离教学，是继续职业教育的重要组成部分。教学内容包括从小学到大学的各种课程，主要为学员参加各种考试并获取相应文凭作准备。中心的学员主要是成人，每年有 20 多万人。

---

① 顾明远，梁忠义. 2000. 世界教育大系·法国教育. 长春：吉林教育出版社：344-345.
② 顾明远，梁忠义. 2000. 世界教育大系·法国教育. 长春：吉林教育出版社：356-357.

（三）国立工艺博物馆

国立工艺博物馆是法国创办最早、影响最大的成人教育机构。它创办于 1794 年，是法国重要的高等教育机构。该馆隶属教育部，有权授予高等教育国家文凭。经过 200 多年的发展，国立工艺博物馆现已成为一个从事教学、研究和传播科学文化知识的综合性机构，与一般意义上的博物馆有着很大的不同。早在建馆初期的 1796 年，该馆就开设了第一批工艺技术课，供人自由听课，没有年龄限制，也没有入学文凭要求，这一传统保留至今。国立工艺博物馆开展的教学可以算是法国最早的成人教育。它的培养对象主要是具有高中以上文化程度的青年工人和技术人员。它针对学员的不同情况采取不同的教学方式，或是业余时间（夜间或星期六）教学，或是为享有培训假的在职人员开课。该馆根据不同要求，学习不同的课程和学制；学习结束，通过考试，成绩合格，修满学分，可分别颁发大学第一、第二阶段文凭，高级技术员证书，工程师文凭，经济师证书，行政管理文凭，人事管理文凭以及大学第三阶段的深入学习文凭，直至博士学位。这些文凭和学位与其他高等学校颁发的国家高等教育文凭等值。

三、带薪培训假

自 20 世纪六七十年代开始，在联合国教科文组织、欧洲经合组织，尤其是国际劳工组织的直接推动下，许多国家为推进职业生涯过程中的终身教育采取了一种行动策略，即通过立法或协议手段相继确立了带薪或部分带薪的培训休假制度。国际劳工组织认为带薪培训假是"在工作期间中的某些特殊时段，提供适当的财务补助，支持劳动者从事教育进修活动"，"在职员工有权利在工作期间，选择适当时机参与全时或部分时间的教育进修活动，进修期间不仅工作仍有保障，而且可以领取全部或部分薪水"。[①]1974 年国际劳工组织大会通过了一份公约和一项建议，赞成正式确立这种脱产学习权利并使之普遍生效。

法国也是实施带薪培训制度的重要国家。法国的《继续职业教育法》规定，职工享有带薪的培训假期，参加由国家或就业与职业委员会认可的培训，培训

---

① 转引自高志敏，等.2005. 终身教育、终身学习与学习化社会. 上海：华东师范大学出版社：192.

期间企业应照常发给参加培训的职工工资。1978 年，法国议会通过了《培训假法》，对 1971 年法令做出了补充规定，在同一行业工作 2 年以上，其中半年以上在现单位工作的职工，可享有 500 小时的带薪培训假期。对带薪培训假制度的规定主要有以下内容：一是凡工作期限在 2 年以上的被雇佣者，在至退休为止的期间内，均享有合计 1200 小时（相当一个工作年）的带薪培训假的权利；二是从业人员在第二次提出带薪培训假的申请时，必须与第一次教育休假间隔一定的时间，具体间隔时间将视第一次休假日期的长短而有所不同。但最少的间隔时间应在 6 个月以上 8 年之内；三是被雇佣的从业人员可自由选择各种教育训练内容，即使与自己的职业或劳动生活无关的教育课程亦可选择；四是所有申请参加的课程，都必须得到政府的承认。从实际执行的情况来看，法国带薪培训假制度还存在一些问题，落实得还不是很理想。[①]

四、学习成果认证中心

法国于 1986 年设立了一种对学习者通过正规教育以外的途径所取得的学习成果予以认可的认证中心（assessment centers）。[②]这种认证中心的宗旨在于使人们通过正规教育学习以外途径获得的知识和技能都能得到社会的肯定。通过认证中心的资格认证，个人无论是从何种渠道获得的经验、技能都可以被认可。这种认证中心的目的是使个人的学习成就获得一种永久性的资格认证记录；通过资格认证来帮助个人成功谋职或参与相关的继续教育活动。这种资格认证具有重要的意义：对个人而言，实现了劳动与教育、工作与学习的连接；对社会而言，推进了终身教育、终身学习理念的有效实践。在法国，该认证中心因对劳动者及劳动市场和培训市场的重要贡献而具有很高的声誉，获得了社会的广泛认可。

综上所述，法国的成人教育经过长期的努力，已取得了令人瞩目的成绩，建立起了比较完善的成人教育体系，并逐步形成了自己的特色。这些特色体现在：国家重视成人教育的立法，对成人教育的性质、任务、经费、机构等做出

---

① 吴遵民. 1999. 现代国际终身教育论. 上海：上海教育出版社：161.
② 高志敏，等. 2005. 终身教育、终身学习与学习化社会. 上海：华东师范大学出版社：177.

明确的规定；注意调动国家、地方、企业和教育机构等多方面的积极性共同促进成人教育的发展；充分发挥高等学校在成人教育中的作用。

第四节　德国的成人教育

一、成人教育概况

继续教育在德国的社会和经济发展中被赋予越来越重要的地位。在德国的教育体制中，继续教育是继中小学教育、双元制职业教育和高等教育之后的第四大支柱，涉及的教育领域和范围最广。1997 年，德国参加继续教育的人数为2410 万。在 19～64 岁这一年龄段人口中，1979 年、1994 年、1997 年、1999年，参加继续教育的比例依次是 23%、42%、48%、61%，上升趋势非常明显。德国的继续教育包括职业继续教育与普通继续教育。1999 年，19～64 岁的人口中，30%的人参加了职业继续教育，比 1994 年提高了 6%。参加继续教育的目的主要是适应工作要求、上岗培训、晋升培训、转岗培训等。31%的人参加了普通继续教育课程，参加这一类型继续教育的人数从 1994 年起每年以 5%的比例上升，其中外语、法律、体育等专业最受欢迎。将近 33%的人一年内参加了两种不同的继续教育活动，近 13%的人参加了三种甚至更多的继续教育活动。在德国，19～64 岁的人口中，参加继续教育的年人均时间为 128 小时，其中参加职业继续教育的年人均时间为 39 小时。从年龄上看，19～39 岁的人占继续教育参加者总体的 27%，40～49 岁的占 58%，50 岁以上的占 15%。参加继续教育的大部分是 25～54 岁年龄段的人，25 岁以下的人还在接受学校教育，而 55 岁以上的很少涉足继续教育领域。[①]

---

① 戴凌云. 2004. 德国继续教育参加群体分析. 成人教育，（8）：78-90.

二、成人教育的机构

（一）夜间民众高等学校

德国的夜间民众高等学校在推动成人教育的发展中承担了重要的责任。这是一种采用夜校形式的成人教育。它于 20 世纪初从丹麦引入德国，第二次世界大战以后，成为德国公立成人教育体系的核心，遍布全国各地，并形成了一个稠密的成人教育网。夜间民众高等学校具有鲜明的特点，在教育内容上具有广泛性和群体性，教学方法和课程组织形式具有多样性。它要照顾不同学习者的各种不同的生活和学习条件、年龄、性别、社会出身、受过的学校教育的状况、语言环境、职业经历、个人能力等，并根据学习者本身的各种不同的特点来安排各种教育内容、采取各种组织形式和方法。总之，它是向所有人开放的。夜间民众高等学校的课程范围非常广泛，"从体操、工艺美术、旅行见闻报告、参观博物馆到语言、文学、政治乃至追补某种学历资格的课程等等无所不包……除了期限较长的学程外，也举办某些单独的讲座或关于社会、政治、教育学、心理学、哲学、宗教和乡土志等题材的系列报告"[①]。从学习期限看，少至几天、几星期、多至一两年。由于夜间民众高等学校的课程设置和办学形式符合成人的需要，因而深受人们的欢迎。

（二）远距离教育

在德国，远距离教育（或称遥授）是成人教育体系中的重要教育形式之一。德国的遥授机构原来只有两类：一类是中等教育水平的电视学校；另一类是高等教育水平的广播学院。1974 年底又在北威州的哈根设立了一所遥授大学。[②]电视学校于 1967 年在慕尼黑开始教学活动，是一所对所有人开放的遥授机构。学习者大多是 15～29 岁的青少年。广播学院开办于 20 世纪 60 年代，以科学讲座的形式进行广播教学。参加学习的对象有在职人员和大学生，以教师进修为主。这类学校的课程要求比较严格，入学者需具备较高的学历水平，学习结束时需

---

① 李其龙，孙祖复. 1995. 战后德国教育研究. 南昌：江西教育出版社：240.
② 李其龙，孙祖复. 1995. 战后德国教育研究. 南昌：江西教育出版社：249-250.

通过国家认可的考试。遥授大学于 1974 年 12 月成立，1975 年 10 月 1 日正式开学。该大学的设立，标志着德国大学水平的远距离教育的开端。该大学除设在哈根的总部外，还在 13 个城市设学习中心，以具备完全中学毕业证书为入学条件。1990 年有 41 200 名学生注册，其中有 5000 名全日制学生，22 500 名半日制学生以及 13 700 名旁听生。1996 年夏季学期，有 54 630 名在校生（其中 1/3 是女性），8773 名（16%）是全日制学生，30 491 名（55.8%）是半日制学生，其他的人是短时性的旁听生。[①]该大学开设的课程有数学、信息学、教育–人文和社会学、经济学、电子技术、法学等。大多数学生学习的是经济学，其次是教育学。作为教材使用的是教学信函和多媒体教学程序。除了书面材料外，还可以实施个别辅导和答疑。在各地建立的学习辅导中心是整个教学体系中的具有补充性质的组成部分。学生在学习辅导中心可以获得信息和咨询、准备考试及借阅书籍。

（三）国民大学

在德国，最受人们欢迎同时也是最具有代表性的成人教育机构当属国民大学。国民大学创办于 20 世纪初，民主德国和联邦德国统一以后，发展非常迅速。据 1995 年统计，全德国已开办 1000 多所国民大学，其分校有 4000 多个，遍布每一个城市的社区及县（乡）。约一半以上的国民大学都是由地方政府承办的，并提供经费补助。国民大学有专职管理和教学人员约 8400 名，绝大部分教师是聘任的合同制兼职教师，约 18 万名。国民大学开设了 76 000 多门课程，参加学习的人数达 100 多万人次。国民大学的教学是一种面向社会的普及型非文凭教育，没有年龄限制、无须入学考试，没有统一的学制，没有升留级，学费较低。参加学习的人主要是为了利用业余时间拓宽知识面，提高专业水平，以增强在劳工市场上的竞争力，也有的人仅为了充实自己的业余生活。国民大学还专门为在职期间仍想参加各级中学毕业考试的一些年轻人开设专科实习班。[②]

---

① 福尔.2002.1945 年以来的德国教育：概览与问题.戴继强，等，译.北京：人民教育出版社：242.
② 顾明远，梁忠义.2000. 世界教育大系·社会教育. 长春：吉林教育出版社：163-164.

第五节 日本的成人教育

一、大学成人教育

（一）大学向成人开放

日本在发展终身学习的过程中非常重视大学的作用，强调面向学习化社会，构建开放型大学，要求掀起一场新的大学推广运动，以推进高等教育的大众化、民主化和终身化。日本高等教育界提出了学习型大学的崭新目标，倡导大学向成人开放，并将此作为教育民主追求的目标之一。为满足就业者更新知识结构的要求，大学积极为成人服务。具体措施主要有：①设立招生入学的特别制度。1999 年有 336 所大学招收 5092 名社会就业者进入大学。②采取中途编入的特别措施。对一些从短期大学或高专毕业的希望进大学深造的就业者，采取中途编入四年制大学的特别措施。③开设面向社会在职人员的特别课程。这类课程包括本科、硕士和博士三个层次。1998 年，社会在职人员攻读硕士课程的有 5177 人，攻读博士课程的有 2027 人。1999 年，社会在职人员攻读本科课程的有 5092 人，攻读硕士课程的有 5646 人。④增加旁听生名额。1992 年大学和短期大学的旁听生有 5 万多人，约占大学生总数的 1.9%。⑤采用选修学习制。旁听生如果完成大学一门或几门课程，也能得到与此相应的学分。1997 年，有 511 所大学对 14 076 名在职人员实施单项科目结业制度。⑥设置函授教育课程。1999 年，有 28 所大学和短期大学设有函授教育课程，函授生约有 26 万人。⑦大学举办公开讲座。1997 年，大学开设了 18 600 个公开讲座，约有 64 万人听讲。①

---

① 陈永明. 2003. 日本教育. 北京：高等教育出版社：248-249.

（二）短期大学

日本在 20 世纪 50 年代初期，仿照美国的社区学院创办了两年或三年制的短期大学。20 世纪 60 年代以后，随着日本经济的高速增长，终身教育思想被人们普遍接受，短期大学的作用也日益为人们所认识。日本由国会通过了《部分修改学校教育法的法案》，确立了发展短期大学的制度。日本短期大学与美国社区学院制度不同，它要经过入学考试，但只考国语和英语两门，考试要求比四年制大学要低得多。

二、企业继续教育[①]

日本对企业人员的继续教育是走在世界前列的。日本各企业对在职管理人员继续教育的方法，是在企业的培训中心或研究中心，对各级管理人员进行定期轮训或开办专题讲座，如松下电器公司的培训中心，仅企业管理技术一门就设有 52 个专题讲座。日本各企业对管理人员的继续教育都有相应的教育内容。例如，"经营者教育"是以部长层的成员为对象，他们是企业的最高经营者，作为企业首脑部门的成员要有广阔的视野，必须对自己承担的任务所需的企业内外和国内外的相关要素有综合的深刻理解。通过"经营者教育"，使他们系统、综合地把握对企业最高方针决策有重要影响的社会、政治和经济形势，提高他们从全局的观点对企业内部诸部门的业务方针及业务活动进行评价和决策的能力，给他们对企业现在和将来的经营计划及后继者培训计划进行思考研究的机会。教育内容包括企业环境（国内外形势）研究、经营的基本构想（经营哲学、本企业的基本方针和经营目标）、与对策研究（社会的责任、产业体制、地域社会关系、公害问题、政府关系）有关的法律、计划与决策问题、人际关系（劳资问题、职工能力开发、组织的人性化、统计分析方法）、文化修养等。教育的方式主要有讲座、自我教育等。

随着世界经济的国际化和集团化，跨国公司迅速发展急需大批国际企业人才，为适应这一趋势，日本对企业人员的继续教育主要采取了以下措施：①开

---

① 刘思安. 2004. 日本、美国、英国对企业人员的继续教育. 继续教育，（1）：19-20.

办经理（厂长）研修班，并派遣有关人员到欧美发达国家的大学进修；②为使全员职员职业水平得到提高，在大中型企业特别重视全体职员的基础教育，很多公司的总经理在公司大会上用英语讲话，并要求新职工从入职之日起，就要努力学习，熟练掌握英语，以适应世界经济国际化、集团化的需要；③由企业负责人或社会经济界名流向职工推荐经济书籍的活动，使其了解国内外经济发展动态；④各企业设置教育研究机构，向政府争取投资，以加速培养能活跃于国际社会的经济管理和工程技术方面的人才。

日本对企业人员的继续教育不仅注重管理理论与技能的补充、更新、拓宽和提高，还十分重视开发企业人员的智能与潜能，不断提高他们的职业能力，开发他们的创新能力。因此，日本企业的人才来源十分充裕，其企业人员的业务素质普遍较高，为日本的经济技术走在世界前列创造了条件。

据日本有关资料统计，一个人在企业工作 15 年，真正从学校学到的知识仅占 10%，其余 90%是从工作和在职培训中得到的。因此，日本非常重视通过各种途径大力发展成人职业教育，不断提高劳动力素质，以满足社会经济发展的需要。第二次世界大战前，日本的职业教育主要通过学校来进行，而第二次世界大战后则将职业教育扩展到社会和企业。特别是在进入经济高速发展时期后，企业内职工培训已成为日本职业教育的主体。日本的大企业大多单独设有专门的教育机构，中小企业则联合起来对职工进行相应的技术业务和管理业务教育。据日本经济同友会调查，早在 1961～1963 年，就有 95%的企业对新录用职工进行培训，88%的企业对中级管理人员进行培训，77%的企业对高级管理人员进行培训。[①]另据日本劳务省进行的专项调查，在拥有 1000 名以上职工的大企业中，实施教育训练的占 99.8%，有计划地进行教育训练的占 85.2%；在中小企业中，实施教育训练的占 88.1%，有计划地进行教育训练的占 30.1%。[②]归纳起来，日本企业内的职业教育主要有工人教育、技术人员教育和管理人员教育等：①工人教育。日本的新工人入厂后，一般都要经过半年左右的教育和训练，专业性强的工人教育训练的时间为 9 个月到 1 年，目的在于使新工人了解该厂各方面的情况。这种教育培训分为入厂教育、业务教育、专门训练、车间教育和现场

---

① 张锁柱. 1998. 日本发展职业教育的主要途径. 日本问题研究，（4）：42-47.
② 转引自陆有铨. 1997. 躁动的百年——20 世纪的教育历程. 济南：山东教育出版社：612.

实习等几个阶段。近年来，日本企业内培训技工的设施由高中层次逐步提高到短期大学和大学的水平。②技术人员教育。日本企业内的技术人员虽然都有大学文凭，但被企业录用后仍需接受一系列的教育和训练。③管理人员教育。日本各企业对管理人员的教育也很重视。其目的在于使管理人员掌握作为管理人员所必需的知识和能力。培训方法是在企业内的培训中心或研修中心，对各级管理人员进行定期轮训或开办专题讲座。

三、社区教育

日本提出要"文化立国"，强调在物质生活高度发达的同时，追求精神与文化生活的丰富，为此日本社会教育界特别关注开发社会和社区的各种教育资源，发展起了以公民馆为核心的社区教育资源体系。公民馆是第二次世界大战后日本设立的地区社会教育的综合性设施。《社会教育法》规定公民馆是为"市镇村及其他一定区域内的居民，开展各种有关适应实际生活的教育、学术及文化事业，从而谋求提高居民的教养，增进健康、陶冶情操、振兴文化生活，增进社会福利作贡献"。公民馆设有团体活动室、展览馆、集会室、青年室、学习室、实验室、美术室、保育室、体育场、老年保健室等，以满足社区居民的各种活动的需要。公民馆开展的教育活动大多是非职业性的。文化教养、市民生活、个人爱好、体育、娱乐、家庭和日常生活等方面的内容占据主要地位。文部科学省 1989 年的调查显示，公民馆举办的讲座和学习班中，提高文化教养水平方面的占 51.4%；体育和娱乐方面的占 15.7%；家庭生活教育方面的占 14.2%；市民教育方面的占 7.6%；职业技术教育方面的只占 5.2%。据统计，到 1990 年，日本已有 17 347 所公民馆（含分馆），开设各类讲座和学习班约 16 万个，参加学习者达 1000 多万人次，另外还举行各种讲习会、体育或文化集会活动 27 万余次。又据文部科学省调查统计，2000 年在公民馆（类似设施）学习的人口近 2.22 亿人。①

此外，20 世纪 80 年代，为了适应终身学习的需要，日本在都道府县一级设置"社会教育中心"（到 20 世纪 90 年代，又改称为"终身教育中心"、"终

---

① 陈永明. 2003. 日本教育. 北京：高等教育出版社：247.

身学习中心"或"终身学习推进中心")^①、会馆、少年自然之家、儿童文化中心、青年之家、图书馆、博物馆、农民大学等，充分挖掘社会化的终身学习资源，构建学习资源体系。社区教育目的指向于社区居民提高修养、陶冶情操、强身健体、充实文化和提高生活质量，教育形式有课堂文化补习、专业讲座、展览、联谊会、讲演、讨论等。无论是传统的插花、艺能，还是现代的音乐、艺术、戏剧，都从终身学习的角度重新认识其功能，倡导贴近社区居民生活的社区教育，使人们可以参与、学习并创造出新的文化内容。

四、远程教育

发展远程教育是构建终身学习社会的全球性举措，日本在这方面走在了世界的前列。其主要做法包括两个方面：一是充分挖掘传统的"空中大学"的教育潜力，调整和设置了"生活科学""产业、社会""人文、自然"三大科系，课程种类达到 320 门，参加学习者分布在 18 岁到 90 岁各个年龄段，1999年约有 7.3 万人就读该课程；二是大力发展基于互联网技术的第三代远程教育体系——网络教育，给终身学习引入了新的途径和活力。

第六节　韩国的成人教育

韩国自然资源贫乏，人多地少，直到 20 世纪 60 年代初还很贫穷。今天，韩国能跻身于世界新兴工业化国家的行列，成人教育在其中发挥了巨大的作用。因此，了解和认识韩国成人教育的经验，对于我们发展成人教育具有参考和启示意义。

---

① 这是一种地域性的社会教育综合设施，其基本职能是：第一，了解学习者的实际状况和教育需要，通过调查研究提供给有关机关团体利用，并在联络学习者与相关机关团体时起到信息交换中心的作用。第二，为市镇村的社会教育人员收集和提供学习信息。第三，为市、镇、村的社会教育行政人员与指导者提供研修机会。第四，研究开发学习教材和学习方法。第五，实施广域学习事业，援助市民自发的学习活动或青少年的学校外活动等。

一、大学成人教育

（一）放送通信大学

放送通信大学是成立于 1972 年的韩国为数不多的国立大学之一，该校成立以来为热切希望接受高等教育的国民打开了方便之门。凡具有高中以上（含待毕业的高中生）或同等学力者均可成为放送通信大学的学生，同时在正规大学修完一年以上并取得规定学分者可直接编入该校的二年级或三年级，称为编入生。放送通信大学在全国设有 13 个地域大学及 35 个市、郡学习馆，各地域大学及学习馆都设有图书馆、资料室、视听室，为边工作边学习的学生就近学习提供方便。

放送通信大学最大特点是教学方法的多样性，即有广播教学、电视教学、录音带教学、录像带教育、远程教学（大学本部和全国各地域大学连接、教师和学生可进行双向教育的媒体）、面授教学、季节授课、书面讲义及其他补充学习（学报、因特网授课、特别讲座等）等方式。学生可根据自己的实际情况选择适合自己的学习方式，从而较好地解决工学矛盾。

（二）开放大学

韩国从 1982 年开始设立开放大学，到 20 世纪 90 年代末已有十几所，有国立、私立和企业办的等几种。这类大学在运营上与正规 4 年制大学不同，它分为 4 个学期，即每年的 3～6 月是春季学期，7～8 月为夏季学期，9～12 月为秋季学期，1～2 月为冬季学期；学制分为寒暑期学习制、昼夜间学习制、全日制和定时制。学生可以根据自己的情况选择。修业年限和在读期间比较灵活，按学分比例收缴注册费。只要修满 140 个学分，并且参加综合考试合格者，就可以获得与普通大学一样的学士学位。虽然开放大学的设置宗旨与放送通信大学差不多，但学科方面各有所侧重，放送通信大学以人文社会科学系列为中心，而开放大学却是以自然科学和工业系列为中心。近年来，开放大学的生源呈不断上升的趋势。[①]

---

① 顾明远，梁忠义. 2000. 世界教育大系·社会教育. 长春：吉林教育出版社：317-318.

二、企业继续教育

韩国的企业教育由政府、企业、团体和私人共同举办。从 20 世纪 60 年代开始，随着韩国国民经济的发展及社会对各类技术人才的需求日益增长，韩国政府高度重视企业教育，把它作为培养见效快、适用性强的技术人才的一项战略任务。1963 年，韩国政府成立了生产力发展局，隶属工贸部，下设生产力培训学院。这一学院是韩国最早、层次最高的培训人才的法定机构，主要培训高级企业管理和技术开发人才。20 世纪 70 年代初，韩国就制定了"教育立国、科技兴邦"的发展战略。为普及和推广企业教育，1970 年韩国成立了工业职业培训局，隶属教育部，下设数十所培训学校和中心，并领导各行业及社团的培训活动。该局主要负责组织就业前的企业员工的职业培训和文化技术训练，以及政府定标的一、二、三、四级企业技术员工的考核与发证工作。同时，政府还积极倡导企业、团体和私人开展企业教育和培训活动。这样就形成了各具重点的全国性的企业教育和培训网络。

1976 年，韩国出台了《企业员工培训法案》。该法案规定：任何一个超过150 名员工的公司企业，每年必须对其 20% 的员工进行不少于 3 个月的脱产技术培训。1986 年韩国建立了"企业教育发展基金"，政府规定企业主必须为每月工薪低于 1000 韩元的员工，向政府交纳相当于其工薪 5% 的金额作为该项基金。基金主要用于资助工薪低、只具有初中文化或初级技术水平的员工参加政府组织的企业教育和培训活动。私营企业举办的培训院校，生产力发展局也为其提供培训设备和 20% 的资金补助。

为了迎接 21 世纪的挑战和机遇，政府决定从 1991 年到 2000 年，每年按国民生产总值 1.5% 的比例逐年递增企业教育经费，加大对企业教育的投入，以确保企业教育更好地满足经济发展的需求。20 世纪 90 年代，政府着力引进世界先进科学技术，培养自己的科技人才。工贸部先后与日本、德国和美国等合作，建立了日韩、德韩和美韩等企业科技学院，吸收具有高中文化水平的在职员工，学习发达国家的先进科学技术，如计算机软件开发、激光、机器人、核能、宇宙空间技术、海洋生物等学科，毕业后发给大专或本科的结业证书。

韩国设有两个职称序列：一是大学或技术院校毕业后从事科研或技术工作

的科技人员的职称序列；另一个是通过在职技术培训和继续教育后从事实际工作的技术工人的职称序列。这两个职称序列又各自分为高中低三个层次，但两个序列中的最高职称的薪金和福利待遇相同，这激励了广大在职职工，从而培训出大批熟练技术工人，推动了韩国企业结构由体力、劳动密集型向智力、技术密集型的转化。

韩国一些大中型企业财团都有独资兴办企业院校，甚至研究生院的文化传统。每年为本企业输送大批建设与开发人才，如大宇企业集团获得成功的诀窍之一便是它实施了"人才第一"的战略，它首创了韩国企业界独资兴办员工培训进修院校及研究生院的教育制度。该集团 90%以上的员工都经过严格的企业培训。大宇、三星企业集团每年用于培养人才的经费高达 6000 多万美元，人均投资相当于美国、西欧等大中企业的 2 倍。[①]

三、终身教育支援计划[②]

一是终身学习城市支援计划（lifelong learning city project）。终身学习城市支援计划是指为促进地方终身学习的发展，自 2001 年开始每年以市·郡·区（即市区、乡镇，基础自治团体）为对象，通过公开招募选定特定地区并为其提供支援的计划。韩国政府之所以要推动此项计划，主要原因有以下三点：第一，为应对急速的社会变迁。随着知识社会的形成，国家和地方为谋求发展不得不积极建设学习型社会。第二，伴随地方分权化时代的到来，要求掌握有利于促进地方可持续发展的新知识并推动地方文化的发展。韩国政府多年来持续稳固的中央集权制度，导致首都的人口与资源过度集中，与地方产生极大差距。自 20 世纪 90 年代中期开始，随着地方自治的发展，"自立型地方"的发展成为地方政府要解决的新课题。为达成"自立型地方"的目标，不但需要重建地方自治体制，更需要培养社区居民的自治能力，因此推动社区居民的自主学习活动尤为重要。第三，为扩展和有效利用地方学习资源。近年来韩国民众对终身学

① 韩国的成人教育情况. http://www.edu.cn/edu/cheng_ren/hai_wai/200603/t20060323_25013.shtml.
2002-02-28.
② 李正连，王国辉. 2014. 《终身教育法》修正后韩国终身教育振兴政策的动向及特征. 现代远程教育研究，（1）：49-54+112.

习的重要性有了更加广泛的认识，不只是学校教育，对于图书馆、终身学习馆、居民自治中心、大学附设终身教育院、市民会馆、各种文化中心等为社区居民提供学习机会的需求也有所增加。在上述背景下，韩国政府开始在各地建立学习型组织，并将相关机构网络化，以聚集众多的人力资源和社会资源，借此推动终身学习城市建设计划，以实现地方创新及提高社区居民的自治能力。

二是终身学习账户制度（lifelong learning account system）。终身学习账户制度是将个人的学习经验进行集中统一管理的制度。韩国政府的政策目标是期望通过此制度来促进全民参与终身教育，借由个人学习成就认证及系统化学习履历管理，使个人的学习成就发挥最大的社会效果。该制度的构成要素主要包括学习课程评鉴、学习履历管理系统的建构和运作、学习成效的活用方案三大部分。学习课程评鉴是指在终身教育机构开发及管理的课程之中，将达到要求标准的课程认定为可登录于终身学习账户学习课程的认证手续。学习履历管理系统是指学习者可通过线上学习账户管理其所有学习履历及成果，该账户甚至也可管理个人资讯、终身教育选课成果、特别记载事项等。在此学习履历管理系统里累积储存的学习成果既可以发给个人学习履历证明书，也可作为取得学历和学位、资格认定和就业的依据。韩国政府为进一步落实此制度，2006～2009年，以7个自治团体为对象开展了"终身学习成果标准化计划"，2008年该项计划开始示范运作，并于2010年10月29日正式启动"学习履历管理系统"。终身学习账户制度被视为国家政策，旨在促进各省厅的教育及培训责任部门间的合作，通过与初等、中等学历以及大学学分的认定合作，来提高该制度的有效运用率，甚至还通过规划与其他履历管理系统和资格系统的合作来扩大账户登录内容的范围。

三是终身学习中心大学培育计划（lifelong education university project）。随着知识社会的到来，韩国大学的定位也开始发生变化，原来的那种受限制的开放大学逐渐转变为能够提供并开发符合社区居民教育需求的学习课程，以支援成人继续学习的大学。为此，韩国政府将"强化高等教育机构的终身教育职能"作为国家政策的重要目标之一，并从2008年9月开始大力推进"终身学习中心大学培育计划"。该计划支援大学摆脱传统的大学教育模式，改革高等教育管理体制，着眼于大学要提供能符合地方社会和社区居民学习需求的弹性化教育课程。社区成人学习者在被选定的终身学习中心大学就学的学费由国家财政给予补助，补助款通过地方政府来支付，根据学费与所得水准，每一位成人学习者最多可获得 50 万韩元（当时约 2775 元人民币）的补助。2009 年的第一次计划共选定 11 所大学，并与 53 个自治体合作开展该计划。在 2010 年的第二次计划中，选定 30 所大学，在 2011 年又有 24 所大学被选定。该计划的主要成果：一是具体建构了社区和大学间的合作机制；二是推动了开发具有大学特色的大学终身教育体制的典范；三是规划并采用了各种认证和活用成人学习成果的方法。

四是成人识字教育支援计划（adult literacy education project）。2005 年韩国统计厅的调查结果显示，韩国 15 岁以上的人口不具备小学和中学学历的人数约有 599 万人，占总人口的 15.74%。①另外，2008 年韩国国立国语院实施的"国民基础识字能力调查"显示，19 岁以上的成人中，约有 1.7% 的人不具备读写能力，另有 5.3% 的人缺乏文章理解能力。这表明在韩国仍有较大一部分人需要接受识字和基础教育。此外，由于近年来外籍劳工和外籍新娘人数不断增加，识字和基础教育就显得更加重要了。为此，自 2006 年起，为提高国民的基础素质与社会适应能力，韩国政府开始推动"成人识字教育支援计划"，为低学历的成人提供二次受教育机会。自实施成人识字教育支援计划以来，政府补助款与参加人数皆逐年增加。相关数据显示，2006～2009 年接受补助的基层地方政府的数量呈倍增趋势，学习者的人数总计达 8 万人左右。根据 2007 年修订的《终身教育法》，政府一方面加强对修读完市、道教育厅指定的"文字读解教育课程"的 18 岁以上成人学习者建立承认小学或中学学历的认证系统，另一方面则着力于制订识字课程专门教师的培育和进修计划。

五是弱势团体周末课程终身教育方案支援计划（lifelong education program project）。终身学习社会的宗旨是无论何时何地，任何人都能接受所需要的教育，但实际上，终身教育的实施对象有着年龄和学历的差距。为此，韩国政府为给老年人、身心障碍者、低收入人群、外国人等在接受教育上相对处于较弱势的群体提供更多参与终身学习的机会，从 2001 年开始推动"弱势团体终身教育方案支援计划"。2001 年政府出资 2 亿韩元补助了 20 个方案，且补助金额逐年增加，到 2009 年针对 194 个方案累计补助了 9.95 亿韩元。另外，由于 2006 年开

---

① 李正连，王国辉. 2014.《终身教育法》修正后韩国终身教育振兴政策的动向及特征. 现代远程教育研究，（1）：49-54+112.

始推广实施每周休息两天制度，利用闲暇时间的自主学习或是参加周末亲子教育活动的需求，以及知识社会中成人持续开发自身能力的需要渐增，"周末课程终身教育方案支援计划"便应运而生。该计划主要是为扩大国民接受终身教育的途径和机会，政府鼓励利用周末空闲时间学习的终身教育方案，并通过引导周末课程方案的实施，建构有效活用空闲时间的"空闲—学习"循环支援体系，以增强国民的终身学习参与力度。

六是自学学位制度（bachelor's degree examination for self education）与学分银行制度。①自学学位制度是韩国效仿中国而设立的一种制度，指学习者自学的成果在经过认定考试合格后，可授予学士学位的一种制度。为了适应经济发展对高学历就业者的需要，韩国于 1990 年 4 月 7 日颁布了《关于自学获得学位的法律》，并在同年 10 月进行首次学士学位考试。该项制度共设 12 个专业，如韩语言文学、英语语言文学、商业管理等。入学要求比较开放，所有获得高中毕业文凭的人都可以报考，但已经从普通大学毕业获得学位的人不能参加，所以说考生主要是那些高中毕业但没有上过大学的人。1990~1998 年，韩国共有 4257人通过系统的自学，获得了 12 个专业的学士学位。这项制度是由《1990 年自学作为另类获学位途径法》建立的。它规定，普通中学毕业文凭拥有者和"国家技术教育证书"拥有者，可以申请通过自学获得学士学位。学员需要通过四个阶段的考试，才能获得学位。第一阶段的文科公共课程的资格考试，主要是考核学员是否具备大学一年级学生应该具备的文科和文化领域的一般知识。第二阶段的专业基础课的资格考试，主要针对专业领域的共同知识和技能进行考查。第三阶段的专业高级课的资格考试，针对专业领域的高级知识和技能。第四阶段的综合考试考核大学毕业生应具备的综合能力。每一阶段的考试都包括必考科目和选考科目。例如，在第一阶段，学员要参加 3 门必考科目，并从 15 门选考科目中任选 2 门参加考试。学士学位自学考试制度实行全部或部分课程的免考政策。下述情况的考生可以申请免考：①参加传统大学或学院学时课程的；②通过《教育法》承认的国家考试的；③具有职业资格证书或执照的；④在那些经全国教育评估委员会批准的学院、附属学院或私立教育机构中完成免考课程的。这些免考政策主要针对前三个阶段，不适用于综合考试阶段。学士学位

---

① 王海东. 2001. 韩国的学士学位自考制度和学分库系统介绍. 自考·职教·成教，（15）：53-55.

的自学考试制度的考核基于考试结果，不涉及学习过程和准备考试的方式。各阶段的考试从低到高难度逐渐加大。[①]到 2009 年为止，该制度发展到在国语文学、英文文学、经营学、法学、行政学、幼儿教育学、计算机科学、家政学和护理学等 9 个专业领域实施。学分银行制度是指在校外的各种学习经验与资格可以学分的方式加以认定，当学分累积到指定的标准后，便能授予学位的一种制度。学分银行制度是一种开放的教育制度，它认可来自各种学校内和学校外的教育经历。在学分银行制度中，不仅在修习认定科目后可取得学分，而且与专业相关的资格或是重要的、无形文化资产的资格也可换算成学分，甚至自学学位考试中合格的科目也可换算成认可的学分。学分银行制度以学分的形式对各种各样的学习经历进行认可，当学习者累积够了必需的学分银行制度所承认的学分，他们就可获得学位。学分银行制度旨在为所有公民提供更多的受教育的机会，以推进终身学习社会实现。它力求为那些受过高中教育的学生或希望继续学习的成年人提供多样化和最大可能的教育机会。学分银行制度对于任何高中毕业但未能进入正规大学学习的人都是敞开的。学分银行制度包括大学本科和专科的课程，全部以标准化课程体系和大纲为参照。标准化课程体系为教育机构鉴定学业和认可学分提供了标准。标准化课程体系指的是一个适应各个专业特点的全面的学习计划。一方面，它可以为教学者的课程准备提供详尽指导；另一方面，它为学员今后的学习途径、教育目标和结果给予具体描述。标准化课程体系由教育部和教育开发院联合研制，相关专家也参与工作。按社会的变革、学术与技术的发展、教师和学员的要求，标准化课程体系每半年修订一次，具体内容包括教育目标，专业，一般课程、专业课程和选修课程及相应学分，学士学位毕业要求，评估和质量监控。到 1999 年 10 月，已经编制出 151 门课程指导，包括 70 个大学水平和 80 个大专水平的。大纲是学科教学内容的指南。学分银行制度要求各学科至少 70% 以上的内容要遵照学分库的大纲。大纲与标准化课程体系是紧密相关的。到 1999 年 10 月，已经编制出了 1501 门大纲。

学员通过在经鉴定过的教育机构中学习获得学分，也可以到大学或学院中业余学习。脱产学习者取得专业证书或通过学士学位自学考试等途径获得学分。学员一年内最多可获得学士学位课程的 36 学分，大专课程的 40 学分。在某一

---

① 王海东. 2001. 韩国的学士学位自考制度和学分库系统介绍. 自考·职教·成教，（15）：53-55.

特定教育机构获取学分,学士学位的不能超过 105 学分,大专学历的不能超过 60 学分。达到必需的学分后(学士学位要求 140 学分,两年制大专要求 80 学分,三年制大专要求 120 学分),毕业学员就可以提出学位申请。学分认证评定委员会将审查他们的申请,然后送交教育部获得最后批准。学员可以从教育部获取学位,也可以直接从大学或学院中得到学位。在后一种情况下,学员必须达到该大学的特定学位要求,如在该大学所学课程本科要多于 85 学分,大专课程要不少于 50 学分。学分银行制度没有年龄、性别的要求,唯一的入门要求是高中文凭,所有高中毕业的人都能参加学分库制度的学习。大学缀学者可以登记参加学分银行制度,但在读大学生是不允许的,因为一个学生只能从属于一所大学或学院。与学士学位自学考试制度不同,大学(专)毕业可以参加学分银行制度。

七是终身教育专业人员的培养及其能力提升计划。《终身教育法》经过全面修订后,使“终身教育士”制度在职务、学习课程、进修、配置标准等方面的规定都更为具体。“终身教育士”必修的终身教育学分由 2 学分提高到 3 学分,教育实习时长也由 3 周延长至 4 周。同时,终身教育中心和终身学习馆等公共终身教育机构都必须设置“终身教育士”。以往高等教育机构为“终身教育士”的主要培育机构,现在则扩大到学分银行机构和终身教育振兴院。此外,为提高全国各类终身教育职员在教育一线的专业能力,教育科学技术部提供了相关进修方案。具体内容包括以终身学习城市的地方行政首长和教育首长为对象的“终身学习城市领导人研习”,实施全国终身教育相关职员的职务研修、国外研修、“终身教育士”进修教育、“终身教育士”资格晋升课程等方面的进修,以提高其专业能力。

四、农民教育与培训[①]

确保农村后备人力已成为韩国农业能否持续发展的首要问题。为提高农民素质,培养专业化核心农民,韩国政府采取了一系列措施,其中包括加强对农民的教育与培训工作。主要有以下几个方面。

---

① 李水山. 2005. 新时期韩国农民教育的特征和发展趋势. 职教论坛,(16):55-59.

（一）农民合作组织的职业技术教育

农民协会（简称农协）是对组织系统内农民开展教育培训的具体实施主体，包括技术与实践体验培训及交流。农协是农民组成的团体，韩国农民中 90%是农协会员，农协基层组织有 1300 多个，遍布全国。农协中央会下属有 9 个研修院和教育院，研修院主要培训农民，教育院主要培训技术指导员。农协会员参加培训学习是免费的。另外，通过由农协创办的新农民技术大学和农业经营技术支援团，不断强化内容新颖、形式多样的农业技术教育，向农民提供最新技术和经营信息，以提高农业生产率，增加农民收入。学校根据种植业作物分类和农业产业结构设置技术课程，教学方式有集中培训、授课后分组讨论、介绍典型经验、举办讲座和实地参观等。为满足各地农民对技术的多样化需求，从 1985 年开始，该校的部分课程转移到各道（省）农协的研修院承担。1987 年，中央农协又成立了农业经营技术与支援团，负责单位组合（乡镇级农协）的营农技术教育。一般在单位组合所在地邑、面（镇、乡）举办培训班，为期 1～3 天。教育内容以传授当地农民最为关心的农业适用技术为主，采取聘请专业教师讲课和组织讨论的教学方式。由于技术培训形式灵活多样，适用性很强，因此自开办以来，规模不断扩大。据 1996 年统计，全国 498 个单位组合已开展农业技术培训，讲授 43 种农业适用技术，接受培训人员累计达 7 万多人。

在新时期，农协的农民教育正在向专业化、层次化、现场化发展，即向分类指导、按实际需求、分层次培训和以实践为中心的农民教育转变。2005 年，农协计划举办 8000 次农民培训，培训农民 80 万人。

（二）农业技术推广教育培训

隶属农林部的韩国农村振兴厅是农业技术推广教育培训的实施主体。农村振兴厅主要负责农业科研、农业技术推广与农村生活指导，以及农民和农业公务员培训。此外，韩国还在各道、市、郡等地设立了相应的组织机构，如道（省）设立了农村振兴院，全国共有 9 所；市、郡（市、县）设立有农村指导所，全国共有 182 所，每 3～4 个面、邑（乡、镇）设有 1 个农村指导所，在全国形成一个广泛的农业科研、教育和推广网络，实现了资源、层次、结构的优化组合。

（三）大学开展的农民教育

韩国江原大学开展的农民教育具有鲜明的特色。该校每年组织 110 名农业、林业、畜牧、信息等学科专业的专职教师、研究生，开展农村科技咨询活动。该大学自 1994 年开始开展为期一年的高层次农民教育，选拔高中以上，具有较高生产经营规模效益和水平的青壮年农民，每星期五全天授课，培训一年，培训结束后颁发结业证书。该大学还开设了两年的教育课程，并导入学分制和"学分银行制"，授予学士或准学士的学位。

（四）农民教育培训券制度

培训券制度是接受培训者在接受培训时以培训券形式支付培训费的一种制度。实施这种制度的目的是通过引入竞争机制，赋予受训者自主权与选择权，以满足不同地区不同农民的实际需求，实现教育的多元化、个性化服务。培训机构一改以往先作预算领取培训经费的制度，根据农民按需接受培训后交付的培训券向有关部门申请、领取培训经费。2005 年，韩国农林部拿出 3.5 亿韩元逐步示范推广。农民教育培训券制度还可以矫正过去培训机构守陈规、形式化、千篇一律、固定模式的培训方式，能确保开展按需求、有计划、分层次、分阶段、保重点、重实效的农民教育。该制度还可以保障培训计划和内容的及时公开、透明，可从源头上防止教育培训计划脱离实际和培训经费挪作他用。

第七节　中国的成人教育

1987 年 6 月 23 日，国务院批转《国家教育委员会关于改革和发展成人教育的决定》。该决定要求提高全社会对成人教育在社会主义现代化建设中的重要地位和作用的认识。成人教育是当代社会经济发展和科学技术进步的必要条件。随着我国社会主义物质文明、精神文明建设的发展以及经济体制、政治体制和教育体制改革的逐步深入，大力发展成人教育，不断提高亿万劳动者的思想道德素质和科学文化素质，使经济和社会的发展具有更加坚实可靠的人才基础，这对于把我国建设成为高度民主、高度文明的社会主义现代化国家具有重要的战略意义。该决定还特别指出，成人教育是我国教育的重要组成部分。在整个教育事业中，它与基础教育、职业技术教育、普通高等教育同等重要。该决定要求把开展岗位培训作为成人教育的重点，即对已经走上工作岗位及需要转换工作岗位或重新就业的工人、农民、干部、专业技术人员和其他从业人员进行相应的岗位培训，使之在知识、技术、能力各方面适应工作岗位的要求。该决定还提出改革成人学校教育，努力提高办学效益；积极开展大学后教育和专业培训；充分发挥地方和企业单位办学的积极性；加强宏观管理，制定相应的政策措施办好成人教育。该决定发布以后，我国成人教育进一步得到发展和普及。

教育部 2013～2017 年的"全国教育事业发展统计公报"显示：2013 年，全国接受各种非学历高等教育的学生 678.56 万人，当年已毕（结）业 933.77 万人；接受各种非学历中等教育的学生达 4914.65 万人，当年已毕（结）业 5340.34 万人。全国成人小学在校生 124.26 万人；成人初中在校生 48.23 万人；成人高中在校生 11.07 万人、毕业生 10.40 万人；成人高等教育本专科共招生 256.49 万人、在校生 626.41 万人、毕业生 199.77 万人。2014 年，全国接受各种非学历高等教育的学生 736.66 万人，当年已毕（结）业 920.28 万人；接受各种非学历中等教育的学生达 4613.67 万人，当年已毕（结）业 5084.48 万人。全国成人小学在校生 116.43 万人；成人初中在校生 46.26 万人；成人高中在校生 14.90 万人、毕业生 12.36 万人；成人高等教育本专科共招生 265.60 万人、在校生 653.12 万人、毕业生 221.23 万人。2015 年，全国接受各种非学历高等教育的学生 725.84 万人，当年已毕（结）业 907.54 万人；接受各种非学历中等教育的学生达 4561.53 万人，当年已毕（结）业 4909.07 万人。全国成人小学在校生 94.82 万人；成人初中在校生 33.70 万人；成人高中在校生 6.59 万人、毕业生 6.20 万人；成人高等教育本专科共招生 236.75 万人、在校生 635.94 万人、毕业生 236.26 万人。2016 年，全国接受各种非学历高等教育的学生 862.83 万人，当年已毕（结）业 936.25 万人；接受各种非学历中等教育的学生达 4462.69 万人，当年已毕（结）业 4720.63 万人。全国成人小学在校生 83.27 人；成人初中在校生 28.01 万人；成人高中在校生 4.40 万人、毕业生 4.64 万人；成人高等教育本专科共招生 211.23 万人、在校生 584.39 万人、毕业生 244.47 万人。2017 年，全国接受各种非学历高等教育的学生 927.37 万人，当年已毕（结）业 980.84 万人；接受各种非学历中等教育的学生达 4538.30 万人，当年毕（结）业 4744.07 万人。全国成人小学在校生 75.42 万人；成人初中在校生 12.70 万人；成人高中在校生 3.94 万人，毕业生 3.90 万人；成人本专科共招生 217.53 万人，在校生 544.14 万人，毕业生 247.04 万人。①

一、函授教育

高校函授教育是我国高等教育事业的重要组成部分。改革开放以来，我国高等学校函授教育得到了长足的发展，为我国培养了数以百万计的高级专门人才（表 8-1）。

表 8-1　2012～2016 年中国高等学校函授本科、专科学生统计　　单位：人

年份	毕业生数			招生数			在校生数		
	本科	专科	合计	本科	专科	合计	本科	专科	合计
2012	443 018	559 805	1 002 823	584 411	754 327	1 338 738	1 420 258	1 701 697	3 121 955
2013	480 168	597 136	1 077 304	615 906	784 667	1 400 573	1 533 904	1 851 157	3 385 061
2014	540 618	693 319	1 233 937	666 943	831 500	1 498 443	1 634 163	1 938 620	3 572 783
2015	579 459	738 302	1 317 761	599 264	745 908	1 345 172	1 618 689	1 882 190	3 500 879
2016	620 985	765 378	1 386 363	581 087	644 781	1 225 868	1 566 600	1 714 636	3 281 236

资料来源：根据 2012—2016 年中国教育统计年鉴汇总

从表 8-1 数据可以看出，我国高等学校函授教育近年来发展总体较为稳定。2012～2016 年毕业生数呈明显上升趋势，招生数和在校生数前三年逐步上升，后两年虽然有所下降，但仍然保持在较高水平。

二、电大教育

1979 年 2 月 6 日，经国务院批准，由教育部、中央广播事业管理局共同在北京建立了中央广播电视大学。此后，全国各省、自治区、直辖市也陆续建起了广播电视大学。1986 年，中国教育电视台成立并开通卫星频道，目前已有三个频道，其中一个频道专为 9 年义务教育服务。全国拥有省级教育电视台 10 个、

---

① 注：此段数据系笔者据教育部发布的 2013～2017 年的"全国教育事业发展统计公报"数据整理而成。

地市级教育电视台 104 个，上万个卫星地面接收站；到 20 世纪 90 年代中期，已经形成了世界上在本土范围内规模最大的、以广播和卫星电视传播为主要媒体的远程教育体系。

全国电大计划内学历教育包括三类：①统招高等专科学历教育。其学生来源包括两种：一种是通过全国普通高等学校统一招生考试，招收高中毕业生为主要培养对象，实施高等专科学历教育的学生，简称"普招专科"；另一种是通过全国成人高等学校统一招生考试，招收具有高中毕业或同等学力的人员为主要培养对象，利用业余或脱产等形式实施高等专科学历教育的学生（含第二专科学历教育学生），简称"成招专科"。②通过全国统一考试入学的高等学历"专升本"教育。③中等专业学历教育。

表 8-2 所示是 2012～2016 年中国电大本科、专科学生的基本情况。

表 8-2　2012～2016 年中国电大本、专科学生统计　　　单位：人

年份	毕业生数			招生数			在校生数		
	本科	专科	合计	本科	专科	合计	本科	专科	合计
2012	1 240	54 436	55 676	1 562	61 687	63 249	3 364	145 825	149 189
2013	1 144	53 750	54 894	1 521	66 775	68 296	3 775	159 986	163 761
2014	1 421	59 267	60 688	2 941	70 804	73 745	5 351	169 644	174 995
2015	1 089	58 046	59 135	3 209	65 743	68 952	7 193	174 054	181 247
2016	2 145	61 000	63 145	3 355	59 993	63 348	8 140	167 812	175 952

资料来源：根据 2012—2016 年中国教育统计年鉴汇总

从表 8-2 可以看出，我国电大教育近年来发展较为稳定，年均毕业生数约为 5.8 万，年均招生数约为 6.5 万，在校生数总体处上升态势。

三、高等教育自学考试

高等教育自学考试是对自学者进行的以学历考试为主的高等教育国家考试，是个人自学、社会助学、国家考试相结合的高等教育形式，是我国高等教育体系的重要组成部分。高等教育自学考试既是一种国家学历考试制度，又是一种教育形式。《中华人民共和国高等教育法》第二十一条、第二十二条规定：国家实行高等教育自学考试制度，经考试合格的，发给相应的学历证书或者其他学业证书。其学业水平达到国家规定的学位标准，可以向学位授予单位申请

授予相应的学位。

我国的高等教育自学考试制度于1981年经国务院批准创立,是中国规模最大的社会化开放式高等教育形式。中华人民共和国公民,不受性别、年龄、民族、种族和已受教育程度的限制,均可依照国家有关规定参加自学考试。

同其他传统的教育形式相比,高等教育自学考试具有高度开放、灵活多样、适应性强、工学矛盾小、容量大、花费少、效益高等特点,被人们誉为"没有围墙的大学"。①开放性。自学考试在专业设置、考试计划、培养规格层次等方面具有开放性。专业设置根据经济建设对人才需求和开设条件而定,不受地方或某一院校专业科类设置的制约,所开设的专业面向社会、面向地方或行业部门。②灵活性。自学考试面向社会,应考者不受民族、性别、年龄、职业、信仰、已受教育程度、居住区域和身体条件等限制,均可根据自己的爱好或职业的需要自主地选择报考专业。即便是劳教、劳改或被剥夺政治权利的罪犯也可参加自学考试,若全部课程考试合格,在刑满释放、解除劳教或恢复政治权利后,经思想政治鉴定合格,同样可以获得毕业证书。考试安排灵活,每次考试应考者可根据自己的实际情况灵活选择报考课程门数,自由地安排学习时间和学习方式,可以边工作边自学边应考,也可以自主地选择是否参加助学机构举办的各种形式的助学辅导班。考试采用学分累积制,不需经过入学考试,没有招生规模和学制的限制,考试合格一科即可获得该科的学分,不合格可以重考,重考次数不限,积满学分即可毕业。③工学结合。自学考试以自学为主,考生完全根据个人工作需要和志愿选择报考专业,学习有主动性和积极性。考生边工作,边学习,边提高,学用结合见效快。这为在职人员开展岗位培训,提高专业技术水平和文化素质,提供了一条多、快、好、省的途径。④教考分离。教考分离是指教学和考试的组织实施是相互分离的,亦即考试机构与教学机构是相互独立的,办考不办学,办学不办考。教考分离是杜绝不正之风、严格考风考纪、确保考试成绩准确性和确保毕业生质量的重要机制。

教育部2012年、2013年、2014年、2016年和2017年的"全国教育事业发展统计公报"显示:2012年,全国高等教育自学考试学历教育报考853.90万人,取得毕业证书73.12万人,非学历教育报考871.1万人;2013年,全国高等教育自学考试学历教育报考766.30万人,取得毕业证书73.42万人,非学历教育报考958.7万人;2014年,全国高等教育自学考试学历教育报考703.37万人,取得毕业证书 77.38 万人；2016 年，全国高等教育自学考试学历教育报考 504.10 万人，取得毕业证书 67.77 万人；2017 年，全国高等教育自学考试学历教育报考 470.94 万人，取得毕业证书 55.27 万人。[①]

通过上文对美国、英国、日本、法国、德国、韩国及中国成人教育的介绍，我们可以清楚地看出，各国在推行终身教育的过程中，都把成人教育作为关注的重点。上述各国在发展成人教育的过程中虽然有一定的差异，但也有共同之处，如都重视利用现代教育技术发展远距离教育、注重通过高等学校实施成人教育、强调企业继续教育、积极发展社区教育等。可以预计，这些措施仍将在今后各国成人教育的发展中占有重要的地位。

---

① 注：此段数据系笔者据教育部发布的 2012 年、2013 年、2014 年、2016 年、2017 年的"全国教育事业发展统计公报"数据整理而成。

第九章
终身教育中的扫盲教育

在当今世界，由于文盲与贫困、健康不良、婴儿死亡率高、寿命短和人口增长等都密切相关，它已威胁着人类的进步和发展。为此，1987年联合国教科文组织通过的《乌兰巴托宣言》[①]称"文盲问题是人类所面临的最紧迫问题之一"，它"威胁着人类的进步和繁荣"，并号召所有国家必须把扫除文盲当作共同目标。[②]

[①] 1990年是联合国大会确定的"国际扫盲年"（International Literacy Year）。为了迎接国际扫盲年，联合国教科文组织于1987年5月24～27日在蒙古人民共和国首都乌兰巴托召开了"国际扫盲年准备工作国际研讨会"。会议通过的主要结论以《乌兰巴托宣言》（The Statement of Ulan Bator）之题予以公布。这是继1975年《波斯波利斯宣言》后的又一个国际扫盲宣言。

[②] 赵中建. 1996. 教育的使命：面向二十一世纪的教育宣言和行动纲领. 北京：教育科学出版社：49.

第一节　文盲与扫盲的内涵

一、文盲的界定

　　各个国家（或地区）对"文盲"的理解并不一样。联合国教科文组织曾于1958 年在一项关于教育统计国际标准化的建议中提出过一个关于文盲的定义："一个不能阅读和书写一篇关于日常生活的简短文字的人即是文盲。"[①]这个定义与许多国家早期对文盲所下的定义一样，都比较注重对阅读能力的规定。1978年第 20 届联合国教科文大会上通过了对 1958 年关于教育统计国际标准化建议的修正案，修订后的建议将文盲分为两类，即传统性文盲和功能性文盲。[②]传统性文盲是指不能理解有关日常生活的简短文章且不能读写。功能性文盲是指不能从事其所属团体及社会需要读写能力的一切活动。"功能性文盲"这一概念最早由美国学者格雷于 20 世纪 50 年代中期提出。他认为，"文盲"的概念不再以是否进过学校或认识多少字来决定，而是以一个人所具有的文化知识是否能应付日常生活需要为标准。按照这一观点，在文盲和有文化者之间并没有一个永远固定的明确的分界线。一个有文化的人今天如果不继续获得新的知识和技能，那么他明天就可能成为功能性文盲。因此，有读写能力只不过是教育过程的一个起点，一个人只有活到老学到老，才不至于有一天在自己的社会里不能"行使功能"。这一观点与传统的"文盲"概念相比是一个飞跃，它含有终身教育的思想。

---

① 沈金荣. 1997. 国外成人教育概论. 上海：上海科技教育出版社：59.
② 联合国重新定义的新世纪文盲标准进一步将文盲分为三类：第一类，不能读书识字的人，这是传统意义上的老文盲；第二类，不能识别现代社会符号（即地图、曲线图等）的人；第三类，不能使用计算机进行学习、交流和管理的人。后两类被认为是"功能性文盲"，他们虽然受过教育，但在现代科技常识方面，却往往如文盲般贫乏，在现代信息社会中生活存在相当困难。本章所说的扫盲主要是指扫除传统性文盲。

美国曾于1986年对年轻成人的非文盲能力在全国范围内进行了有代表性的抽样调查，调查的结果及其分析有助于我们更深入地理解文盲或非文盲的能力程度。抽样调查的测验内容包括三个方面：①阅读和理解散文，如报纸文章、杂志和书籍的能力。这种能力被定义为散文非文盲能力。②查找并使用表格、图和索引这类文件中所载信息的能力。这种能力被定义为文件非文盲能力。③对诸如菜单、支票本或广告这类印刷品中所含信息进行数字运算的能力。这种能力被定义为数字非文盲能力。所有这三种非文盲能力在成人生活的各种场合中均有用武之地。测量的标准分为0～500个等级，以表示各种程度的非文盲能力，各个等级还附有相应级别的非文盲应能完成的具体任务的范例作为说明。例如，在散文非文盲能力上，200这一级别的代表性任务是简单描述自己将来所希望从事的工作，325这一级别的代表性任务是根据一篇新闻长篇报道中反复出现的三点情况来寻找新闻来源；在文件非文盲能力上，200这一级别的代表性任务是对照一份多项商品的采购单算出相应的优惠券和填写求职登记表，325这一级别的代表性任务是能根据公共汽车时刻表想象出在星期六早上乘第二班汽车抵达市中心终点站的时间，并应能完成与此类似的任务；在数字非文盲能力上，200这一级别的代表性任务是计算存款单上两笔账的总和，325这一级别的代表性任务是查看一份菜单，计算出某顿饭的开销，并确定找回的钱数是否正确。[①]美国的这一测试标准是衡量非文盲程度比较精确的标准，它可以使任何人对照各级能力水平的代表性任务来判断自己是否为生活中的各种挑战做好准备。

二、扫盲内涵的演变

"扫盲"是"扫除文盲"的简称。所谓"文盲"，前文说过，按照传统的理解，是指那些不识文字或识字极少的人。它是文字、印刷术出现之后才有的社会现象。一般认为，在工业革命以前，尽管不识字的人占了绝大多数，但由于生产力水平低下和社会生活的简单，这一现象并没有引起人们的注意而成为社会问题。但随着工业革命的发展，要求产业工人必须了解机械化生产的科学原

---

① 联合国教科文组织. 1992. 世界教育报告·1991（中文版）. 北京：人民教育出版社：43.

理和技术工艺流程的基础知识，不识字的文盲显然不能适应大工业生产的发展需要，于是文盲问题作为一个社会问题引起了人们的关注。随着产业革命的推进，成人教育逐渐兴起，在产业工人中进行识字教育和基础文化补习教育也受到了人们的重视。但文盲作为社会问题而引起全世界的普遍关注还是第二次世界大战以后的事情。那时，人们普遍认识到，文盲的存在严重制约着各国经济的发展和社会的进步。第二次世界大战后，扫除文盲运动在世界范围内蓬勃开展。随着科学技术的发展，大众文化传播手段的广泛运用及人们生活方式的急剧变革，文盲的外延逐步扩展，文盲的概念已不只是传统意义上的不识字，它包括了那些由于基础教育不足而不能有效地从事现代职业和适应现代生活的人。①

　　与此相适应，扫盲的内涵也在发生着变化。联合国教科文组织在扫盲概念的形成和发展中起着主导的作用，如按年代分，大致可以划分为以下四个阶段②：

　　一是注重读写能力时期（1945～1964 年）。这一时期比较注重对读写能力的规定，其中最具典型意义的概念是由教科文组织在 1958 年的一份文件中提出的，"一个不能阅读和书写一篇关于日常生活的简短文字的人即是文盲"③。因而扫盲的目的就在于使人们获得本不具有的读和写的能力，但并不包括计算能力。为了达到这一目标，联合国教科文组织还提倡推行成人和儿童的非正规教育形式，提倡满足社区发展的需要。但从发展的眼光看，扫盲着眼于读写能力而不是参与生活，这一目标显然是保守的。

　　二是面向就业时期（1965～1974 年）。1965 年，在伊朗德黑兰召开的"世界教育部长扫盲大会"上，"功能性文盲"的概念获得了共识。联合国教科文组织认为，"扫盲"概念不应局限于读写的教学，而"必须使那些被社会发展抛在后面且生产效率很低的文盲在社会方面和经济方面参加到一个新的世界中来，在那里，科学技术的进步要求他们比以往具有更多的知识和专门技能"④。由此可见，这一新的概念侧重于专门性和技术性知识，主张为就业而扫盲，强调的是把扫盲与经济增长和经济效益更好地结合起来。但从教育与人的全面发展观

---

　　① 毕淑芝，司荫贞. 1994. 比较成人教育. 北京：北京师范大学出版社：151-152.
　　② 沈金荣. 1997. 国外成人教育概论. 上海：上海科技教育出版社：61-63.
　　③ 沈金荣. 1997. 国外成人教育概论. 上海：上海科技教育出版社：61.
　　④ 沈金荣. 1997. 国外成人教育概论. 上海：上海科技教育出版社：62.

点来看，面向就业的扫盲概念过于狭窄，它忽视了对文化和社会的考虑。

三是促进解放时期（1975～1983 年）。事实上，早在 1965 年，联合国教科文组织国际教育大会通过的第 58 号建议《扫盲和成人教育》中就曾将扫盲与人的解放联系起来。该建议指出，成人扫盲教育应该在很大程度上把成年人从不利的环境限制和不充分的发展中解放出来，并能使成年人适应当今世界的生活，特别是能使他们适应各个领域所发生的迅速变化。[①]1975 年 9 月，国际扫盲讨论会在伊朗的波斯波利斯召开，会议讨论并通过了《波斯波利斯宣言》（以下简称《宣言》）。这次会议成为扫盲概念和战略的一个转折点。《宣言》扩大了以往的扫盲概念的含义，要求扫盲"对人的解放和全国发展作出贡献"。《宣言》明确指出，扫盲不仅是学习阅读、书写和计算的方法，而且要对人的解放和全国发展作出贡献。因此，人们是这样理解扫盲的，它为人们批判地认识他们所处社会的各种矛盾及其目标创造了条件。它还促进主动精神，推动人们参与制订能够影响世界、改造世界和确定合乎实际的人类发展目标的各种项目。它应为掌握技术和处理人与人之间的关系开辟道路……是一切社会变革的必不可少的工具。[②]扫盲提高了人们的政治觉悟和文化水平，使其获得了解放。这一主张深受巴西成人教育家保罗·弗莱雷（Paulo Freire）思想的影响。保罗·弗莱雷认为一个人获得读写能力不仅是心理地和机械地掌握读写方法，而且还要以觉悟的方式掌握这些方法，更好地行使公民的权利。他还认为扫盲最突出的价值在于有助于人们争取个人的彻底解放。

四是满足基本学习需要时期（1984 年～ ）。联合国教科文组织于 1984 年提出了旨在促进教育资源均等的"全民教育"构想。1990 年 3 月 5～9 日在泰国宗迪恩（Jomtien）召开的"世界全民教育大会"（World Conference on Education for All）上推广了"全民教育"的概念。这一概念从现实主义的观点出发，将普及初等教育与普及成人扫盲结合了起来。其目的是使每一个人都能获得旨在满足其基本学习需要的受教育机会。基本学习需要包括基本的学习手段（如读、写、口头表达、演算和问题解决）和基本的学习内容（如知识、技能、价值观念和

---

① 赵中建. 1999. 全球教育发展的历史轨迹：国际教育大会 60 年建议书. 北京：教育科学出版社：299-300.

② 查尔斯·赫梅尔. 1983. 今日的教育为了明日的世界——为国际教育局写的研究报告. 王静，赵穗生，译. 北京：中国对外翻译出版公司：56.

态度）。这些手段和内容是人们为能生存下去，充分发展自己的能力，有尊严地生活和工作，充分参与发展，改善自己的生活质量，做出有见识的决策并能继续学习所需要的。①全民教育的概念不仅进一步扩展了成人扫盲的内涵和外延，而且从终身教育框架出发，把扫盲看作终身学习过程的第一步，使扫盲具有了更加丰富的内涵。

第二节 世界扫盲的进展与问题

一、世界扫盲运动概况

（一）18 世纪到 20 世纪上半叶的行动

扫除文盲历来受到国际社会和许多国家的关注。同时，扫盲也是成人教育最为长久的目标之一。为了达到这个目的，欧洲在 18～19 世纪期间曾开展过多次积极的扫盲运动。②英国是世界上最早开展成人扫盲运动的国家之一，其初期扫盲的开展是由国内宗教革新引起的。16 世纪中期，基督教内的新教一派逐渐发展起来。它反对罗马教那种要求教徒盲目听从教皇、主教和神父的教规，主张教徒自己直接阅读《圣经》，理解教义，这样就要求教徒必须具备阅读能力。于是，一方面，组织人员用现代语改译《圣经》；另一方面开办扫盲班，组织教徒学习，培养他们的识字和阅读能力。随着工业革命的展开、科学技术的进步及经济的迅速发展，要求人们必须具备一定的读写能力。于是，各行各业都先后办起了夜校和补习学校。英国的扫盲运动对英国以后的技术进步和经济的进一步发展起到了重要的推动作用。

美国和苏联也分别于 20 世纪初开展了扫盲运动。第一次世界大战期间，为

---

① 赵中建. 1996. 教育的使命：面向二十一世纪的教育宣言和行动纲领. 北京：教育科学出版社：15-16.

② 沈金荣. 1997. 国外成人教育概论. 上海：上海科技教育出版社：63-65.

了使外来移民完全美国化，各级政府纷纷为移民设立学习机构，让他们尽早掌握英语，以便使他们能够更顺利地工作和生活。民间组织、宗教团体也积极参与了此项工作。后来，随着农业推广运动的开展，扫盲工作深入到了农村和边远地区。

（二）第二次世界大战后至 20 世纪 80 年代的努力

世界性的扫盲运动是从第二次世界大战以后才开始的。联合国教科文组织始终是世界扫盲运动最重要的推动力量。①从 1946 年联合国教科文组织成立时起，就经常敦促其成员开展扫盲活动并采取了一些实际步骤。1981～1983 年，联合国教科文组织曾根据自己的经济方案，向 78 个成员的扫盲培训工作提供了多项技术援助和财政援助。为了帮助第三世界发展教育和振兴经济，以联合国教科文组织为核心分别于 1959 年、1961 年和 1962 年制订和组织实施了面向亚洲、非洲和拉丁美洲国家的"卡拉奇计划""亚的斯亚贝巴计划""圣地亚哥计划"，积极推动了这些国家和地区的扫盲工作。

1965 年在伊朗首都德黑兰召开了"世界教育部长扫盲大会"（World Conference of Ministers of Education on The Eradication of Illiteracy），这是国际扫盲教育发展史上的一个里程碑。其主要功绩是"唤起世界舆论对文盲这一丑恶现象的注意"②，并就"功能性扫盲"的内涵取得了共识。会议认为，"功能性文盲"不仅与基本的一般知识有关，而且应同职业训练、提高生产力、更积极地参与公民生活、更好地理解周围世界联系起来。同年，联合国教科文组织和国际教育局召集在日内瓦召开了国际公共教育大会，会议发表了第 58 号建议《扫盲和成人教育》。该建议强调，功能性扫盲和成人教育除了是社会在经济、政治和文化诸方面进步的基本因素之外，也是个体在社会、经济、政治和文化诸方面进步的基本因素之一。③建议还呼吁所有成员政府和人民、各社会、文化和政治组织、工会和志愿者组织以及全世界怀有良好意愿的人，都来援助和支持世

---

① 沈金荣. 1997. 国外成人教育概论. 上海：上海科技教育出版社：65-67.

② 查尔斯·赫梅尔. 1983. 今日的教育为了明日的世界——为国际教育局写的研究报告. 王静，赵穗生，译. 北京：中国对外翻译出版公司：54.

③ 赵中建. 1999. 全球教育发展的历史轨迹：国际教育大会 60 年建议书. 北京：教育科学出版社：292.

界范围的群众扫盲运动①。该建议要求运用一切方法巩固扫盲的成果，防止新脱盲的成人又成为文盲或停留在肤浅的交流水平上，因而妨碍了任何真正意义上的解放。必要的后续措施应该包括为已脱盲成人提供各种阅读材料，如书籍、报纸、期刊等。这些阅读材料应适合于新脱盲者的兴趣和需要及其不同的阅读水平。另外，后续措施中还可以包括建立读书沙龙、学校、公共图书馆及流动图书馆等。

为了切实推动世界扫盲运动，联合国教科文组织在1967～1973年实施了"实验性世界扫盲计划"。阿尔及利亚、厄瓜多尔、埃塞俄比亚、几内亚、印度、伊朗、马达加斯加、马里、苏丹、叙利亚和坦桑尼亚11个国家国家，且共制订了137个规划，各自配置了大量教具、图书和人员，并分别由不同国家负责领导。实验所需的经费由联合国教科文组织资助。由于这一计划包罗万象，涉及各种各样的思想，所以曾引起各方面的兴趣。1971年前后，当这一计划处于高潮时，共有近25万成年人参加了各国的实验计划所办的各种项目，还编出了大量很有新意的教材。这一扫盲计划取得了重要的成果，它直接提高了大量穷苦人的识字能力。当然与人们的预期效果还存在差距。人们指望实验计划能说明扫盲与社会和经济发展之间的关系，对计划开展这个项目的国家的经济发展产生巨大影响及为最终开展"世界大众扫盲运动"做好准备。但事实上，并没有取得这样的效果。也许当时对这一计划所抱的期望本身就过高。我们应当承认这一计划的意义，它毕竟是人类有史以来向消灭人类文盲的崇高理想而采取的第一次联合大行动。

1966年，联合国教科文组织第14次大会决定，每年9月8日为国际扫盲日。希望通过国际扫盲日活动推动扫盲工作的开展，使适龄儿童都能上学、在校学生不过早辍学、成年文盲有受教育的机会。

1982年1月，在印度的乌代布尔召开了世界扫盲大会。与会者有来自非洲、亚洲及拉丁美洲的国家扫盲计划的代表、国际组织的代表及世界各地的成人教育工作者。会议发表了《乌代布尔扫盲宣言》，提出了18项建议，并且指出扫盲是个人摆脱愚昧和剥削及社会发展的决定性因素。

1985年，巴黎国际成人教育大会通过了《关于发展成人教育建议书》（以下

---

① 赵中建. 1999. 全球教育发展的历史轨迹：国际教育大会60年建议书. 北京：教育科学出版社：294.

简称《建议书》)。《建议书》呼吁,扫除文盲仍是成人教育的一项重大任务,不仅在发展中国家要继续加强扫盲,就是发达国家也不能忽视。《建议书》再次确定要发动一切社会力量进行扫盲,务必于2000年达到在地球上消灭文盲的目标。同年在索菲亚召开的联合国教科文组织第23届会议上,再次强调在2000年前扫除文盲是一项特别紧迫的工作,它应成为整个国际社会和联合国教科文组织的优先目标。会议还发出呼吁,希望把1990年定为国际扫盲年。[①]为了响应这一呼吁,联合国大会于1987年12月通过了决议,宣布1990年为国际扫盲年,并请联合国教科文组织在联合国系统内承担筹备和庆祝方面的主要领导工作。国际扫盲年的目标如下:①加强直接受到文盲或实用文盲现象不利影响的各成员的行动,以解决这些问题,特别是通过农村地区和城市贫民窟居民教育、妇女和女青年,以及在这方面有特殊问题或需要的居民和群体教育来解决这些问题。②进一步提高公众对文盲的广度、性质、影响及消灭文盲的方法和条件的认识,特别是应尽力提醒公共舆论注意成人妇女文盲的高比率及其对子女福利的影响,女青少年入学率比男青少年低,以及文盲问题同贫困、不发达及在经济、社会、文化上被排斥现象的关系等问题。③促进各国公众和政府参与同文盲现象作斗争的各项努力,要通过政府和非政府组织、自愿社团及公共团体的各种活动来达到这一目的。④加强各成员之间在同文盲现象作斗争方面的合作和团结。⑤在同文盲现象作斗争方面,加强联合国系统内部,以及政府间和非政府各组织之间的合作。⑥利用国际扫盲年的机会,制订和实施在2000年前扫除文盲的行动计划,探讨有关文盲的一些极为重要的问题,如减少小学学业失败现象及制订防止复盲的扫盲后计划等。

(三)20世纪90年代的国际行动

1990年3月,由联合国教科文组织、儿童基金会、开发计划署和世界银行联合发起和赞助召开了"世界全民教育大会"。来自世界150多个国家和地区,以及联合国系统各机构、政府间国际组织、非政府组织等共1500多名代表、观察员及专家出席了会议。会议讨论并通过了《世界全民教育宣言》和《满足基本学习需要的行动纲领》文件。这两份纲领性文件提出了积极消除性别、民族

---

① 沈金荣. 1997. 国外成人教育概论. 上海:上海科技教育出版社:66.

和地区差别，普及儿童基础教育、成人扫盲教育的目标、措施及具体计划。"全民教育"是从现实出发做出的发展基础教育和扫除成人文盲的统一行动纲领。其中期目标是在 2000 年前将成人文盲率减少至 1990 年水平的一半，并要特别重视妇女扫盲，以明显地减少男女文盲率之间的差别；最终目标是满足全体儿童、青年和成人的基本学习需要。①

1990 年 9 月，由联合国教科文组织召集在日内瓦召开了国际教育大会第 42 届会议，会议通过了《扫盲：90 年代的行动政策、战略与计划》。会议要求全面消除文盲现象，并要求普及高质量的初等教育。会议认为，读、写、算的能力构成了任何教育或培训过程的核心，而扫盲行动的伦理基础取决于唤起意识和敏锐性，得出文化特征的概念以及发展批判性的能力。从这一角度理解的扫盲计划不仅包括基本技能（读、写、算），还包括对世界的了解以及能在把世界改造得更加公正和平等中发挥作用。②会议还要求检查和修改以往的扫盲战略，并在修订这些战略时要特别考虑以下各项措施：①为实现普遍扫盲，应鼓励采取具有相互作用的双重法，即扩大学前教育和初等教育，并特别通过发展或改善教师培训来提高它们的教育质量；同时要促进成人扫盲和继续教育。②应提高初等教育的质量和针对性，以防任何形式的复盲现象。③应大幅度减少并最终消除初等学校的辍学现象。④应为未入学儿童做出一些有关基础教育的灵活的、非正规的安排；应调整课程、教学方法和时间安排以符合未入学儿童的学习需要。⑤在成人教育方面，应采取将非集中化过程同保持国家的或其他适当的协调机制相结合的办法，应鼓励地方社区确定自己的具体目标和职责。⑥应鼓励志愿组织与各级政府机构在扫盲工作方面进行密切合作。⑦应争取传媒的合作，其目的在于在公众中形成一种社会意志，鼓励潜在的学习者参与扫盲计划，并动员财力资源和人力资源。⑧在初等教育和成人扫盲教育及扫盲后继续教育等计划中，应建立系统的监督程序，以监督不同层次及行政、财务和教育等不同职能方面的进展情况。③

1993 年 12 月，孟加拉国、印度、巴基斯坦、印度尼西亚、中国、埃及、尼

---

① 赵中建.1999. 全球教育发展的历史轨迹：国际教育大会 60 年建议书. 北京：教育科学出版社：28.
② 赵中建.1999. 全球教育发展的历史轨迹：国际教育大会 60 年建议书. 北京：教育科学出版社：484.
③ 赵中建.1999. 全球教育发展的历史轨迹：国际教育大会 60 年建议书. 北京：教育科学出版社：486-487.

日利亚、巴西和墨西哥等 9 个人口大国在印度新德里召开关于全民教育的首脑会议。会议通过的《德里宣言》宣布，九国将在全民教育整体战略部署中改进、扩大扫盲计划及成人教育计划。

1994 年 9 月，在开罗举行了国际人口与发展大会，183 个国家、20 多个联合国系统机构、5 个区域性经济委员会、30 多个国际政府间组织及一大批非政府组织代表出席了会议。这次会议通过的《国际人口与发展大会行动纲领》被认为是可以改变世界今后 20 年的行动纲领。该文件明确指出，消除文盲是人类发展的先决条件之一。会议要求世界各国巩固 20 世纪 90 年代在普及初等教育方面所取得的成果，并做出进一步的努力，以确保在 2015 年前使所有的男女儿童接受初等和同等程度的教育。

在 1995 年 3 月社会发展问题世界首脑会议通过的《哥本哈根社会发展问题宣言》中，与会各国做出了一系列的"承诺"，其中包括在国家一级制定并加强消除文盲和普及基础教育的有时间期限要求的国家战略；重视终身学习，以便使所有的人能充分保障身体健康和人格尊严，充分参与社会、经济和政治的发展过程。

1995 年 9 月于北京召开的第四次世界妇女大会通过的《行动纲领》中，"消灭妇女文盲现象"被列为第二个战略目标，其中包括到 2000 年普及女童的初等教育、至少将女性文盲率减少到 1990 年的一半及要缩小发展中国家和发达国家之间的差距等。

（四）新世纪的行动：《联合国扫盲十年：普及教育》

2001 年 12 月 19 日，联合国大会第 88 次全体会议通过了题为《联合国扫盲十年：普及教育》的决议（以下简称为《决议》），《决议》宣布从 2003 年 1 月 1 日起的十年为联合国扫盲十年。[①]

1. 主要内容

联合国扫盲十年（2003～2012 年）希望帮助那些现在尚未识字的人开始识字，在这些人中大约有 8.61 亿成年人、1.13 亿失学儿童不识字。联合国扫盲十

---

① 联合国教科文组织教育处. 联合国扫盲十年. http://www.un.org/chinese/events/Literacy，2005-10-03.

年将针对成人的需要，使所有地方的人们都应在自己的社区或更大的范围内进行文字交流。扫盲运动至今尚未波及最穷困、最边缘地区，扫盲十年将以"全民扫盲：共同心声、一起学习"为口号，特别针对这些地区。扫盲十年的目标成果是在各地建立可持续的文化学习环境，这些环境将给予人们表达自己观点、从事有效学习、参与书面交流和与他人交流知识的机会，真正显示民主社会的特点。同时这些环境将带来电子媒体和信息技术的广泛应用，从而增加人们自我表达和接触今天大量知识储存的机会。《决议》指出，识字有多重含义。在不同场合根据不同用途有着不同的理解，扫盲十年将根据不同目的、不同背景、不同语言和不同的获得方式全方位地促进扫盲运动。

2. 制定原因

制定"扫盲十年"有以下三个理由：①15 岁以上的人中有 1/5 不能进行书面交流，不能参与周边的文化活动。在这个紧密联系的世界上，识字是通往交流的一把钥匙，不识字必将被社会抛弃。②识字是每个人的权利。50 多年前，在《世界人权宣言》中，基础教育被认定为一项人权，其中识字是最根本的学习工具，然而这么多年来还有这么多人尚未享受这项权利，不免令人汗颜！③到目前为止，无论在各国抑或全球，扫盲工作做得还远远不够，"扫盲十年"计划将为此提供一个集体努力的持续的机会，而不是一些一次性的计划或运动。

3. 实施建议

国际行动计划为扫盲十年实施全民扫盲提供了以下六条实施建议。

（1）政策转变。必须提供一个政策框架以便地方参与扫盲运动，包括多语教学和自由表达等，国家的政策环境应鼓励扫盲运动，并与减少贫穷战略，农业、卫生、艾滋病预防、解决冲突和其他社会问题的计划相联系。

（2）多样化的计划。为了发挥扫盲识字的多种作用，要求扫盲的方式也具有多样性，需使用合适的材料和语言，针对相关的目的，在不同地区准备不同文化背景的和性别敏感的材料。受过良好培训的非正式教员应尊重学习者的需求，将学习者引向更规范的学习。

（3）能力建设。除了增加和提高扫盲教员的培训外，在特定国家的一些区域需要着重能力建设，包括计划、研究和文献的筹备和管理，材料准备和课程设置。

（4）研究。新政策如果建立在实证研究的基础上会比较有效。这将有助于回答下列问题：扫盲的长期影响是什么？当地社区如何能更好地参与其中？民间社会可在何种程度上参加扫盲？有关研究、数据库及文件将使此类研究的结果更具广泛的运用性。

（5）社区参与。由社区决定扫盲目的、过程会提高扫盲的效率。这就要求政府与各个社区、社区学习中心及其他机构取得很好的沟通，确保扫盲活动和人们日常生活紧密相连，相得益彰，帮助他们梦想成真。

（6）监测与评价。建立一个有效的扫盲指标来监测这十年中扫盲工作所取得的进展。这个指标不仅依据扫盲率和扫盲人数的多寡，还将参照扫盲活动的影响。联合国教科文组织将与各下属机构及合作者共同努力，以期在地区范围内和国际范围内找到监测扫盲效果的更好手段。

4. 参与成员

"扫盲十年"的一个显著特点就是学习者在根据自身情况制订扫盲策略方面发挥了突出的作用。标准化的、千篇一律的扫盲方案从总体上来说并不起多大作用，也不能形成一个可持续的扫盲环境。更广泛的合作者应参与其中，推动扫盲工作的进行，他们应懂得在尊重对方的前提下与学习者及其所在社区合作，共同探讨有关的策略、方法和手段。社区组织、非政府组织、民间社会将为集体行动提供各种渠道。政府部门有责任与之密切合作，共同商讨资源配给，即培训投入、财政援助、机构认同及论证。

在国际上，联合国大会要求联合国教科文组织承担起协调的职责，将合作各方召集起来，采取联合行动，并就有关政策展开辩论。整个联合国体系都参与这一工作，每一部门在其特定的领域内积极推动扫盲工作的进展。国际性民间社会网络有责任使自己的成员对扫盲工作高度重视，同时也有责任使政府部门和普通民众提高对扫盲工作的认识。

《决议》深信识字对每个儿童、青年人和成年人掌握基本生活技能至关重要，这些技能使他们有能力应付在生活中可能面对的挑战，识字是基础教育重要的一步，是有效参与 21 世纪社会和经济活动不可或缺的手段。《决议》申明实现受教育的权利，特别是女孩受教育的权利。《决议》还重申了人人识字是普及教育的核心，而建立人人识字的环境和社会对实现根除贫穷、降低儿童死亡率、控制人口增长、实现男女平等及确保可持续发展、和平与民主等目标至关重要。《决议》呼吁各国政府和国际经济及金融组织提供更多的资金和物质支助，帮助提高识字率和实现普及教育目标及联合国扫盲十年目标的努力。

二、世界扫盲的成就与问题

经过几十年的努力，世界范围内的扫盲取得了令人瞩目的成绩。全世界文盲的比率从1950年的44%降至1990年的26.5%。在第三世界国家中只用了20年的时间（1970～1990年），有文化的成年人就增加了2.5倍，文盲率从54.7%降至34.9%。[①]联合国教科文组织发表的统计和预测表明，1995～2000年，全球文盲人数减少了1000万。全球成人文盲由1995年的8.72亿减少到了2000年的8.62亿，在总人口中所占的比率也由22.4%下降为20.3%。联合国教科文组织认为，妇女识字率的提高尤为令人鼓舞。1995年到2000年，全球15岁及以上的女性文盲在这个年龄段女性中所占的比率已由28.5%下降为25.8%。[②]

不过，联合国教科文组织同时又指出，世界扫盲事业仍任重道远。无论是发展中国家，还是发达国家，扫除文盲仍然是当今世界面临的重大任务。卡塞勒斯在1990年写的《本世纪末世界脱盲展望：到2000年所有人脱盲的目标在统计上有可能吗？》一文中曾写道："对发展中国家而言，根据预测的（乐观的）1990年的数字和趋势，消除文盲至少要花21年而不是10年，亦即要到2011年才能使估计的2000年的成人人口脱盲。但是到了2011年，成人人口又增加了，这一点又使我们看到了扫盲这一任务的艰巨性。"[③]事实确如卡塞勒斯所言。直到现在，非洲的文盲率仍然高达62%，其次为亚洲，达44%。1990年，文盲人口数估计在1000万以上的国家有10个。另据联合国教科文组织对94个国家和地区的统计，1970～1990年文盲总量减少的有37个国家和地区，但增加的却有57个。[④]

① 沈金荣.1997.国外成人教育概论.上海：上海科技教育出版社：67.

② 联合国调查显示：世界文盲人数5年减少1千万. http://news.sohu.com/27/35/news202963527.shtml. 2002-09-03.

③ 转引自瞿葆奎.1993.教育学文集·国际教育展望.北京：人民教育出版社：262-263.

④ 毕淑芝，王义高.1999.当代世界教育思潮.北京：人民教育出版社：234.

1990 年召开的全民教育大会发布的文件《世界全民教育宣言——满足基本学习需要》也揭示了当今世界文盲问题的严重性：

> 1 亿多儿童，其中包括至少 6000 万女童，未能接受初等学校教育；
>
> 9.6 亿多成人文盲，其中 2/3 是妇女；功能性文盲已成为包括工业化国家和发展中国家在内的所有国家的严重问题；
>
> 世界 1/3 以上的成人未能学习能改进其生活质量并帮助他们适应社会和文化变化的文字知识及新技能和新技术；
>
> 1 亿多儿童和不计其数的成人未能完成基础教育计划；
>
> 更多的人虽能满足上学的要求，但并未掌握基本的知识和技能。[①]

联合国教科文组织于 2013 年出版的全民教育全球监测报告《青年与技能：拉近教育和就业的距离》在阐述扫盲问题时指出：大多数国家将无法实现全民教育的第四项目标[②]，其中有些国家还存在很大差距。2010 年，仍有 7.75 亿成人不会读写，其中约有 2/3 是妇女。纵观全球，成人识字率近 20 年来有所增加，从 1985～1994 年的 76%提高到 2005～2010 年的 84%，但成年文盲人数仅有小幅下降，从 8.81 亿下降至 7.75 亿。40 个国家的成人识字率在 1998～2001 年低于 90%，预计其中仅有三个国家将实现文盲率减半的目标。2005～2010 年，全球青年识字率为 90%，相当于 1.22 亿青年是文盲。这表明世界各国到 2015 年或此后数年间都无法消除文盲。[③]

联合国教科文组织于 2015 年出版的全民教育全球监测报告《2000—2015 年全民教育：成就与挑战》指出：自 2000 年以来成人扫盲方案所取得的积极进展必须得到认可；将读写能力作为一个连续统进行测量已经成为一个明确的趋势；扫盲评估和监督计划、国际成年人能力评价项目及有利于就业和提高生产力的技能等项目开发出的资源，将对国家监测的发展做出贡献。"然而，几乎没有国家实现全民教育的扫盲目标，即到 2015 年将其 2000 年的成人文盲率减半。"

---

① 赵中建. 1996. 教育的使命：面向二十一世纪的教育宣言和行动纲领. 北京：教育科学出版社：13.

② 2000 年在塞内加尔达喀尔举行的世界教育论坛上，164 个国家的政府一致赞同《达喀尔行动纲领——全民教育：实现我们的集体承诺》提出的到 2015 年要实现六项目标。其中，第四项目标是成人扫盲人数，尤其是妇女扫盲人数增加 50%，并使所有成人都有平等的机会接受基础教育和继续教育。

③ 联合国教科文组织. 2013. 青年与技能：拉近教育和就业的距离. 北京：教育科学出版社：90.

为什么会出现这种现象？该报告认为有四个因素可以帮助解释这一窘迫的状况：首先，全球承诺软弱无力。在全球层面聚焦一个更加整体的扫盲观的行动号召，与国家层面为项目提供充足资助的意愿并不匹配。其次，虽然大型国家扫盲运动和项目在 20 世纪 90 年代的相对衰退之后重新兴起，但是协调性和能力的缺乏似乎在阻碍它们产生明显的影响。再次，对于引入母语作为成人扫盲项目的教学语言这种诚挚的做法来说也是如此。最后，尽管发展中国家存在能够增加个人读写能力需求的明显有利条件，但很多项目并没有充分地与此类机会相衔接。①

第三节　若干国家的扫盲教育

众所周知，世界文盲的大多数集中在发展中国家，尤以亚洲、非洲和拉丁美洲的文盲最多。从地区来说，非洲的文盲率最高，为 62%。其次为亚洲，为 44%，拉丁美洲为 17%。从文盲绝对数来说，主要集中在亚洲。1990 年，亚洲文盲总数为 6.997 亿，占世界文盲总数的 74%。仅印度和中国文盲人数就达到 4.6 亿，占世界文盲总数的近一半。"今天，在全世界近 9 亿文盲中，约 98% 居住在发展中国家。"②

一、印度的扫盲教育

印度在独立初期有 3 亿文盲，到 1981 年其文盲人数达到 4.37 亿，约占当时世界文盲总数（1980 年为 8.24 亿）的一半。在 1990 年的全球 9.48 亿文盲中，印度一国的文盲人数仍达 2.81 亿人，文盲所占比例高达 30%。③印度的扫盲教

---

① 联合国教科文组织. 2015. 2000—2015 年全民教育：成就与挑战. 北京：教育科学出版社：150-151.
② 赵中建. 1992. 战后印度教育研究. 南昌：江西教育出版社：180.
③ 赵中建. 1999. 全民教育——世纪之交的重任. 成都：四川教育出版社：65.

育可追溯到 20 世纪初，但大规模的行动则是独立后的 1948 年的"社会教育计划"和 1978 年的"全国成人教育计划"两次扫盲运动。1948 年印度成立了一个隶属中央教育咨询委员会的"成人教育委员会"，专事全国成人扫盲教育的研究和领导。1977 年，印度政府发表了《成人教育——政策声明》，宣布将扫盲教育作为教育规划的重点。同时，决定在 1978 年 10 月开始一场为期五年的全国性扫盲运动。《政策声明》规定了扫盲的具体目标和实现时间及扫盲的对象（主要对象为 15～35 岁年龄组的文盲）、形式和管理等。

经过几十年普及初等教育和成人扫盲教育的努力，印度的识字人数占总人口的百分比在逐年上升。全国识字人数的比例 1951 年为 18.33%，到 1961 年、1971 年、1981 年、1991 年分别上升到 28.31%、34.45%、43.67%、52.19%，其中妇女的扫盲成就尤为明显，识字率从 1951 年的 8.86%上升到 1991 年的39.19%。[①]

从 1985 年开始，印度的扫盲教育再次受到重视。印度政府在 1986 年颁布的《国家教育政策行动计划》中明确了政府扫盲的决心。该计划指出整个国家必须决心扫除文盲，特别要扫除 15～35 岁年龄组中的文盲。为了实现这一雄心勃勃的计划，印度政府拨出 55 亿卢比的扫盲教育专款，其中中央政府拨款 34亿卢比，各邦政府出资 21 亿卢比。1988 年 5 月，印度总理拉吉夫·甘地宣布，印度将开展一场经费为 20 亿美元的"全国扫盲运动"，计划在 7 年内在全国分阶段帮助 8000 万 15～35 岁年龄组的文盲成为脱盲者，即在 1990 年前扫除 3000万文盲，在 1995 年前再扫除 5000 万文盲。为了促进扫盲运动的开展，印度对扫盲教育实行综合领导，并于 1988 年成立了全国性的"国家扫盲团"（National Literacy Mission）作为全国扫盲教育的最高权力机构。在这一使团中，扫盲教育不再只是人力资源开发部或成人教育委员会的任务了，扫盲教育的领导涉及"其他 60 个机构的积极合作"。1990 年，印度开始在全国 212 个县开展 175 个"全面扫盲运动"项目。到 1993 年止，参加这一全面扫盲运动的 9～45 岁学习者达 3100 万，志愿工作人员有 300 万之多。这一全面扫盲运动计划在 1991～1995年，在现有的 15～54 岁年龄组的文盲（1.5 亿）中，首先扫除 4000 万 15～35

---

① 张人杰. 1997. 中外教育比较史纲（现代卷）. 济南：山东教育出版社：205.

岁的文盲，其中男性文盲为 1520 万，女性文盲为 2480 万。[①]

二、泰国的扫盲教育

泰国从 1937 年至今，一直在进行扫盲教育和成人基础教育。1981 年，泰国开始实施第五个国民经济和社会发展计划，进一步促进了扫盲运动的开展。泰国在扫盲教育中一条很重要的经验，就是紧紧围绕"自愿性""自我教育""教育与地区特点相结合"等特点来进行，并有许多志愿教师参加扫盲活动。工厂为文盲职工开办扫盲班，有时还占用一定的生产时间。另外，村寨识字中心、寺庙识字中心、远距离教育设施、公共图书馆，都为泰国的扫盲教育做出了贡献。泰国的扫盲教材注意贴近生活实际，采用了几套不同的课本，每套课本分为三个部分：60%的内容以区域为基础，20%是全国通用性内容（公民知识和技能），20%以地方为基础。这样做的目的是促使学习者结合自己的生活实际尽快运用学到的知识。此外，为了使课程内容通俗易懂、丰富多彩，80%的内容配以故事、插图等辅助材料。此外，泰国还特别注重扫盲后的文化水平的巩固提高，并将文化水平的巩固提高与职业技术教育相结合。泰国还重视扫盲师资队伍的建设。扫盲教师必须接受 7～10 天的培训，以掌握必要的扫盲知识和技能，比如，如何帮助学习者克服焦虑心情，如何使学习者有信心用自己的经验来解决学习中的实际问题等。

经过几十年的努力，泰国在扫盲工作上取得了巨大的成就，文盲率不断下降。1937 年文盲占人口总数的 63.3%，到 1985 年已下降到 9%[②]，1990 年进一步下降到 7%[③]。

三、巴西的扫盲教育

巴西也是一个深受文盲问题困扰的国家之一。鉴于文盲问题的严重性，巴

---

① 转引自张人杰. 1997. 中外教育比较史纲（现代卷）. 济南：山东教育出版社：215.
② 转引自毕淑芝，司荫贞. 1994. 比较成人教育. 北京：北京师范大学出版社：154.
③ 转引自毕淑芝，王义高. 1999. 当今世界教育思潮. 北京：人民教育出版社：236.

西于 1967 年底颁布了《青少年和成年人实用读写能力训练及终身教育法》，并
根据这一法律展开了一次全国性的大规模的扫盲运动。该法确定了扫盲教育应
成为巴西政府教育和文化部的工作重点，它授权政府建立巴西全国扫盲运动基
金会并对基金来源做了规定。

为了保证扫盲工作顺利进行，巴西政府建立了一个三级扫盲机构，执行集
中管理和监督，分散实施的工作原则。巴西于 1970 年建立了中央"巴西扫盲运
动基金会"，在理事会和执行委员会领导下工作。第一级组织是州/区设的同等机
构，第二级组织是设立在每个城市政府内的"巴西扫盲运动"。前两级负责制定
政策和计划，并进行管理与监督。第三级组织是具体的执行者。巴西政府为全
国开展扫盲运动提供了大量资金、教材和技术指导。除政府资助外，巴西还通
过发行彩票、接收捐赠等多种途径筹措扫盲运动所需的资金。巴西在扫盲中建
立了一种叫作"文化图"的新机构，强调集体参与的意识。扫盲内容是和当地
居民共同制定的，教学中运用幻灯片、图画、小卡片等来反映当地的情况，使
学习者很快掌握用文字来表达他们想说的意思。为了有效控制文盲复生，巴西
把"扫盲后教育"纳入终身教育的框架，积极开展健康、住房、营养、体育等
方面的教育活动，改善社区的生活状况。

适当的资助、政府的宣传和权力的下放，使扫盲运动迅速遍布全国，其广
泛性正如 1975 年国会调查委员会的报告所言："任何其他服务机构，甚至连电
话公司和邮政机构都没有像巴西扫盲运动那样成功地深入到巴西最边远的地
区。"[1]到 20 世纪 80 年代，巴西共有 10 万多个扫盲运动小组，在全国近 4000
个城镇开展扫盲教育。巴西在 1970～1975 年共有 1950 万成人文盲参加了扫盲
学习，其中有 800 万人摘掉了文盲的帽子。通过扫盲运动，15 岁以上人口中的
文盲率由 1970 年的 33%下降到 1980 年的 25%。[2]

四、坦桑尼亚的扫盲教育

坦桑尼亚于 1961 年取得民族独立。独立后的坦桑尼亚将扫盲放在重要的位

① 转引自赵中建. 1999. 全民教育——世纪之交的重任. 成都：四川教育出版社：94.
② 曾昭耀，石瑞元，焦震衡. 1994. 战后拉丁美洲教育研究. 南昌：江西教育出版社：363.

置。尼雷尔说："文盲的人无论在促进国家发展或发展他们自己方面都永远不能充分发挥他们的作用，他们将总是处于受拥有丰富知识的人剥削的危险之中。因此，我们应着手扫除现存的大量文盲。"[1]1974 年在全国实施了"国家民主革命计划"。在该计划中，扫除文盲被置于优先的地位。国家长期的教育政策强调受教育是每一个公民的权利，为实现一个进步的、有知识的和生产的社会，全体人民有责任首先要脱盲。

坦桑尼亚的扫盲运动由国家教育部负责管理实施，还成立了相应的一些组织，如负责培训地区及区级识字教师的培训小队、负责实地工作和监督管理的组织及编写班子。成人教育研究所、达累斯萨拉姆大学、国家教育学院和地区培训小队培训了大批成人教育工作人员，国家还发动了大批小学毕业生当扫盲教员。为防止复盲，坦桑尼亚实施了识字后的计划。主要的措施有：①创办乡村报纸；②制作电台广播教育节目；③创办乡村图书馆；④创办民间发展学院；⑤为新识字者编写提高性识字课本。为了提高扫盲的效果，坦桑尼亚使用本地语进行扫盲。坦桑尼亚有 120 种本地语，但绝大部分人口（90%）说斯瓦希里语。独立后的坦桑尼亚不断提高斯瓦希里语在国家发展中的地位，其不仅被用作初等教育的教学语言，而且还被用作成人扫盲的教学语言。坦桑尼亚扫盲的成功同用本民族语言作为识字语言有着极大的关系。

坦桑尼亚 1961 年独立时文盲率达到 75%，1971 年开展了全国扫盲运动，此后分别于 1975 年、1977 年、1981 年、1988 年和 1989 年举行了全国识字测试，文盲率迅速下降，1975 年文盲率已降到 39%，1977 年又降到 27%，20 世纪 90 年代识字率已达到 90%。[2]

五、中国的扫盲教育

中华人民共和国成立后，政府十分重视扫盲工作。早在 1950 年 9 月，第一次全国工农教育会议就明确提出"开展识字教育，逐步减少文盲"的要求。1956 年 3 月 20 日，中共中央、国务院发布了《关于扫除文盲的决定》。1978 年 11

---

① 转引自李建忠. 1996. 战后非洲教育研究. 南昌：江西教育出版社：257.
② 李建忠. 1996. 战后非洲教育研究. 南昌：江西教育出版社：258.

月 6 日，国务院发出了《关于扫除文盲的指示》，要求继续做好扫盲工作。1988
年 2 月 5 日，国务院再一次发布《扫除文盲工作条例》。关于扫盲的对象，《扫
除文盲工作条例》规定："凡 15 周岁至 40 周岁的文盲、半文盲公民，除不具备
接受扫盲教育能力的以外，不分性别、民族、种族，均有接受扫除文盲教育的
权利和义务。"关于基本扫除文盲的标准和要求，《扫除文盲工作条例》规定："15
周岁至 40 周岁人口中的非文盲人数，在农村达到 85% 以上，在企业、事业单位
和城镇达到 90% 以上。"[①]

1988 年 11 月，全国扫盲工作会议在北京召开。会议要求采取切实措施，保
证《扫除文盲工作条例》的贯彻执行。第一，要加强领导，成立全国扫除文盲
工作领导小组。同时加强地方政府的责任，特别是县级政府的责任，建立健全
成人教育机构，明确专人负责扫盲工作。中国扫盲的重点在乡、村一级，因此
要建立乡、村行政负责人扫盲工作责任制。第二，要建立和巩固、稳定扫盲工
作队伍。中国农村有一亿多初高中毕业生，有分布广泛的小学和初中及职业学
校，还有一批退休教师和干部，要充分调动和发挥他们的积极性，通过签订扫
除文盲承包合同等办法，以合理报酬、奖惩制度，组织他们为扫盲做出贡献。
第三，除实行行政领导责任制外，要结合各县、乡、村的具体实际，制定和完
善行之有效的政策措施。第四，除按照《扫除文盲工作条例》规定的经费渠道
具体落实经费外，各地还要筹集用于扫盲的专款，拓宽经费筹集渠道，多方面
解决扫盲经费不足的问题。第五，改革扫盲教材和教学方法，加强扫盲的科学
研究。

2002 年 9 月，教育部等 12 个部门联合发布了《关于"十五"期间扫除文盲
工作的意见》（以下简称《意见》）。《意见》指出，扫除文盲是宪法规定的基本
政策，进一步做好这项工作对于提高我国全民文化素质，促进社会主义物质文
明和精神文明建设，具有重要作用。《意见》要求深入贯彻落实《国务院关于基
础教育改革与发展的决定》和《扫除文盲工作条例》，把普及九年义务教育和扫
除青壮年文盲作为教育工作的"重中之重"，坚持杜绝新生文盲、扫除现有文盲
与使脱盲人员接受继续教育相结合的方针，巩固和扩大扫盲工作成果，重点推

---

① 扫除文盲工作条例（国务院 1988 年 2 月 5 日发布）. http://www.jyb.cn/china/zhbd/200909/t20090
909_309259.html. 2009-09-09.

进贫困地区、少数民族和妇女的扫盲教育。大力开展扫盲课程和教学改革，建立以满足扫盲对象基本学习需求为导向的扫盲教育机制，提高扫盲工作的质量和效益。在扫盲工作目标部分，《意见》规定，扫盲工作的主要对象为 15～50 周岁的青壮年文盲。鼓励 50 周岁以上的文盲接受扫盲教育。各省、自治区、直辖市要按照积极进取、实事求是、分类指导、全面推进的原则，结合本地区实际，制订和实施"十五"期间扫盲和扫盲后继续教育工作规划。西部地区尚未实现基本扫除青壮年文盲目标的县（市、区），特别是已经普及初等义务教育的县（市、区），要在普及初等义务教育后的 5 年内，基本扫除青壮年文盲，将青壮年非文盲率提高到 95%以上。内蒙古、贵州、云南、甘肃、宁夏、青海等省（自治区）要将青壮年非文盲率提高到 90%以上。西藏自治区要大力推进普及义务教育工作，减少新生文盲，积极扫除青壮年文盲。已经实现基本扫除青壮年文盲的县（市、区），要以乡（镇）为单位，全面扫除有学习能力的青年（15～24 周岁）文盲，使青壮年脱盲人员普遍接受继续教育。控制复盲现象，在巩固扫除文盲成果的基础上将青壮年非文盲率保持或提高到 95%以上。城市和经济发达地区要巩固提高扫盲工作成果，全面扫除有学习能力的青年文盲，积极探索功能性扫盲教育和多种形式的继续教育的途径和方法，使青壮年脱盲人员普遍接受继续教育，把扫盲教育与建立学习型社区工作有机结合起来。

　　《意见》提出了扫盲工作的主要任务：①核清底数，健全档案。各地要根据全国第五次人口普查的有关数据，以行政村或居委会为单位，核清文盲底数。对新生文盲、复盲、迁移性文盲等要加强监测，完善扫盲工作档案，建立扫盲工作动态管理机制，为制订扫盲工作规划奠定基础。②抓好杜绝新生文盲和扫盲后的巩固提高工作。采取特殊政策和措施控制义务教育阶段在校生辍学，杜绝新生文盲。对 15 周岁以下的文盲，由当地中小学校负责进行补偿教育，使其接受国家规定的义务教育，或达到个人脱盲标准；对 15～24 周岁有学习能力的青年文盲，要保证有一个脱盲一个。要使脱盲人员普遍接受继续教育，充分发挥农村中小学校和成人学校的作用，制订具体措施，在青壮年脱盲学员中开展各种形式的阅读训练、适用技术培训及各类专项教育活动，定期进行检查督促，切实巩固、扩大扫盲工作成果。③重点推进贫困地区、少数民族和妇女的扫盲教育。④尚未实现基本扫除青壮年文盲的省（自治区）需设立贫困地区扫盲项目；在 22 个人口较少民族中，要设立民族扫盲项目；已经实现基本扫除青壮年文盲目标的省（自治区、直辖市）要设立妇女扫盲项目，重点扫除妇女文盲。⑤大力开展扫盲课程与教学改革。要转变扫盲教育观念，建立以满足扫盲对象基本学习需求为导向的扫盲教育机制，提高扫盲教育的质量和效益。改革扫盲教育的评估方法，重视扫盲教育的过程评估。将以识字量为主的结果评估方法，逐步转变为考核学员实际能力的过程评估。探索多种形式的功能性扫盲的途径和方法，适应经济发展、社会进步和群众生活的需要。⑥农村中小学校和成人学校要积极承担扫盲工作。有扫盲任务的地方，农村中小学校和成人学校要把设置扫盲课程和承担扫盲教学工作作为一项重要任务和职责，建立和完善扫盲教学网络。教师参加扫盲工作要记入工作量，对超过工作量的给予课时补贴。要把教师参加扫盲工作的成绩作为职称评定、考核晋级、评选先进的依据，把在校学生参加扫盲活动作为学生的社会实践活动之一，纳入学校计划。各地要制定有关政策，为农村中小学校和成人学校承担扫盲教学工作提供支持。

我国扫盲教育取得了举世瞩目的成就，对世界扫盲行动也做出了重要贡献。中华人民共和国成立 50 多年来，中国人口中的文盲数量和文盲率不断下降，成人（15 周岁以上）文盲率由 80%以上降低到 8.72%以下。据统计，1949 年我国文盲数量为 3.2 亿，1990 年下降到 1.82 亿，2010 年为 0.85 亿。国家统计局第三次、第四次全国人口普查及 1995 年全国 1%人口抽样调查数据推算，15～50 岁的青壮年文盲率 1982 年为 20.56%，1990 年为 10.38%，1995 年为 6.14%，2002 年为 4.08%，实现了全国青壮年文盲率降到 5%以下的宏伟目标。[①]教育部公布的"全国教育事业发展统计公报"显示，2012 年、2013 年、2014 年、2015 年、2016 年、2017 年全国扫除文盲的人数分别为 58.57 万人、50.59 万人、44.15 万人、44.75 万人、33.12 万人、28.27 万人。[②]

扫除妇女中的文盲是我国扫盲工作的一个重点。中华人民共和国成立初期，全国妇女人口中的文盲率在 90%以上，通过 50 多年来的努力，全国共扫除妇女文盲 1.2 亿，女童的入学率大大提高，妇女文盲率大幅度下降。妇女文化素质的大幅提高，对提高妇女地位及妇女解放起到了重要作用。由于受经济、文化、地理、历史等多种因素的影响，我国少数民族聚居地区文化教育相对落后，文

---

① 中国扫盲工作仍任重道远. http://www.china.com.cn/chinese/2002/Sep/200820. htm. 2002-09-08.
② 注：此段数据系笔者据教育部发布的 2012～2017 年的"全国教育事业发展统计公报"数据整理而成。

盲充斥的现象较为普遍，文盲率普遍高于全国平均水平。中华人民共和国成立后，国家实行了民族平等和对民族地区倾斜的政策，使民族地区的教育得到了空前的发展，文盲率大幅度下降。1982～2000 年，云南、甘肃、贵州、宁夏、西藏、新疆、内蒙古、广西地区的文盲率分别减少 33.87%、28.90%、28.20%、27.22%、25.87、23.50%、21.96%、19.66%。[①]联合国教科文组织将 2004 年国际扫盲奖"世宗国王奖"授予中国青海省，以表彰其近年来在扫除文盲方面取得的突出成绩。[②]青海省满足地处偏僻地区的众多人口的需求，将扫盲工作重点放在妇女和少数民族群体，并把扫盲工作与符合农牧民日常生活的技能培训相结合，落实扫盲后教育，将图书馆和阅览室以及学校资源向农牧民和家长开放。

联合国教科文组织副总干事科林·N. 鲍尔在阐述近几十年来世界扫盲和全民教育的成就时指出："中国在这一面向全民教育的运动中一直走在前面。在过去的 40 年中，中国的整个教育制度确实得到了重建，而教育又重建了中国的社会。"[③]

但是，我们不能因为取得的成绩而轻松。我国文盲的绝对数还很高，扫盲的任务仍然相当艰巨。拥有五千年文明历史的中国，文盲总数却高居世界第二位，仅次于印度。这是一个非常严峻的事实。

在广大农村贫穷落后地区，因贫困而产生文盲，又由文盲再导致贫困，已经形成恶性循环，直接影响了农村各项事业的发展和农民生活水平的提高。

由于种种原因，老文盲未完全扫除，新文盲却还在不断产生。有些地区扫盲工作带有一定的运动性和突击色彩，扫盲教育质量不高，成果难以巩固，从而又导致一部分人复盲。所有这些都提醒我们，扫盲工作绝不能松懈，而且还要进一步加大扫盲力度。

---

① 刘立德，谢春风. 2006. 新中国扫盲教育史纲. 合肥：安徽教育出版社：244-245.

② 联合国教科文组织授予中国青海省 2004 年国际扫盲奖. http://news.163.com/41219/1/180B37RU0001124T.html. 2004-12-19.

③ 转引自赵中建. 1996. 教育的使命：面向二十一世纪的教育宣言和行动纲领. 北京：教育科学出版社：5.

参 考 文 献

阿瑟·克罗普利. 1990. 终身教育——心理学的分析. 沈金荣，徐云，虞绍荣，译. 北京：职工教育出版社.

保罗·朗格让. 1988. 终身教育导论. 滕星，滕复，王箭，译. 北京：华夏出版社.

毕淑芝，司荫贞. 1994. 比较成人教育. 北京：北京师范大学出版社.

毕淑芝，王义高. 1999. 当今世界教育思潮. 北京：人民教育出版社.

查尔斯·赫梅尔. 1983. 今日的教育为了明日的世界——为国际教育局写的研究报告. 王静，赵穗生，译. 北京：中国对外翻译出版公司.

陈东. 2001. 开放教育. 上海：上海教育出版社.

陈瑶. 2007. 夸美纽斯的终身教育思想评介. 成人教育，（8）：25-26.

陈永明. 2003. 日本教育. 北京：高等教育出版社.

持田荣一，森隆夫，诸冈和房. 1987. 终身教育大全. 龚同，林瀛，邢齐一，等，译. 北京：中国妇女出版社.

崔相录. 1992. 今日发达国家教育改革导论. 北京：教育科学出版社.

崔雪梅，玉险峰. 2005. 访韩国放送通信大学之感受. 成人教育，（4）：41-42.

戴凌云. 2004. 德国继续教育参加群体分析. 成人教育，（8）：78-90.

丁红玲，张利纳. 2004. 关于我国终身教育立法的建议与思考. 教育理论与实践，（21）：17-19.

方正淑. 1997. 韩国终身教育的现状与课题. 外国教育研究，（4）：48-53.

菲力蒲·库姆斯. 1990. 世界教育危机——八十年代的观点. 赵宝恒，李环，等，译. 北京：人民教育出版社.

冯增俊. 2002. 当代国际教育发展. 上海：华东师范大学出版社.

福尔. 2002. 1945年以来的德国教育：概览与问题. 戴继强，等，译. 北京：人民教育出版社.

高平叔. 1980. 蔡元培教育文选. 北京：人民教育出版社.

高志敏. 2003. 关于终身教育、终身学习与学习化社会理念的思考. 教育研究，（1）：79-85.

高志敏，等. 2005. 终身教育、终身学习与学习化社会. 上海：华东师范大学出版社.

顾明远. 1998. 教育大辞典（增订合编本）. 上海：上海教育出版社.

顾明远，梁忠义. 2000. 世界教育大系·法国教育. 长春：吉林教育出版社.

顾明远，梁忠义. 2000. 世界教育大系·社会教育. 长春：吉林教育出版社.

顾明远，梁忠义. 2000. 世界教育大系·职业教育. 长春：吉林教育出版社.

顾明远，孟繁华. 2003. 国际教育新理念（修订版）. 海口：海南出版社.

国家教育发展研究中心. 2001. 2001 年中国教育绿皮书——中国教育政策年度分析报告. 北京：教育科学出版社.

何齐宗. 2008. 全球视野的终身教育理念——联合国教科文组织教育文献研究之一. 江西师范大学学报（哲学社会科学版），（1）：124-131.

何齐宗. 2010. 全球视野的教育理念——联合国教科文组织教育文献研究. 广州：广东高等教育出版社.

何晓夏. 1990. 简明中国学前教育史. 北京：北京师范大学出版社.

黄健. 1999. 世纪之交发达国家（地区）成人教育的发展态势. 教育研究，（7）：37-41.

黄健. 2014. 国际终身教育发展的七大趋势. 上海教育科研，（4）：14-17+22.

焦春林. 2009. 捷尔比终身教育思想研究. 成人教育，（3）：17-18.

经济合作与发展组织. 2002. 教育政策分析·1998. 刘明堂，等，译. 北京：教育科学出版社.

经济合作与发展组织. 2003. 教育政策分析·2001. 谢维和，等，译. 北京：教育科学出版社.

克里斯托弗·K. 纳普尔，阿瑟·J. 克罗普利. 2003. 高等教育与终身学习（第三版）. 徐辉，陈晓菲，译. 上海：华东师范大学出版社.

库姆斯. 2001. 世界教育危机. 赵宝恒，等，译. 北京：人民教育出版社.

拉塞克，维迪努. 1996. 从现在到 2000 年教育内容发展的全球展望. 马胜利，等，译. 北京：教育科学出版社.

兰岚. 2018. 试析法、美终身教育立法的嬗变及启示. 终身教育研究，（2）：24-32.

李建忠. 1996. 战后非洲教育研究. 南昌：江西教育出版社.

李明德，金锵. 1992. 教育名著评介（外国卷）. 福州：福建教育出版社.

李其龙，孙祖复. 1995. 战后德国教育研究. 南昌：江西教育出版社.

李水山. 2005. 新时期韩国农民教育的特征和发展趋势. 职教论坛，（16）：55-59.

李正连，王国辉. 2014. 《终身教育法》修正后韩国终身教育振兴政策的动向及特征. 现代远程教育研究，（1）：49-54+112.

厉以贤. 2004. 学习社会的理念与建设. 成都：四川教育出版社.

联合国教科文组织. 2001. 世界教育报告·2000——教育的权利：走向全民终身教育. 联合国教科文组织中文科，译. 北京：中国对外翻译出版公司.

联合国教科文组织. 2013. 青年与技能：拉近教育和就业的距离. 北京：教育科学出版社.

联合国教科文组织. 2015. 2000—2015 年全民教育：成就与挑战. 北京：教育科学出版社.

联合国教科文组织国际教育委员会. 1996. 学会生存——教育世界的今天和明天. 华东师范大学比较教育研究所，译. 北京：教育科学出版社.

联合国教科文组织总部中文科，译. 1996. 教育——财富蕴藏其中. 北京：教育科学出版社.

刘思安. 2004. 日本、美国、英国对企业人员的继续教育. 继续教育，（1）：19-20.

刘小强. 2005. 新世纪欧洲终生学习的新战略. 继续教育，（10）：55-57.

柳海民. 2001. 现代教育理论进展. 长春：东北师范大学出版社.

陆有铨. 1997. 躁动的百年——20 世纪的教育历程. 济南：山东教育出版社.

吕达，周满生. 2004. 当代外国教育改革著名文献（美国卷·第一册）. 北京：人民教育出版社.

吕达，周满生. 2004. 当代外国教育改革著名文献（美国卷·第三册）. 北京：人民教育出版社.

吕达，周满生.2004.当代外国教育改革著名文献（日本、澳大利亚卷）.北京：人民教育
　　出版社.

吕达，周满生.2004.当代外国教育改革著名文献（英国卷·第一册）.北京：人民教育出版社.

诺曼·朗沃斯.2006.终身学习在行动——21世纪的教育变革.沈若慧，汤杰琴，鲁毓婷，译.
　　北京：中国人民大学出版社.

乔冰，张德祥.1992.终身教育论.沈阳：辽宁教育出版社.

瞿葆奎.1990.教育学文集·教育制度.北京：人民教育出版社.

瞿葆奎.1991.教育学文集·日本教育改革.北京：人民教育出版社.

瞿葆奎.1991.教育学文集·中国教育改革.北京：人民教育出版社.

瞿葆奎.1994.教育学文集·法国教育改革.北京：人民教育出版社.

瞿葆奎.2003.中国教育研究新进展·2001.上海：华东师范大学出版社.

单中惠，杨汉麟.2000.西方教育学名著提要.南昌：江西人民出版社.

单中惠，朱镜人.2004.外国教育经典解读.上海：上海教育出版社.

沈金荣.1997.国外成人教育概论.上海：上海科技教育出版社.

孙刚成，张丹.2018.基于"教育2030行动框架"的终身教育理念及其价值取向.成人教育，
　　（1）：1-5.

唐亚豪.2004.论学习型社会的成人教育理想.成人高教学刊，（5）：49-51.

陶成，崔军.2005.英国成人教育的历史发展.继续教育，（5）：57-59.

陶行知.2016.生活教育——陶行知英文著作精选（英汉双语）.周洪宇，杜小双，周文鼎，
　　编译.武汉：湖北教育出版社.

滕大春.1994.外国教育通史（第六卷）.济南：山东教育出版社.

托斯顿·胡森，波斯尔思韦特.1990.国际教育百科全书（第1卷、第5卷、第6卷、第7卷、
　　第9卷）.中央教育科学研究所比较教育研究室，编译.贵阳：贵州教育出版社.

万秀兰.2003.美国社区学院的改革与发展.北京：人民教育出版社.

王承绪，赵祥麟，编译.2001.西方现代教育论著选.北京：人民教育出版社.

王海东.2001.韩国的学士学位自考制度和学分库系统介绍.自考·职教·成教，（15）：53-55.

王洪才.2004.学习型社会与教育转变.教育研究，（1）：38-42.

王洪才.2008.终身教育体系的建构——全面小康社会的呼唤与回应.厦门：厦门大学出版社.

王天一，方晓东.1996.西方教育思想史.长沙：湖南教育出版社.

王铁军.2000.现代教育思潮.南京：南京大学出版社.

吴杰.1989.外国现代主要教育流派.长春：吉林教育出版社.

吴式颖，任钟印.2002.外国教育思想通史（第十卷）.长沙：湖南教育出版社.

吴雪萍，金岳祥.2004.英国的终身学习政策述评.比较教育研究，（2）：55-59.

吴咏诗.1995.终身学习——教育面向21世纪的重大发展.教育研究，（12）：10-13+9.

吴遵民.1999.现代国际终身教育论.上海：上海教育出版社.

吴遵民.2002.关于现代国际终身教育理论发展现状的研究.华东师范大学学报（教育科学
　　版），（3）：38-44+61.

吴遵民，黄健.2014.国外终身教育立法启示——基于美、日、韩法规文本的分析.现代远程
　　教育研究，（1）：27-32.

吴遵民，黄欣，蒋侯玲. 2008. 终身教育立法的国际比较与评析. 外国中小学教育，（2）：1-9.

肖利宏. 2005. 当前美国成人教育发展的主要特点. 继续教育，（1）：58-59.

雅克·哈拉克. 1993. 投资于未来：确定发展中国家教育重点. 尤莉莉，徐贵平，译. 北京：教育科学出版社.

袁桂林. 1999. 现代教育思想专题. 长春：东北师范大学出版社.

张乐平. 2004. 高校函授教育：不容忽视的教育形式. 中国高教研究，（4）：27-29.

张人杰. 1997. 中外教育比较史纲（现代卷）. 济南：山东教育出版社.

张人杰，王卫东. 2002. 20 世纪教育学名家名著. 广州：广东高等教育出版社.

张锁柱. 1998. 日本发展职业教育的主要途径. 日本问题研究，（4）：42-47.

赵汀阳. 1994. 论可能生活. 北京：生活·读书·新知三联书店.

赵祥麟. 2002. 外国教育家评传（第 4 卷）. 上海：上海教育出版社.

赵中建. 1992. 战后印度教育研究. 南昌：江西教育出版社.

赵中建. 1996. 教育的使命：面向二十一世纪的教育宣言和行动纲领. 北京：教育科学出版社.

赵中建. 1999. 全民教育——世纪之交的重任. 成都：四川教育出版社.

赵中建. 1999. 全球教育发展的历史轨迹：国际教育大会 60 年建议书. 北京：教育科学出版社.

赵中建. 1999. 全球教育发展的研究热点——90 年代来自联合国教科文组织的报告. 北京：教育科学出版社.

曾昭耀，石瑞元，焦震衡. 1994. 战后拉丁美洲教育研究. 南昌：江西教育出版社.

周满生. 2003. 世界教育发展的基本特点和规律. 北京：人民教育出版社.